英国人尼僧、ティク・ナット・ハンと歩む

True Virtue The Journey of an English Buddhist Nun

真実の徳を求めて

シスター・アナベル・レイティ Sister Annabel Laity

池田久代 訳 Hisayo Ikeda

春秋社

日本語版への序文

まだ修行に入ったばかりの頃、わたしの人生の、特にインドやベトナムで過ごした時代の経験を書いてみるように、タイ〔「先生」の意。ティク・ナット・ハン師の愛称〕から勧められたことがあります。わたしはぐずぐずと返事をさき延ばしにし、とうとう両親を見送るまで、ときどきメモは取りながらも、筆を進めることができませんでした。今となっては両親にこの本を読んでもらえなかったのが悔やまれます。

このように過去を書き留めることは、過ぎ去った日々へのマインドフルネスの修行になるとタイはいわれました。過去に心を奪われない練修はいうまでもなく、過去を振りかえって、現在のこの時がどのように過去からできているかを知ることも大切なのです。過去に蒔かれたよい種には水をやって育て、否定的な種は変容させることができるからです。これは誰にでもできる練修で、取り立てて本にまとめて残さねばならないものではないかもしれません。

本書で語る思い出ばなしは「真実の徳」という法名をいただいた一人の尼僧の人生の記録です。自己の人生の倫理性を深く見つめて、悪き徳に対する「真実の徳」とは何かを見出していく作業を促してくれたのがこの法名でした。わたしの師であるプラムヴィレッジのこの崇高なる禅師が、わたしに今生で尼僧として生きるチャンスを与えてくださったことに、永久にかわらぬ感謝を捧げます。師の忍耐強い指導がなかったならば、自分と他者についてこれほどに豊かで深い人生の理解を得ることはできなかったでしょう。

わたしは仏教の尼僧ですが、仏教が仏教以外のすべての要素からできていることを忘れることはありません。タイはいつもわたしが自分のなかのキリスト教の根に気づくのを後押ししてくださいました。そしてわたしの二冊目の本 *Mindfulness: Jesus and Buddha Walk Together*（マインドフルネス――イエスとブッダとともに歩く）は、わたしの仏教徒としての修行の中に、キリスト教がどのように根づいているかを述懐した本です。

わたしの日本体験はといえば、一九九五年にタイのお供で一度だけ日本を訪れたことがあるだけです。最近、フランスのプラムヴィレッジで行われた教育についてのリトリートで、日本からの参加者たちとダルマ・シェアリングを行いました。世界から集まった仲間たちがともに繋がりあって、変容というスピリチュアルな旅路を歩むのは素晴らしい体験でした。

日本の読者のみなさまが仏教の教えの深い意味を発見されることを願っています。日本にいるみなさまは、霊的先達たちによって、日本仏教の特別な味わいのみならず、インド、そして中国の仏教にも繋がっていることを実感されていると思います。みなさまにはそれに加えて、ティク・ナット・ハン師の教えがあるのです。この時代の仏道修行にふさわしい現代性をもった教えです。

プラムヴィレッジ、フランス
シスター・アナベル・レイティ（比丘尼真徳）

目次

True Virtue: The Journey of an English Buddhist Nun

英国人尼僧、ティク・ナット・ハンと歩む

真実の徳を求めて

第一の徳は、苦悩に終止符をうつ徳で、怒り、渇望、恐れ、迷妄から自由になることです〔断徳〕。第二の徳は、慈愛という徳で、他者を慈悲の心で受け入れ、許し、抱きしめることです〔恩徳〕。第三の徳は、洞察という徳で、深く見つめて本質を見抜く洞察の力で、自己の苦しみを解き放ち、衆生（自分自身とひとつながりになった命）のために使うことです〔智徳〕[1]。

――ティク・ナット・ハン

まえがき

尼僧として得度して間もない頃から、我が師ティク・ナット・ハンは、私がすぐに応じないのをわかった上で、よく自叙伝を書くように言われました。私のほうも、一度自分の人生を振り返ってみようと何度か試みてはみたものの、とても満足のいくものは書けませんでした。結局、書きためたノートの一冊をタイプ打ちしてくれた友人のおかげで、本書の土台ができたのです。

タイ（「先生」という意味で、親愛の情を込めたティク・ナット・ハン禅師の呼び名）は、たどってきた人生を文字にしてみるのは一つの瞑想であり、もっと深く自分を知り、理解するための修行であると言われました。私たちが思い出として心に留める人生の様々な出来事はすべて、意識のなかにタネとして眠っている三つの徳を育ててくれる教えなのです。その三つの徳とは、苦悩の終焉（断徳）、慈愛（恩徳）、洞察（智徳）です。

自分というもの（自己）は一瞬、一瞬変化していきます。川のように流れて掴みどころがないのが自己であり、日々のさまざまな現れ（顕現）の中で理解することを学ぶものなのです。

子どもの頃の自分を振り返ると、こんなことを聞いてみたくなるかもしれません。「あの子と今の私とはどんな関係があるの？」。あるいは、一週間前の自分に向かって、同じように問いかけてみてください。子どもは自分のことを理解するために立ち止まったりしません。家を離れる日まで、自分が成長していることにすら気がつかないものなのです。

子どもの頃、寝室の窓の外に輝く星を見上げては、いつまでもコーンウォールの田舎のわが家で暮らしたいとつぶやいていました。わが家以外の土地で暮らすなど想像もつかなかったけれど、いつの間にか、ロンドン大学に向かう汽車に乗せられて、コーンウォールの農家が懐かしの我が家でなくなる日がやって来ました。

それでも写真の中の少女は七〇歳の今の私としっかりと繋がっています。喜びも悲しみも、そして美徳の根もすっかり変わってしまったけれど、私の子ども時代があのようでなかったならば、今の私がこのような経験をすることはなかったでしょう。回想録を書くことは、記憶の中の私と現在の私の経験とのつながりを見つめることなのです。

インタービーイング（接現）教団の在家の弟子として受戒したとき、タイからトゥルー・ヴァーチュー（真徳）という法名をいただきました。そして尼僧として得度したときにも、同じ法名をいただきました。ヴァーチューとは漢字で徳を意味し、サンスクリット語では、内なる徳の資質を意味する「グナ」となります。いただいた護戒牒にはフランス語で「ヴレ・ヴェルテュ」と記されています。当時はこの名前に魅力を感じなかったので、あまり気にかけないようにしていました。ところがある日、アッパー・ハムレット[1]のハンモックに揺られながら、真徳というのはよい名だよ、と、タイが言われたのです。あの時から、どうしたらこの名前にふさわしい自分になれるかを考え始めました。「断徳」（苦悩を断つ徳）の意味を知ると幸せな気持ちになりました。これこそが、少しずつ近づいていける名前だと感じたのです。
師が弟子に法名を授けるときには、直観的な洞察力を発揮されます。いただいた法名は、瞑想の対象として修行の道を行く導きとなるものです。本書の中で、私はこれまでの自分の徳の修行がいかに真実で、いかに不完全なものであったかをしっかりと見つめていきたいと思います。

二〇一八年七月
フランス、プラムヴィレッジのニュー・ハムレットにて

シスター・アナベル・レイティ

第1部

故郷を遠く離れて

第1章　故郷の日々……コーンウォール

私は湾岸海流の恩恵を受けた温暖な英国の南西海岸に生まれ育ちました。ときには気温が氷点下に下がって雪が降ることがあっても、寒さは長くは続きません。家から一番近い村がフラッシングで、その対岸、コーンウォールのファル川の河口にファルマスという町があります。温暖な気候のおかげで、春ともなればラッパ水仙の花が咲き、コーンウォールに春がきます。海辺の町のそこここにシュロの木も育っています。

美しい土地でした。わが家は海を見下ろす丘の上にあって、北側にはヨーロッパ黒松が母屋の屋根の上に高くそびえ、カラスが巣をつくっていました。松の梢をひゅうひゅうと風が渡り、北に面した窓から松の香りが漂ってきました。枝を張った黒々とした松の落ち葉の下で遊ぶと、薄暗い神秘的な場所から、直径五〇～六〇センチもある松の倒木は見知らぬ国へと乗り出す船となりました。南側には花壇があり、曽祖父が植えた果樹園、その先に野菜畑が続いていました。秋になって学校から帰る途中ではいつも、一目散に妹のサラとりんごの木に登り、それぞれが食べたいだけのリンゴをもいで、そのまま木の枝に座って甘いリンゴをかじったものです。この地方には古いリンゴの品種がたくさんあります。オレンジピピン、ジュリパーズ、ビューティ・オブ・バース、アメリカンマザー、ブラムリー、どのリンゴも独特の香りがありました。七月から一〇月にかけて、家族みんなで収穫してすぐに食べつくすこともあるし、木箱に詰めて次の三月まで涼しい場所に保存しておくこともありました。

妹のサラと私は二歳半違いですが、弟のスティーヴンとトーマスは、ほかの遊びのほうが楽しかったようです。

春には、親のない子羊たちが果樹園にやってきます。羊は難産で、母羊が死ぬことがあるのです。子羊はとてもおとなしいので、果樹園の柵の中に入れておいても、遠くにさまよい出ることはありません。子どもの頃には、子羊の世話や、哺乳瓶で牛の乳を飲ませる母の仕事を喜んで手伝っていました。

母屋の一部は五〇〇年くらい前に建てられたまま残っていて、斬首された幽霊が自分の首をお盆に乗せて徘徊するのです。階段の踊り場のあたりで足音が聞こえるのですが、行ってみると誰もいません。夜になってベッドに寝かせつけてくれる母に、幽霊が隠れていないかベッドの下を見てほしいとよく頼んだものです。母は仕方なく、ベッドサイドのテーブルのナイトランプをつけたままにしてくれました。

私が生まれたときはまだ電気が通っていなかったので、冬に気温が下がると、家の中で唯一暖かい場所はキッチンでした。母が終日コンロに火を入れていたからです。あの頃は、毛布を何枚も重ねてベッドに潜り込んでいました。

居間には暖炉があり、冬には午後遅くまで薪の火がたえることはありませんでした。暖炉の前が一番暖かい場所だったので、みんなが代わる代わるその場所を占拠します。そのほかの部屋には暖房はありませんでしたが、キッチンのコンロにはいつもお湯が沸いていたのです。午後に気温が下がってくると、すぐに家中の窓や扉を閉め、やがて夜になると部屋中のカーテンを引きます。父の監督のも

地図1　グレートブリテン島

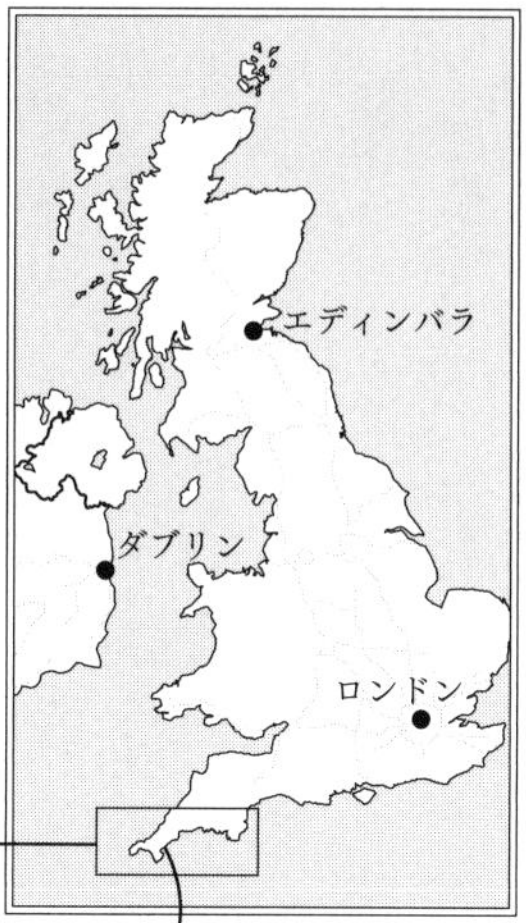

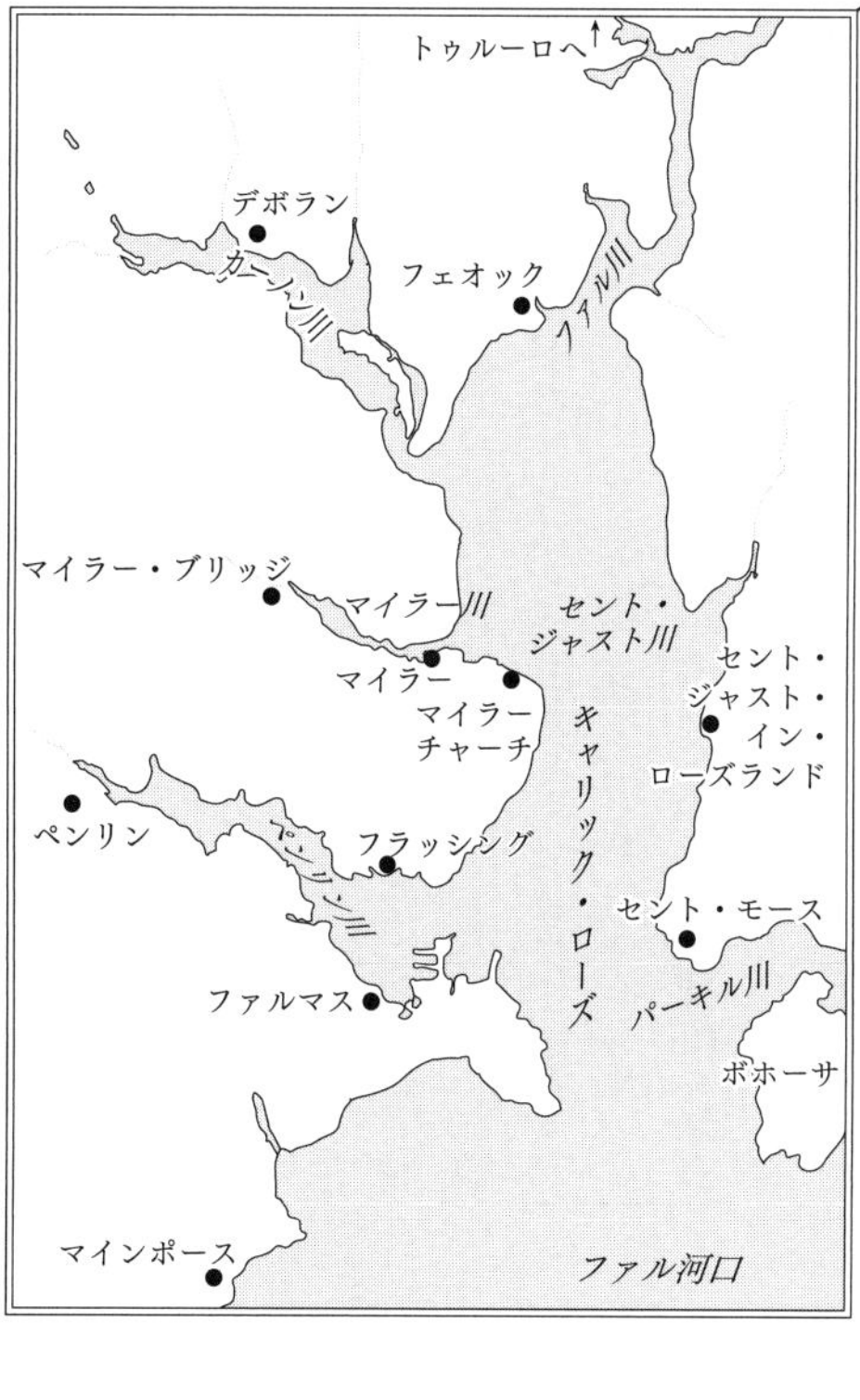

地図2　ファル河口地域

とで厳格にこの作業が行われました。一〇代になって自分の部屋で勉強し始めると、父が温室のヒーターを持ってきてくれました。これは温室の温度を氷点下より上に保つだけのものだったので、〔寒くて〕指先が凍えて字が書けませんでした。

父は農夫でした。子どもの頃は父の後ろをついてまわることほど楽しいことはありませんでした。動物や牛、豚、羊などの家畜に餌をあげたり、父が農機具の修理をするのを見たり、トラクターに乗ったり、大麦、オーツ麦、ケール、ジャガイモ、テンサイ（飼料用ビート）などの穀物の生育を見守ったりしました。母の仕事は、菜園の世話、鶏や親なし子羊たちの世話、バターづくりでしたが、収穫や種まきの時期には、野良に出て手伝いました。四人の子どもの世話もありました。毎日子どもや夫の世話に明け暮れて、日が暮れるころになって、「まあなんてことでしょう！　今まで何も飲んでいなかったわ」といいながら、ガラス瓶に入れておいた井戸水をコップに注いで飲むのです。朝早くから夜寝る前まで、夫と子どもの世話をし、料理、洗濯に余念なく、子どもが寂しそうにしていたら、優しく慰めいたわってくれるのです。我が家には洗濯機も冷蔵庫もなく、おまけに〔この頃は〕祖母もいませんでした。私がもっと小さいときには、母と祖母が一緒に洗濯している光景を見るのが好きでした。あの頃はマングルという、二つのローラーにハンドルがついた洗濯物の絞り器があって、濡れた衣類を二つのローラーのあいだに通すことで、水を搾り出すのです。ハンドルまわしは子どもには重労働だったので、これはいつも母か祖母の仕事でした。

母には動物たちの世話もありました。母羊が死んだり、未熟児で生まれた子羊は布でつつんでオーブンのそばで温めたり、哺乳瓶で牛の乳を飲まさなければなりませんでした。農場には猫がたくさんいて、なついたのもいれば、なかなか野良猫から抜けられない子もいました。子どもは子猫が大好きでした。妊娠した母猫は暖かいところを探して、納屋の干し草や藁のなかで子を産みました。納屋に入ると、生まれたばかりの子猫のミューミューという鳴き声が聞こえてきました。父は猫が増えるのを嫌って、まだ目が見えないうちに間引きしたのですが、目が開いた子猫は決して間引きしなかったので、妹と二人で目が開くまで子猫を隠したりしました。

母屋と庭のまわりには石畳の中庭があり、放牧から戻ってきた牛がこの庭を通り、猫が牛の足元を駆けまわります。石畳の庭は小道につながっていて、この道は池を通って海へと続いていたので、ただ池の道と呼ばれていました。この道を四分の一マイルほど進むと広々とした海がひらけてきます。

この小道と生け垣沿いにブラックベリーの茂みがあり、秋が収穫どきです。子どもたちはめいめい、笊《ざる》や籠いっぱいにベリーを摘んで、パイやジャムやゼリーなどをつくりました。ブラックベリーの香りは最高です。家に着く頃には、両手が紫色に染まり、服にも少しその色がしみていました。時間があればランチと紅茶を持って、ベリー狩りのピクニックに出かけました。みんなで母の手伝いをしてサンドイッチをつくり、紅茶を入れた大きな魔法瓶と小さなミルクのボトルを持って出かけるのです。海抜二〇〇フィートの丘に登ると、美しい海の景色、河岸にこんもりと茂る森のあいだを蛇行する入江の流れがよく見えました。子ども時代の天国がそこにありました。

忙しいときには父は畑に出たきりで、ランチにも軽い夕食《ティー》[1]にも戻ってきませんでした。そんなときは、私か妹のどちらかが、父にランチを届けることになっていました。すぐに食べてくれるときは、そばに座って食事の様子を見ているのですが、忙しそうなときは、農場の入り口のそばにバスケットを置いて帰ってきました。

私が生まれたのは第二次世界大戦が終わって間もなくのことで、戦時中から一九五四年頃までは食料が配給でした。母も先生も友だちの親も、誰も食べものを無駄にしないで残さず食べました。食料の多くは地元で採れたもので、ジャガイモ、ベニバナインゲン、芽キャベツなど、家の畑や菜園でつくっていました。タンジェリン・オレンジなどは、クリスマスのときだけに口にできるご馳走でした。野山で食べ物を採集するのはとても楽しく、特にマッシュルーム採りは格別で、八月に天気が良ければ、野原のいたるところにマッシュルームが生えてきました。

マッシュルームはほんとうに不思議な食べものです。のべつ空に胞子を飛ばして草の葉の上に降り立つと、一夜のうちにマッシュルームになってしまうのです。一晩で育って、次の日には食べられてしまうのです。村人たちが起きだす前、草の露が消える前にキノコ採りに出かけるのがコツです。しっかりと閉じていて小さなボタンのようにまん丸いのを見つけます。草むらの中で探すのはまるで鬼ごっこのようです。採り尽くしてしまうのはちょっと欲張りかもしれないので、早起きできなかった人のために少しだけ残しておいてあげるのです。家に帰ると、さっそくバターでソテーしたり、オーブンで焼いて朝食のテーブルに乗せました。

水は、半マイルくらい離れた井戸から、風力ポンプで汲み上げていました。雨が降らない季節はいつも水不足で、水の節約を教えられました。小さい頃は、子どもは二人一組でお風呂に入りました。三歳になった頃、父は少し豊かになって家に電気を引きました。オーブンでアイロンを温めなくてもよいし、灯油を使うテリーランタン〔携帯用の灯油ランプ〕のせいで天井にこびりつく黒い煤の掃除をしなくてもいいのは本当にありがたい、とよく父が言っていました。スイッチをカチンと入れるだけで、部屋がパッと明るくなるのです。居間と食卓には父専用の椅子がありました。母にも自分用の小さな椅子があって、ピアノのそばに置いてありました。父は遅く家に戻ってきてひとりで夕食をとることが多く、朝食も家族よりも早く食べて仕事に出て行きました。父が食べているときに子どもたちがそばに座って見ていると、自分の皿から肉やポテトや豆を少しとって食べさせてくれるのです。

母は辛抱強く、なんでも受け入れてくれる人でした。彼女は家族の平和を何よりも大切にし、どんな人でもあるがままを受け入れて、誰とでもすぐに友だちになるのです。若い頃は看護婦でした。戦争が勃発したとき、進んでこの仕事を選んだのは、母が人を慈しむ優しい人だったからでしょう。ロンドン大空襲の真っ只中で働いたのです。一九三〇年代にロンドンの大きな付属病院で研修を受けたのですが、研修はとても厳しく、婦長さんをとても怖がっていました。看護婦として学ぶべき第一のものは、患者の安心と幸福が何ものにも優るということでした。

母方の祖母のグラニー・スミス――父方の祖母グラニー・レイティと区別するために、子どもたちはこう呼んでいたのですが――は、母が患者に示した優しさ、慈しみの心をいつも自慢していました。母の父親、つまり私の祖父は、大酒飲みで、昔から祖母に手を上げることがあったので、祖母が家を飛び出してコーンウォールに移ってくると、祖父も祖母を追いかけてきました。仕方なく祖母は、祖父がこれまでやってきたことを改めれば、一緒に暮らすと同意したのです。母はこのことを一切語りませんでしたが、子どもの頃はずいぶんと苦しんだに違いありません。母には二歳上の姉がいて、二人は仲よくいつも支え合っていましたが、母の成長期で一番辛かったことは、この姉が肺結核に罹って、二年間スイスで療養するために家を離れたことでした。母が一番楽しかったことは、ヨーク地方で母方の祖母と過ごした休暇でした。姉のパムがスイスにいかないで故郷にいるときは、祖母と母と叔母の三人はいつも一緒でした。彼らはフィリー・ビーチでロバに乗って遊び、大叔母がピアノで伴奏する『スコットランド学生歌集』〔2〕の曲に合わせて、歌ったり踊ったりしました。母の慈悲深くて社交的な性格は、彼女が経験してきたこんな生活の賜物だったのです。

母方の祖父母は、マイラークリーク河畔にあるマイラー造船所の近くの大きな家に住んでいました。ここはファル川河口のキャリック・ローズの支流に当たります。家からは、野原を横切るとほんの一キロばかり離れたところだったのですが、私たちはあまり祖父母に会いに行きませんでした。子どもの頃、父の口から一度もそんなことを聞いたことはなかったのですが、父は祖母のことをあまりよく思っていないようでした。それで父方の祖父母と過ごす時間の方がはるかに多かったのです。母方の祖父は船のエンジンの修理技師でした。私の父も技師だったので、よく同志のように語り合う仲の良い二人でした。母方の祖母と父には共通する話題がなく、暮らしぶりも父方の祖母とは正反対でした。母方の祖母は掃除や片付けが苦手なのか、家がきれいに片づいていたことは一度もありませんでした。後になって母が話してくれたのですが、私たちが父方の祖母のように母方の祖母と付き合わなかったことが、母には辛かったのです。母方の祖母は、父が嫌いなわけではなかったのですが、祖母のほうも父に敬遠されていることに気づいていたに違いありません。一度、祖母の家の近くの造船所で、父と私たち子どもが祖母に出くわしたことがありましたが、祖母の家には寄らず帰りました。祖母が母にそのことを告げ口したようです。それで母は私たちに、造船所の方に行ったら必ず、祖母の家に立ち寄って欲しいと言って聞かせたのです。

母方の祖母はエビとりが好きで、よく網ですくって茹でて食べていました。彼女の趣味は、絵を描いたり、歴史上の出来事を題材にして小説を書いたりすることでした。浜で貝殻を拾ってきて、彩色して糊で貼りつけて、貝殻のお花をつくるのも上手でした。私たちにも作り方を教えてくれましたが、どう頑張っても祖母には敵わず、彼女がつくった貝殻の花がいつも一番美しく、一番素敵でした。お気に入りの小さなバラ園は、マイラー川の川べりまで続いていました。きっと母の園芸の才能も祖母譲りのものだったのでしょう。

子どもの頃、看護婦だった母から大きな恩恵を受けました。病気になるたびに母のひたむきな介護を受けました。からだを温め、せっせと食べ物や飲み物を運んでくるし、病気が少しよくなってくると少しの時間でも本を読んでくれました。大きな声で上手に読み聞かせるのです。表情豊かな母の声は、私たちを物語の世界に釘づけにしました。私にとって母はいつも愛することの美しさ——愛の美徳——のお手本でした。

我が家に車はありましたが、あまり使うことがなく、フラッシング村へは歩いて行けたし、一番近いファルマスの町へは川を渡るフェリーボートがありました。生活は簡素で、大して消費するものもなく、あまりゴミも出ませんでした。ゴミや家畜の糞などは山積みにしておいて、ときどき火をつけて燃やしました。くず鉄集めが引き取ってくれない金属類は石切場に捨てにいきました。

五歳の誕生日が過ぎるとすぐに、学校に通わなければなりません。のちにわかったのですが、私を学校に通わせるのは、家族にかなりの経済的な負担を強いることだったのです。地区の公立学校に行ってもよかったのですが、父は私立教育を受けさせた方が子どもの資質が伸ばせると信じていて、私たち四人の子ども——私とサラとスティーヴン、後から生まれたトーマスの全員を私立学校に入れました。私の学校は、ベンソンとかいう主教が創設したトゥルーロ女学校[3]という、英国国教会《アングリカン》系の学校でした。これが意味するところは、一日が国教会のお祈りと賛美歌で始まり、年に一度、大聖堂で全生徒と両親のための典礼が挙行されること、週に二回、神学というクラスで聖書の勉強をするということでした。

秋の日ざしが暖かい九月中旬、新入生は学校のそばの保育園に入学しました。入学したての頃は、午前中だけの登校なのに、母が恋しくてひどく泣きわめきました。五歳のこどもが生まれて初めて母親から引き離されたのです。母はいつも家の中のどこかにいたし、母が留守のときは、代わりに祖母が何時間かそばにいてくれました。父から離れたのも寂しかった。学校に上がる前からつきまとう私に文字を教えてくれたのは父だったし、星や牧草地の野の花の名前も父から教わりました。

学校にはコートや帽子をかける掛けくぎや靴入れのロッカーがあって、外履きには紐付きの靴、室内ではベルト留めの靴と決まっていました。入学して一～二週間経つと、やっと新しい環境に慣れてきました。さらに火曜日には、バレエのクラスに参加するために、もう二時間ほど長く学校にいるのが楽しめるようになってきました。みんな小さなボール紙の箱をもっていて、バレエ・シューズや空色や緑やコバルト色のチュニックを入れていました。小さな箱を抱えて、みんな二人ずつ並んで、一マイルかそこら離れた上級生の学校のバレエのクラスに向かうのです。ピアノの伴奏に合わせて、プリエ（背筋を伸ばして両ひざを曲げる動作）やアラベスクなど、五つの足の組み方を覚えました。一番仲よしの友だちと私はこのバレエのクラスが大好きで、二人でバレエを入れたゲームをして遊んだほどでした。私は踊るのが好きで、母や祖母のためによく踊って見せました。年月が流れて、九〇歳代に入ってすっかり身体が弱り、認知症も進んできた母に「ママ、踊ってあげましょうか？」とたずねると、必ず「ええ、踊ってちょうだい」と母は応えました。私が踊る姿を見ながら、悲しみも不安も忘れて喜んでくれたものでした。

一番下の弟が生まれたのは、ちょうど私の六歳の誕生日の前でした。こうしてわが家は四人の兄弟姉妹になりました。一番下のトムは赤ん坊のときから小児喘息がひどく、いつも苦しそうな息をしていました。弟がゼーゼーと息をし始めるとすぐに医者を呼びに走るのです。あるとき、ドクターがちらりと往診を嫌がるそぶりを見せると、祖父が小さな弟を電話口まで連れて行って、受話器に押しつけて、弟の喘ぎを医者に聞かせたことがありました。医者は飛んできました。

3歳の頃の私

私が学校に行ってしまうと、当時三歳の妹が父のお気に入りになりました。私の代わりに妹が納屋のまわりをうろうろして、父につきまとう地位を獲得したのです。私は、父は妹ばかり可愛がって、もう私なんか愛してくれないと思い込みました。実際にはそんなことはなかったのですが、私は生まれつき気むずかしく、妹は気楽な性格だっただけのことでした。確かに妹のほうが人に好かれるのです。初めて会う人はたいがい妹のほうに好感をもつので、私は亀のように自分の殻に引っ込んでしまいます。こんな感じ方が妹への嫉妬となり、私を苦しめていました。

日曜日には、父に連れられてよく近くの国教会の教会に行きました。母は宗教にあまり興味がないようでしたが、私が一一歳になって英国国教会で堅信礼を受けた後は、早朝の聖餐式に一緒に参列してくれるようになりました。私はこのことを忘れたことがありません。私がいなかったら、母は生涯教会にはいかなかったろうと思うのです。母は私のスピリチュアルな生活を守り育てたかったのです。それが私にとって大事なことだと知っていたからです。母の生活は家事に明け暮れ、週末以外は農場に出て働いていました。日曜日くらいは少しだけ朝寝をすることができたはずなのに、母はその僅かな時間を私のために犠牲にしてくれたのです。

わが家があるフラッシング・マイラー半島の北岸にマイラー教会[4]がありました。マイラー川の入り口近くの谷あいにある現在の教会は、一〇〇〇年前のノルマン様式の建築物でしたが、さらに古い四世紀まで遡る修道院の一部でした。教会を創建した修道士は海路ウェールズからやってきて、この地で異教徒の王によって殉教しました。私にとって海岸を含む教会の全域は、深いスピリチュアルな意味をもつ土地でした。ここは今も、この国の長きにわたるキリスト教徒の修行の地なのです。私が見た至福の夢のなかに現れた目覚めの座がここにあり、この地で私のスピリチュアルな修行の果実が完全に実を結んだのです。尼僧になった後も、ほんの短期間の帰省のおりにも、私が体験したあのスピリチュアルな夢の次元の香りを味わいに、この教会を訪れました。ときには世界の様々な場所で、あの場所に出会うことがありました――たとえばウィスコンシンのような湖が海に取って代わったような土地で、あの場所に出会いました。目覚めの場に出会うのに一〇〇〇年の昔の教会である必要などないのです。

九歳になると、父が忙しくて私を教会に連れていけないときがあり、そんなときはひとりで行ってもよいことになりました。何千年も前に築かれた高い石壁に囲まれたコーンウォールの狭い道を降りていきました。今は色々な植物が繁茂し、動物のすみかになっています。春ともなれば、サクラソウやスミレのほのかな香りが漂い、石垣の上に生えた樫の木で鳥たちが囀ります。

教会には晴れ着を着て出かけます。日曜日の晴れ着は、家から六〇マイルほど北西にあるプリマスで買ってもらいました。プリマスには年に一～二度出かけました。汽車で行くこともありましたが、車なら二時間半のドライブでした。道が狭いので、車ものろのろと走ります。二〇マイル進むのに、一時間かかることもありました。

一〇歳になったある日曜日、父が私の手を取ってくれないのに気づきました。妹と手を繋いでいるのです。お父さんは私より妹のサラのほうを愛しているのだという想いが再燃して、帰宅するとベッドルームに飛び込んで泣きじゃくりました。もちろん、父親が小さいほうの子の手を取るのは当たり前のことでした。子どもに泣かれて父は閉口していましたが、母が私を慰めて、「こっちにいらっしゃい」、「おでかけの洋服を着て一緒に写真を撮りましょう。お顔も洗ってね」。母にこう言われて気をよくした私は、やっと機嫌を直してカメラの前でにっこりと微笑みました。

わが家には三〇〇エーカーもある広い遊び場がありました。隅々まで探検して、小川も小道も、森林地、牧草地、苔むした土手もみんな知り尽くしていました。登りやすい木の中に私だけの秘密の隠れ場がありました。家で嫌なことがあったときの避難所です。家の近くに穀物を貯蔵する納屋があって、その裏手の絶対に人が近づかない場所なのです。家族の顔を見る心の準備ができるまで、長いことこの避難所に隠れていたものです。

もう一つの隠れ家は、ファルマスにある父方の祖母の家です。わが家から四分の一マイルほど先の川向こうにありました。父方の祖母とは楽しい思い出がいっぱいあって、病気になると看病してくれたのもこの祖母でした。祖母の家は河口の対岸にあって、渡し船に乗ればすぐに行けるところです。渡し船の船頭さんが祖母の家のすぐ下手の船着場に降ろしてくれるのですが、船頭さんが年をとってくると、発動機付きの船に乗るようになりました。〔当時は〕一ペニーほどの船賃を払って渡し船を降り、急な坂道を上ると、祖母の家がありました。祖母の家は別世界で、おまけに、祖母にはこれといって仕事がないらしく、たっぷりと孫娘と遊んでくれたのです。町まで歩いたり、バスでビーチにいって一緒に遊びました。帰りは祖母を追い越して走って家に戻り、家の階段に座って祖母が着くのを待つのです。孤児の私が祖母に拾われるというお遊びです。よくひとりで祖母の家に泊まりにいったので、ひとり遊びや祖母と二人の遊びなど、ありとあらゆる遊びを考え出して、祖母と一緒に過ごしました。

祖母は子どもを甘やかせましたが、祖母から学ぶことがたくさんありました。子どもが泣いていたら、こんな警句を教えてくれました。「笑えば、みんなが一緒に笑ってくれる。泣けば、ひとりぼっちで泣くだけよ。世間には、抱えきれないほどの苦しみがあるからね」。こんなふうに人生を渡っていくのが賢いのです。いつもうまくいかないことばかり考えてくよくよして暮らすよりも、うまくいくことに気づくほうが幸せですね。

祖母の息子である父は紛れもなくこの母の子です。父は決して不平や泣きごとをいわない人でした。父の涙を見たのはただ一度だけで、父が八三歳のときのことでした。アメリカに戻るために父に別れを告げたときのことです。今度はいつ娘に会えるのか、いや、今度また会うことがあるのだろうか、と急に不安になったのかもしれません。

祖父母の家に泊まったとき、いちばんの早起きは祖父でした。パジャマとガウンを着たまま階下に降りていってお茶を入れるのが彼の日課でした。お茶を沸かしながら、丁寧にリンゴやナシを四等分して皮をむきます（時には、私に庭からリンゴをもいでくるように頼むこともありました）。それから一人ひとりの小さなガラスコップにオレンジ・ジュースを注いでくれます。祖父が動き出す音が聞こえたら、私は飛び起きて、一目散に階段をかけ降り、祖父の簡単な朝食づくりの手伝いをしました。彼は仕事をしながら『スコットランド学生歌集』やヘンデルの『メサイア』からの抜粋などを口ずさんでいました。ときどき調子が外れることがありましたが、祖父からたくさんの歌を習いました。祖母はいつもベッドで身を起こして、お茶《ティー》が来るのを待っています。英国人はあの当時も起きだす前にベッドでお茶を飲む習慣[5]がありました。しっかり目覚めて、機嫌よく一日をスタートするのに役立ったのでしょう。

祖父母はいろんな点で互いに自立していました。祖母には夫の邪魔にならない自分だけの世界（行動圏）があったので、夫のヨットに乗ったことは一度もなかったし、また、祖父には男性だけのメイソン仲間〔6〕がいましたが、メイソンは秘密結社なので、祖母には何も知らされていませんでした。祖父は私には一度だけ、青色と金色のメイソンのロープを見せてくれたことがありましたが、メイソンについて聞いたことがあるのはそれだけでした。一方、祖母は専業主婦として家の中の整理整頓は完璧で、結婚当初からしっかりと自立して暮らしていました。祖父は鉱山技師だったので、コーンウォールの鉱山からスズが産出されなくなると、インドや南アフリカに出稼ぎに出て生計を立てました。祖母はイギリスに残って子育てをしたのですが、祖父からの仕送りは必ずしも潤沢ではなく、暮らしも質素で、砂糖などの贅沢品を買うお金もなかったといいます。祖母はなけなしの生活の中で、わずかな材料を工夫して自分流のパンや菓子を焼きました。二本の指だけで生地に穴をあけてパンをこねたり、生地をナイフで切りながら混ぜるので、全く生地に手を触れないでお菓子が焼けるのです。

祖母は信心深いメソジスト〔7〕の家庭の出でした。彼女の父親は地域の教会の堅実な信者で、勤勉で深い祈りの人として知られていました。母親も敬虔な信仰の人でした。祖母は祖父との結婚でメソジストから国教会《アングリカン》に改宗したのですが、どうも国教会には馴染めないと告白したことがありました。結婚の前は、地域の極貧の子どもたちが通う学校の先生をしていましたが、体を洗わずに登校してくる子どもがたくさんいたので、先生の仕事はまず子どもたちの手や顔を洗わせることから始まりました。厳しいけれど優しい人でした。生徒が間違った行動をしたら正してやりますが、怒りの気持ちで行動することは決してありませんでした。祖母の生き方は彼女の家を見ればすぐにわかります。几帳面でさっぱりした性格です。こんな祖母と一緒にいることは喜びでした。

祖父母の寝室の隣に、祖母が「豚小屋」と呼んでいた小さな部屋がありました。この家ではこの部屋だけが秩序とはかけ離れた場所だったのです。ここは祖父の領域で、祖母は決して足を踏み入れたり、中のものを動かしたりしませんでした。書類、写真、ハガキなどがあふれ、祖父がインドで仕留めたニシキヘビの皮や、いろいろな思い出のものが詰まっていました。祖父母がお茶をしているときを見計らって、私はよくこの部屋に忍び込んで、古いセピア色の写真がいっぱい詰まったアルバムを一冊引っ張り出して、祖父の部屋に持ち込み、ベッドの上に並べました。祖父を元気づけようと、アルバムを開いては、そのなかの写真の一枚を指差しながらたずねたものでした。「これは何?」「ここはどこ?」「これは誰?」するとと祖父の口からインドや南アフリカでのワクワクするような体験談が飛び出してきました。

祖父は神を信じていましたが、自分が知るかぎり人は死んだら無になる、と私には言いました。これについては祖父に同意できず、せめて埋葬された場所から育つ木になるだろうと思っていました。

幼い頃から抱いていた私のスピリチュアルなものへの関心は、教会や日曜学校、学校での日々の集会や宗教の時間から生まれたものです。七歳の頃から、宗教の勉強が面白くなってきたのです。父方の祖母の家系には、キリスト教の実践で賛辞を送られた先祖がいました。もしかしたら私の宗教への関心は彼らの遺伝だったのかもしれません。学年の終わりには神学の優秀賞でよく表彰されていましたが、どうしてそうなのか、自分ではわからずにいました。特に努力してこの学科を勉強した覚えがないのです。日曜日の朝には教会に参列し、午後には日曜学校に通っていました。ある日のこと、教区牧師に「イエスはなぜこの世に降誕されたのですか?」と問いかけられたとき、私はさっと手を挙げて「私たちがイエスさまのようになるためです」と答えたのを覚えています。

これは正しい返答ではありませんでした。イエスさまがこの世に来られたのは、私たちの罪をあがなうためです、と答えるべきだったのです。私はまだ小さな子どもの頃から、英国国教会の教えに沿えない子だったのです。イエスさまを人間のすばらしいモデルとして近しく感じていましたが、「父なる神」は、子ども心にはとうてい掴めない理解を超えた何ものかだったのです。それでも、毎晩ベッドのそばに跪いて、父母、祖父母への神のご加護を祈りました。私がイエスさまを信仰して育ってきたように、仏教徒の家庭で育ったベトナム人のブラザーやシスターたちもきっと子どものころはシャーキャムニ・ブッダ（釈尊）を心に抱いて育ったのだと、今、はっきりと確信できるのです。

私の性格形成には学校の環境も影響していました。保育園に一年通ったあと、六歳から一八歳までの四〇〇人の生徒がいるトゥルーロ女学校の本校に入学しました。学校は家から一〇マイルも離れていたので、車かバスで登校しました。ランチは学校で調理された給食を、決められたやり方で整然と食べるので、食べ始めるのも一緒、食べ終わるのも一緒なのです。食事を配るのは、各テーブルの一番前にいる人です。最も上座のテーブルには、校長か年配の女性教師が一人座ります――生徒は、一〇人一組が〔ランチのたびごとに〕交代しながら、校長のいる上座のテーブルに着席することになっていました。それぞれのテーブルの一番前には、先生か級長が座ります。生徒は順番に立ち上がって、キッチンに料理をとりに行きます。それから教師か級長が食事をとりわけるのです。とりわけられた食事をすべて食べ終わるまで、テーブルから離れられません。私は牛乳を飲むとお腹が痛くなるので、乳製品が入っている食事をとるのが嫌でたまらないのに、先生にはうまく説明できませんでした。当時はまだアレルギーとか食物過敏症の概念がなく、子どもが食べるものを選べない時代でした。

昼食の前の遊び時間になると、運動場の金網のフェンスのそばに立って、キッチンの窓を見下ろしながら、その日の昼食をチェックしていました。デザートがフルーツサラダとわかったら、本当にホッとしました。もしミルク・プディングだったら、プディングを飲み込むのに何時間も座っていなければなりません。ミルク・プディングを前にして、午後の三時まで食堂に座っていたことを覚えています。

これがあんまり苦しかったので、両親はこの学校ほど規律が厳しくないカトリックの女子修道会の学校に私を転校させることに決めたのです。新しい学校はずっと家庭的で、食べられないものがあれば、その料理を残しても良かったのです。学校に行って午前中ずっと昼食のメニューを心配しないですむというのは、なんという開放感だったことでしょう。

ということで、八歳になる年には、十字架の姉妹会と呼ばれるフランスの女子修道会のシスター——といってもほとんどがアイルランド人でしたが——のもとで勉強するようになりました。シスターたちはたいてい優しくて理解があり、教師というよりもむしろ宗教者として教えることに秀でていました。学術的な優秀性よりも魂の教育のほうに心を配っていました。

シスターたちには立派な宿舎と庭があり、生徒にも開放されていました。そこは古い荘園の館で、床はピカピカに磨かれ、中庭をめぐる回廊がありました。一階が教室で、二階が寮になっていて、三階がシスターたちの私室になっていました。私はこの家族的な雰囲気にだんだんと慣れてきて、学校生活が楽しくなってきました。私の目には、シスターのほうが前の学校の先生や親たちよりも陽気で幸せそうに見えたのです。生徒もシスターと一緒に掃除をしたり皿を洗ったりできるのです。シスター全員に教員の資格があるわけではないのですが、みんな学校という家族の仲間なのです。先生が生徒みんなの名前を覚えていて、話したり笑ったり冗談を言いあうのです。ミサにはキッチンでつけるエプロンや庭用の裾をたくし上げた服を脱いで、裾の長い黒いローブを着て参列しました。私は香《こう》のかおりやシスターたちが一団となって礼拝する姿を見るのが大好きだったし、ラテン語の響きにも惹かれました。子どもの私にはすべてが神秘的で魅力的で、宗教的生活に強く心惹かれ始めたのです。

八歳になると、ラテン語とフランス語の勉強が始まり、もう一つ大事な教理問答のクラスも時間割に加わりました。歌を歌ったり、ピアノを弾いたりして、理系の勉強はだんだんと少なくなっていきました。授業の始めと終わりには十字を切ってアヴェ・マリア（天使祝詞）を唱えました。正午になるとランチの前に全員で「お告げの祈り」を捧げます。祝祭日は通常の日課はお休みです。ミサに参列したり、ピクニックに出かけたりしました。お天気がよかったら、戸外の花崗岩を敷きつめたプールで泳ぐこともありました。

庭は目を見張るほど美しかった！　英国のこの地域はマグノリア（モクレン）やアザーリア（ツツジ）、シャクナゲ（石楠花）が見事で、温暖な気候のおかげで、シャクナゲが大木となり、その木陰はもってこいの遊び場でした。マグノリアの森の香りは生涯忘れられません。青天をつくように伸びた枝には、真っ白い花が群れるように咲いていていました。

修道女の生活はとても簡素で、彼女たちは子どもの親に花束を売ってお小遣いにしていました。一回の食事がパンとマーガリンとレタスだけのこともありました。特に四旬節《レント》のあいだの食事は質素でした。女子修道院に寄宿している子どももいましたが、私は両親が休暇のときだけ寄宿舎に泊まりました。最年少の子どもたちの寮に寝泊まりしているシスターがいました。ベッドのまわりにカーテンを引いていましたが、ベールを脱いだ彼女の頭は白くなりかけていました。あるとき宿舎に戻ったシスターを探しに行ってみると、シスターたちは一部屋に二人ずつ寝起きしていたのです。何もない部屋で、ベッドとルルドの聖水が置かれているだけでした。司祭には車がありましたが、シスターにはありません。彼は子どもとゲームをして遊ぶのが好きな優しい司祭でした。日曜日になると、よくシスターたちが散歩に連れ出してくれましたが、シスターと手をつないで歩き、優しくしてもらうのが嬉しくてたまりませんでした。

私が静かに座れるようになったのは、シスター・ガートルードのおかげでした。高齢のため教職から身を引いていたシスターは、私を膝元に座らせては聖書を読み聞かせてくれました。彼女はまだラテン語の聖書を使っていたので、あまり内容がわからなかったのですが、英語のテキストもありました。声を出して聖書を読む喜びを教えてくれたのは母でした。シスターに聖書を読んであげていて授業をサボったことがありましたが、そんなことを気にする人は誰もいませんでした。

子どもの頃の記憶を辿ると、気づくといつも一人ぼっちでいることがありました。とても静かで平和な時間でした。他の子たちは外で遊んでいるのに、私は回廊の端に佇んで、自分の呼吸を感じているだけで十分でした。この深い沈黙の瞬間は、後になってわかったのですが、心が鎮まるときにおこる瞑想の最初の段階である「シャマタ」（止）だったのです。のちにチベット人と瞑想修行を始めたとき、師匠の一人からも、私は心と体に安らぎをもたらすシャマタの修行を好んでいると言われたことがあります。後に師匠となった先生《タイ》から「タムアン」（心安）、つまり「心の平和」という法字をいただきました。

あの女子修道会の学校はもうありません。高齢の修道女が世を去り、代わりになる若い修道女の補充ができなかったのです。現在もアジアの仏教国で若い男性や女性が寺に入ることが珍しくないように、ヨーロッパでも以前は若い男女がキリスト教の修道生活に入ることは一般的でよくあることでしたが、今では若者がキリスト教の修道生活に入るのは、きわめて稀なこととなりました。

十字架の姉妹会のシスターたちのもとでのんびりと勉強できたのは一一歳まででした。その後は、「イレブンプラス」[8]という公立中等学校の入学選抜試験を受けなければなりません。私はその試験で失敗してしまったのです。両親のショックはたいへんなもので、妹と私は十分な教育が受けられなくなるかもしれないという厳しい現実に突き当たりました。子どもの教育と将来のキャリアに警鐘が鳴らされたのです。両親は妹と私をもう一度、最初に入学したトゥルーロの学校に戻す決意をしたのです。

三～四年間カトリックの学校に通ったあと、一九六一年に最初に入学した学校に戻りました。厳格な規則のもと、ブラウンの制服を着、季節ごとに決められたアイテムをきちんと身につけなければなりませんでした。お金がかかることばかりでした。我が家は決して豊かなほうではなかったのです。

私はといえば、学科の勉強が遅れていたので、新クラスに適応するのがたいへんでした。編入には学力テストがありましたが、科目によっては成績がよかったので、私は習熟度別学級の一番上のA級に入りました。ラテン語とフランス語と宗教だけが抜きん出ていたのです。得意なクラスではいつも最前列に座って授業態度もよかったのですが、苦手なクラスとなると似た者同士で最後列に座って、授業を聞かないことがありました。私は先生たちにとって「扱いにくい」「内気な」子どもだったのです。私には「厄介な子」という意味がわかりませんでした。当然、この性格をどうやって変えればいいかもわかりません。将来の仕事への希望もなく、結婚して家族を持ちたいとも思いませんでした。家庭生活は修道院生活ほど楽しそうでなかったので、心の中では修道女になることを夢見ていました。私にとって宗教は安らぎでした。日々の雑事を超えた何かもっと深く高貴なものに魅力を感じていたのです。チャペルで跪いて祈ることは、このより高きもの、もっと洗練されたものに触れる絶好のチャンスでした。また、障害がある人をたすけたいという夢もありました。特に、いとこのロビンのようなダウン症の子どもたちのための学校をつくれたらいい、と思っていました。

小学校の頃は、宗教の授業が面白くて仕方なかったのですが、中等学校に入ると、あんな授業は退屈で何か的外れだと思うようになりました。シックス・フォーム[9]に上がった一七歳や一八歳の頃は、主教座聖堂の参事司祭の先生の授業を受けるようになり、キリスト教の神秘的な側面に触れていきました。ある時、何も悪いことをしていないのに、なぜ私たちが「メア・クルパ、メア・クルパ、メア・マキシマ・クルパ」[10]（私の過ちによって、この上なき悲痛な過ちによって）と繰り返さなければならないか、と司祭にたずねてみたのです。彼は罪は集合的なものだからと説明しました。祖先や社会の過ちを告白するのです。この説明は聖餐式の告白の練習にとても役に立ちました。またこの司祭から宇宙意識[11]の実践についての手ほどきを受けました。この概念は二〇世紀初頭に初めて語られ始めたことで、すべてのものの一体性（調和）とインタービーイング（相互依存的関係性）への気づきです。究極の次元への意識ともいえるものでした。私は自然の中に出て行って、一者としてのすべてに触れてみたいと思いました。

三〇人を超える生徒がいる大きな教室にいると、なんだか落ち着かない奇妙な感じがして、その感覚は夕方、家に帰っても続いていました。母が軽食を出してくれて、海まで一緒に歩きました。夏には裸足で出かけました。冬が過ぎた頃は、まだ足の裏は柔らかかったけれど、間もなく硬くなっていきました。森を抜ける小道は、始めの四分の一マイルくらいは小石や砂利道でしたが、最初の門を抜けると、長年積もった腐葉土のおかげで柔らかな森の土に変わります。現在の森の道は、かつては荘園から桟橋まで続く馬や馬車が通る道でした。幼い頃には、まだ脚が丈夫になっていなかったので、大きな丸い石の上で休みながら歩いたものでした。海まで歩いて行くときには、祖母もセイヨウカエデの木陰で休憩するのが好きでした。

海は日々変わります。月の変化で干潮や満潮になり、風によって海は凪いだり荒れたりします。凪の海はそれなりに楽しいけれど、荒れた海で遊ぶのも楽しいものです。満ち潮になれば、岸からすぐに深くなるので、簡単に深いところまでいけるのです。干潮になると、隠れていた岩の割れ目の水溜まりが見えてきて、とりどりの海藻や貝が姿を現します。

潮が十分に満ちてきたら、浜から沖に向かって伸びた桟橋の花崗岩の階段のところから泳ぐことができました。桟橋は十分な高さがあるので、満潮のときにもボートを繋いでおけるのです。桟橋の端には階段があり、ボートから降りて桟橋に上がることができました。八歳のある日、私はあの階段を蹴って、岸から離れて――一ストローク、二ストローク、そして一〇ストローク泳いで……浮いたのです！　初めて泳げたのです。この日がお祝いの日になりました。それまでは水の中で父に支えてもらったり、ゴムのタイヤを浮き輪にしたりして泳いでいました。

私たちが住んでいたコーンウォール半島の南海岸は静かで穏やかな海でしたが、二〇マイルほど離れた北海岸は波が荒く、強い底流がある危険な海でした。だからゴムの浮き輪やゴムのディンギー〔小型ヨット〕は使わないのです。人が乗って流れに出たらあっという間に潮に流されてしまうからです。私たちは安全なところで、手作りの木製サーフボートに乗って遊びました。このボートは道具小屋で父がつくってニスで仕上げたボートです。祖父と父はボートに乗って多くの時間を過ごしました。

父とリトル・ファルマス（フラッシング）でヨット遊び　6歳の私（左）

祖父は自分のボートを持っていて、退職すると、天気がいいと毎日、春、秋、夏、セイリングに出かけました。父は自分の舟を持っていませんでしたが、操縦はうまく、友人のヨットにはいつも父の居場所がありました。

私たちが泳げるようになると、父はヨットの扱い方を教えてくれました。父は子どもの頃からヨットに乗っていたので、最高の先生でした。腕が上がってくるとスカウ〔小さな平底のヨット〕にのせてひとりで沖に出し、自分は浜から叫んで指示を出すのです。ある日、父は何も言わずに車でテインマスまで出かけて行って、まっさらなディンギーを牽引して戻ってきました。夕方遅くまで日が沈まない美しい夏場には、みなでセイリングに出か

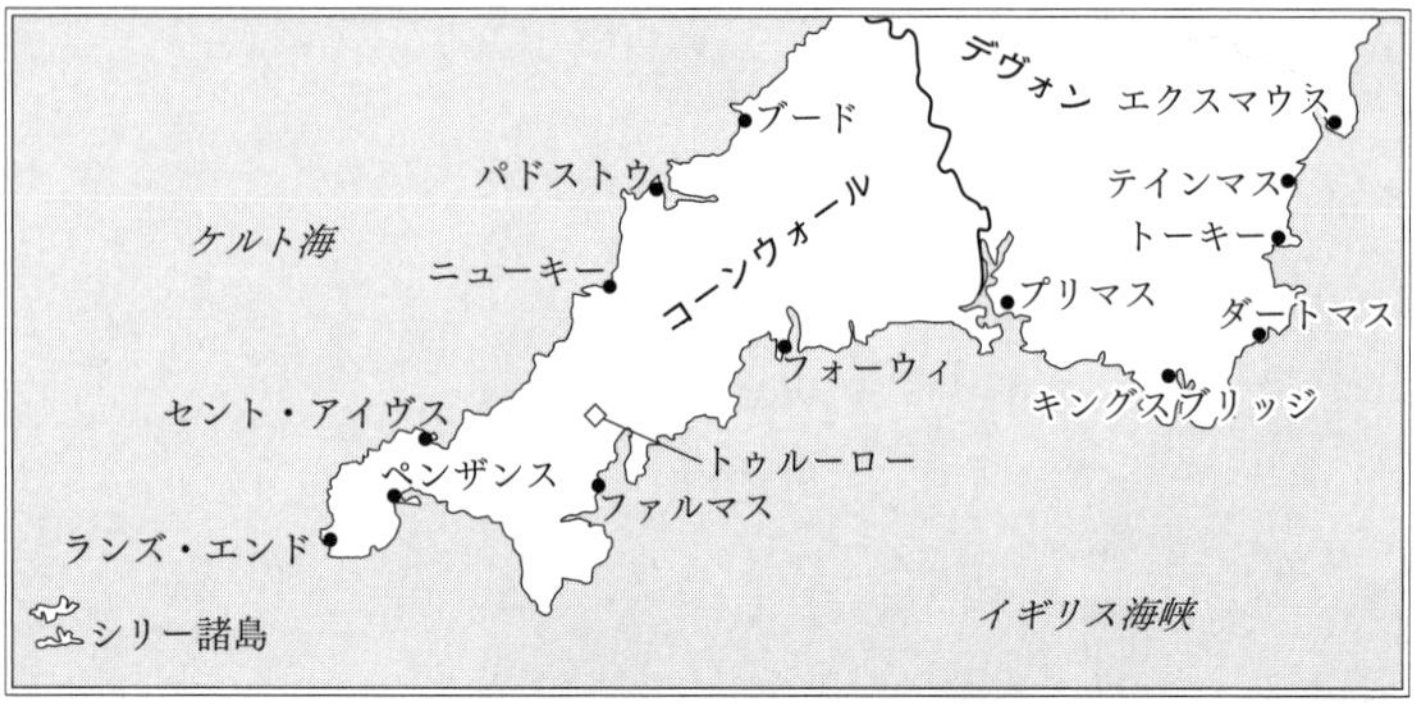

地図3　イングランド南西部

けて、時にはディンギーのレースに興じました。夕刻には風が突然凪ぐので、岸に戻るのに長い時間がかかりました。セイリングは風や海に触れる時間なのです。船と乗り手が天候をマスターすると、自然の力を利用して、ボートを迅速に動かせるようになります。つよい海風の中でのセイリングは心が高鳴ります。ヨットをまっすぐに立てようと海面に体を乗り出し、体中に海水を浴びるのはスリル満点です。

父は泳ぎの名手でした。ある日、ゴム製のディンギーに乗った人が二人、沖へ流されたことがありました。たすけを求めるものの、岸から相当離れていたため、誰ひとりたすけることができませんでした。父は海に飛び込んで、ヨットまで泳いでいき、流れに逆らって二人を岸に引き戻したのです。岸に着くと父は倒れこみましたが、救助した二人のためにブランデーを持ってくるように言いました。二人がブランデーを口にし、それから父も盃《さかずき》に一杯、グイと呑み干しました。あのとき父が盃に一杯のブランデーを、自分ではなく、救出した人に先に飲ませようとしたことに、私は目を見張りました。母は暖かい紅茶を持って、そばに立っていました。どれだけ母が心配したことでしょう。あとになって新聞で、名も知れぬ男性が二人を救助したというニュースを読みました。

父の人生は波乱に富んでいました。父にはある種の千里眼のようなものがあって、私もよくその恩恵に預かりましたが、それは父の合理性から来たものではないと思うのです。父の直観がいつも当たるとはかぎらないのは事実なのですが、父はいつ何をしたらよいか、瞬時に、正確にわかることがありました。昔はよく腹をたてる怒りの人でしたが、年をとるにつれて穏やかに、静けさを漂わせるようになりました。

キャリック・ロードでヨットの練習

初めて一人でヨットに乗る

人生の後半になって、私は父と一緒に食卓を囲むのを楽しみにするようになりました。父が農場を引退して一番下の弟があとを継いだ頃のことです。父は考えごとをしたり何かを話したいときには、木の肘掛け椅子のアームに両肘を預けて、両手の指先を合わせる癖がありました。食事の適量もわきまえていました。たまに母の盛りつけが多すぎても、食べものを残して捨てるのをひどく嫌がりました。皿の上の料理はすべて食べきって、パンくずひとつ残しませんでした。いつも食事に満足し、食べることに集中する父の姿がありました。食事中に心があちこちにさまよわないのです。僧院での食事を思わせる食事の仕方で、ちょうど今の私が修行しているような、マインドフルな食べ方をしていました。

私はロンドン大学に入ってから拒食症を発症しました。空腹感が心地よくて食べるのを拒むのです。何か宙を浮いているような軽い感じが心地よいので、食べないことが正しいことだと考えてしまうのです。食べなければもっと痩せて細くなれるし、そのほうがいいと考えていました。子どもの頃、私はぷっくりと小太りだったことがあり、これが父の気に入らなかったのです（母方の祖母が太っていたので、もしかしたらそれが許せなかったのかもしれません）。しかし、ロンドンからの帰省中に父と一緒にシリー諸島に旅をしたとき、父が私の横に来て、私が絶対に口にしない板チョコをくれたのです。私はなんの抵抗もなくチョコレートを食べました。父がそばにいたら、バターをつけないパンでもなんでも美味しく食べられました。父は完全にくつろいで食べたので、ただそれだけで食べものが美味しくなるのでしょう。父が手を使って何かをするときの、あのくつろいだ感じは――例えば、電気器具などを修理したり、産婆役として難産の牛や羊を取り上げるときなどですが――手仕事に没頭するときの父の忍耐強さ、穏やかで落ち着いた態度からくるものだったのです。

父と一緒に買いものに行くのは楽しいことでした。一軒一軒、まるで宝の山を見つけたように入っていくのです。買いたいものがあっても決して急がないで、しっかりと品定めをしました。子どものような父のあどけなさは、スーパーマーケットがない時代からずっと変わりませんでした。買いものに行くのは楽しい発見の航海なのです。

父はパブリックスクール時代に、腹膜炎で死にかけたことがありました。虫垂炎が破裂したのです。それから間もなくして、リーズ・テクニカル・カレッジで片目の視力を失いました。溶接作業を見ていて、金属片が目に刺さったのです。このために第二次世界大戦の兵役に取られなかったのですが、もし海軍に入っていたら、間違いなく戦死していただろうと言っていました。パブリックスクールで士官訓練部隊に所属していたので、もし海軍に入っていたら士官になって部隊を率いて戦地に赴いて

ファルマス近郊での舟遊び　母と隣人をヨットに乗せて

いたはずです。父の学校の友人はほとんどこうして命を落としていきました。父は農業の道に進む気はまったくなかったのですが、機械工学系の技術者を続ければ、もう一方の目も失う可能性があったのです。父が戦死するかもしれなかったと聞いて、わたしはショックを受けました。この父がいてどんなに幸せだったか、しみじみとこの幸運をかみしめました。そして面接のときに片目を失った父の入隊を許可しなかった海軍将校にも深く感謝しました。だいぶ後になってやっと気づいたのですが、もし父が戦死していたら、私はこの世に生を受けることがなかったのです。

農夫となった父は動物を大切に育てました。いずれは屠場に送ることになる動物ですが、生きている間はとびっきり可愛がって世話をしていました。農園に暮らす子どもは幼い頃からこの矛盾に突き当たります。命を奪う

ことと守ることとの間に存在する矛盾です。人間は他の種の命を奪わずに生きることはできません――植物や動物から命をいただいて生きているのが現実です。たとえ厳格な菜食主義者《ヴィーガン》を名のっていても、実はそうではないのです。菜食であっても、野菜の栽培中に昆虫を殺すことは避けられません。私たちは他の生物の命によって生きていますが、ときには人間の命が他の生物によって脅かされることもあります。納屋に住み着いたネズミは穀物を食い散らして汚染し、大鴉や野鳩が芽吹いたばかりの穀物の新芽を食い荒らします。

作物を守るのが農夫の仕事です。そのためには害獣を殺すこともいといません。一方、家畜が病気になると牛舎や羊小屋で寝起きして世話をし、お産も手伝います。農場の採算を取りたいからそうするのではなく、本能的に命を守ろうとしているのです。ただ命を守りたいという本能のためにそうするのです。私も孟子[12]の考えに同感で、命を守ろうとする本能は金銭欲をはるかに超えた深い本能です。しかし、そこには同時に生活の欲求もあり、それは、命を守ろうとする本能に優先することもあるのです。農夫が牛を屠場に送り込むように。

幼い頃に子どもはこの全てを目撃するのです――病んだ動物は父に介抱され、翌日には屠場に送り出されます。子どもにとってこれほど混乱することはありません。動物を屠場に送るのは、父親にとっては、感情を押し殺すだけのことかもしれません。何世代にわたる先祖もやってきた行為なので、そこに困難はないのです。牛はトラックが来て自分を死へと運び去るのを待ちます。牛は自分の行き先を知っているのです。牛は第六感で感じています。悲しみの叫びをあげても誰もたすけてくれません。牛は涙さえ流すかもしれません。私は子どものとき、中庭で牛のそばに立って賛美歌を歌って慰めてあげようとしました。しかし、それが何の慰めになるでしょう。わたしは無力で、大人の気まぐれに従わざるをえなかったのです。どれだけ抵抗しても牛の運命が変わることはありません。あれから牛肉を食べたらいつも、それがあの牛の肉ではないかと考えるようになりました。いったん家を出れば、菜食主義者になるのは簡単だったので、二一歳のときから菜食を始めました。大学生になってポール・ブラントン[13]の本を読んで、肉食は魂を鈍らせ、スピリチュアルな瞑想修行のためにならないことを学びましたが、今も変わらず、私の動物への愛が菜食主義者になった一番の理由だと感じています。

シックス・フォームに入り、中等教育も終わりに近づいた頃、大学に進学して古典専攻で学位を取ることに決めました。一二歳で二度目の転校をしたとき、前の学校でラテン語を学習していたので、クラスメイトよりだいぶ先に進んでいました。このクラスは私には簡単で、試験の成績も抜きん出ていました。これが古典を選択した理由の一つでしたが、もう一つの理由として、ギリシア哲学が気に入ったことがありました。特にシックス・フォームで紹介されたソクラテス、プラトン、そしてソクラテス以前の哲学者たちに興味を惹かれました。哲学者なら苦しみからの出口を教えてくれるかもしれない、ソクラテスは死とは無になる事ではないと論じました。もしかしたら祖父の考えが間違っていたことを証明できるかもしれない！　古典研究を選択する学生は少なかったので、当然ながら授業は小クラスで、教師からも学生一人ひとりに注意を向けてもらえたのです。

父は私が大学で古典を研究することに賛成ではなく、死語となった言語を学んでも何の役にも立たないし、時間の無駄だというのです。父が私に託した夢は二か国語ができる秘書の訓練を受けさせることだったようです。私がギリシア哲学の研究をするなどとんでもないことだったのです。経済的余裕がないので、大学にやるのは弟たちだけにしたかったのです。ところがどうしたことか父は前言を翻して、ロンドン大学古典学科の受験を許してくれました。おそらく母の説得があったのでしょう。面接試験を受けるために、父は遠路ロンドンまで車を走らせてくれました。

初めてのロンドンでした。父と二人でホテルに泊まりました。当時、ロンドンは石炭を燃やす黒い煤煙が立ち込めてひどく汚染されていました。ロンドンとコーンウォールの田舎はまさに両極端でした。父を独占してこのように一緒に過ごすのは稀なことで、二人が連れ立ってロンドンに着いたとき、父の優しさが身にしみました。面接会場にもいっしょに来てくれて、リージェンツ・パーク〔1〕やウェストフィールド・カレッジ〔2〕の中庭に座って待っていてくれました。

私はベッドフォード・カレッジ〔3〕とウェストフィールド・カレッジの両方に合格しました。これらのカレッジはもともと女子大学だったのですが、私が入学した一九六七年に初めて男子学生を受け入れて共学になりました。私はウェストフィールドの方を選びました。この大学はハムステッドのこぢんまりした瀟洒なエリアにあり、必要なものはなんでも揃っていて勉強するにはもってこいの環境でした。残念なことに私は研究に没頭せず、最大限にこの環境を利用することができませんでした。特に科目があまりに難しすぎて、仲間の学生についていけないことがわかると、すっかり自信を失ってしまいました。幼少期から学んできたことは、人と比べることばかりだったので、この挫折が大きな苦しみの原因となりました。ともあれ大学で身についたことといえばサンスクリット語だけで、これだけが今でも役に立っている言語です。

クラスメイトが国教会の信徒だったので、まず二人でゴードン・スクエアにある国教会の礼拝堂〔4〕に通いました。ここはブルームズベリーの中心地で、大学の管理センターがありました。しかしここでは心の安らぎも積年の疑問への答えも見つけられませんでした。

私には倫理上の問題意識がありました——暴力といえるかいえないかくらいの抗議運動と、実際に暴力をふるう抗議運動のあいだにどのような倫理的違いがあるのか？　一九六七年から一九六八年にかけて、たくさんの大学で行われていた座り込みや抗議運動やデモには参加しませんでしたが、授業放棄をしたり、チュートリアルをボイコットしたりして、彼らの行動を支持していました。私は自分が置かれた環境やヨーロッパ中で起こっている学生の意志表示に、意識的・無意識的に影響を受けていました。大きな変化とうねりの時代でした。一九六七年に大学に入学する前に学んできたことからすると、男女の婚前交渉は倫理に悖《もと》るものでしたが、出会った学生たちの多くがこの古い倫理感に反対していました。

私は慰めとなるものを求めていました。一八歳の誕生日の直後に故郷を離れて大学に入り、両親がそばにいないだけでなく、慣れ親しんできた田舎の暮らしに別れを告げてきたからです。ロンドンという大都会にやってきて、夜になっても車の騒音が鳴りやまず眠ることもできない生活の中で、さまざまな刺激的な人生の体験に身を晒されていました。新しく生まれ変わるために、古い自分を捨てなければならなかったのです。

大学の研究だけでなく、学友と哲学や政治を論じながら、ときどき自分の中に引きこもって、ただじっと静かにしていることの喜びを感じることがありました。そんなとき、こんな詩を書きました。

夕暮れどき
静かに座る
何も考えずに

小鳥のさえずりを聴くのは
　安らぎだ

一〇代の頃から自分の感情に対処する方法として詩を書いてきて、詩を書くことによって掘り起こされる内なる知恵があることを発見しました。静かに座って、何も考えずにペンを走らす。ときには恐怖のような感情は、言葉で表現してみることが必要です。

たくさんでなくてもいいのです
一本の木とか
大空に届きそうな緑の大木とか
そして死んでしまいそうな恐怖とか

ありがたいことに学寮の同室の友だちは、私がフィンチリー通りに面した部屋では眠れないことにとっくに気づいていました。それで寮の裏側の静かな部屋の学生が部屋を交換してくれたのです。その部屋では小鳥のさえずりを聞いたり、高い緑の木々を見つめて過ごすことができました。

いろんな点で大学生活に失望していました。まずフェローや教育助手、講師、教授たちは、期待したほど特別な存在ではありませんでした。彼らは何かを深く伝えることができる賢者ではなく、ただの普通人で、昔習った学校の先生たちのほうがましだったと思うことがありました。全学生に「モラル・チューター」なるものが割り当てられていました。学生を精神的に補助するメンター〔助言者・相談役〕のような人たちです。私は自分のモラル・チューターと話をするといつも当惑してしまって、悩みの相談どころではありませんでした。それで、一八歳の学生に必要な助言も指導も全く受けないで一年が過ぎてしまいました。私には学業に励む時間、政治について語り合う時間、劇場で楽しむ時間、与えられた時間をどのように配分したらいいか、ひとつひとつにガイドが必要でした。父ともっとよい関係を築くにはどうしたらよいか、接近してくる男子学生をどう扱ったらいいか、いろいろと教えてほしかったのです。結局チューターから助言がもらえなかったので、自分ひとりで考えながら大学生活を切り抜けていかなければなりませんでした。

大学時代に一度だけ、帰省をやめたことがありました。ある日父から、お母さんがとても寂しがっていると伝える電話がかかってきました。「お母さんを喜ばせるためだけでもいいから戻ってこられないか」と。母の私への愛情は半端ではなく、私のためにケーキを焼いては送ってくるのです。私は母の元から巣立った初めての子で、これまでどれだけ母にたすけられてきたことでしょう。日曜日の朝早く聖餐式に行けるように配慮してくれたこと、大学で古典を専攻できるように助言してくれたこと……。しかし、子ども時代を振り捨てて、今、私は自分の足で立たなければならない。家族は保守的で、社会を変革してよりよい社会をつくろうなどとは考えないのです。今こうして振り返ってみると、あのとき私は母にとても冷淡で、おそらく父にも同じ感情を抱いていたことがわかります。

大学進学のために初めて家を出たとき、私はホームシックを覚悟していました。ロンドンとコーンウォールはまるで別世界で、私は田舎の暮らしを愛していたからです。意外なことに、全くホームシックにならないのです。一九六七年から一九六八年にかけての初めてのクリスマス休暇は、他の学生と同じように私も家族と過ごすために故郷に帰りましたが、父方の祖父が肝臓癌で闘病中でした。祖父に最後に会ったとき、昔の体格の三分の一ほどに痩せ細っていました。死期が近づいていることに気づいていたかどうかわかりませんが、どう慰めたらいいのか見当もつきませんでした。死にゆく人たちのそばでどのように過ごしたらいいかを知ったのは、尼僧になってからのことでした。祖父と一緒に暮らしていた叔母と父方の祖母は、祖父に癌の告知すらしていませんでした。あの頃の私は告知すべきだと考えていましたが、振り返ってみると、今は、全く違うように感じています。もしどこが悪いのかとか、あとどのくらい生きられるかとたずねられたら、慈しみの心で答えることはできるけれど、たずねられなければ、本人が知りたくないということなのです。祖父は間もなく亡くなりました。近親の死を経験したのは、あのときが初めてでした。

休暇を終えてロンドンに戻ると新しい仲間が待っていて、前よりももっと家から遠ざかることになりました。カトリックのマルクス主義者グループとの出会いで、国教会をやめてカトリックの礼拝堂に通い始めたのです。私たちはみんな友だちを必要としていて、彼らが私の友だちになってくれたのです。これまでの生活圏が窮屈になり始めた矢先のことでした。一〇代最後の頃の私は、自らフェミニストと公言したり、国歌斉唱の時に起立するのを拒んだり、ずいぶんと反権力的な態度をとるようになっていました。しかし、打倒国家などという思想に同調することはありませんでした。ただマルクス主義に惹かれるようになってからは、両親や家族とは反対の方向に歩み始めたのは確かです。それでも宗教は、私の人生の霊的基盤で、なくてはならないものでありながら、資本主義を転覆したいというような反逆心も私の中にありました。キリスト教と共産主義が一体となれば、キリスト教によって世界の苦しみを少なくすることができる——貧困という苦しみが減らせる！　当時を思い出すと、このとき私は自分の中の修道生活のタネに水をやっていたのです。尼僧になろうとすること自体が、私には革命的な一歩でした。それは社会がめざす方向に背を向けることでした。二〇〇五年に、タイ〔ティク・ナット・ハン〕が四〇年の亡命生活ののちにベトナムに帰還されたとき、ベトナム共産党のリーダーたちにおっしゃった言葉を思い出します。「私たち僧や尼僧は自家用車も電話もコンピューターも持ちません。実際のところ私たちは真の共産主義者です」。

二学期になると、古典とは別の科目が面白く、私の芽吹きかけた知性や知識への渇望を満たしてくれると思うようになりました。古典の研究が退屈になり、哲学や比較言語学に没頭するようになりました。これが今の自分に必要な特別な学問と思えたのです。こんな調子で卒業成績もII 2、つまり第二級の下[5]だったのですが、なんと、ロンドンのユニヴァーシティ・カレッジの大学院に受理されました。その理由は、ギリシア語とラテン語の言語学をテーマとした特別科目論文で優秀な成績を取ったからでした。

大学院では比較言語学科に所属しました。学科はマレット通りとゴードン通りにあるユニヴァーシティ・カレッジの中の二つの部屋に置かれていて、学科長のフランス人の女性と、助教のアイルランド人の男性がいました。私はサンスクリット語とトカラ語[6]の研究を目指したのでここに配属されました。トカラ語A方言と分類されたトカラ語の一形態は仏教文献の翻訳に使われていました。タリム盆地には仏教徒の僧院があったからです。私はある文献にあった文章を今もよく覚えています。ある彫刻家が女性の像を彫刻し、その像に魅せられて命を吹き込もうとしたというテキストです。あの頃、私はまだ仏教に興味を持っていませんでしたが、このメタファーに心を打たれました――心が外界を創造する――という洞察が象徴的に表現された一文でした。

ある日、ユニヴァーシティ・カレッジに行く途中のガウアー通りを歩いていたときのことです。顔前に一陣の塵が舞い上がりました。それはちょうど、私のシックス・フォーム時代、律修司祭[7]から宇宙意識について教えてもらったときのような不思議な感銘でした。その場に立ち尽くし、生まれて初めて、すべてのものは不思議な方法で相互につながっているとわかったのです。言葉では表現できないなにものかで。

フランス人のチューターは私に古代ギリシア語の中にある非インド・ヨーロッパ語族的要素を研究してほしかったようです。まずは、ヒッタイト語、ゲール語、アヴェスター語、サンスクリット語、トカラ語など、できるだけたくさんの古代インド・ヨーロッパ語族の知識を深めるテーマが与えられました。この作業と学校で教える仕事で私の時間は満杯になりました。慈善団体から少しばかりの奨学金があり、学費も免除されてはいましたが、日々の生活をまかなうためには、さらに働く必要がありました。最初に受けた仕事は、ウォータールー駅から電車で少し行ったユーエルにある公立男子グラマー・スクールでのラテン語教師のポストでした。ユーエルはグレーターロンドン〔ロンドンのシティとそのまわりの三二の特別区を包括する行政区画の名称〕の通勤圏の一部で、裕福な住人が住む街でした。私は一生学校教師を続けるつもりはなく、大学院での研究を終えたら、大学レベルの教員になりたいと考えていました。

男子校の面接では、二一歳とはなかなか信じてもらえず、シックス・フォームの少年より若く見えると校長に言われてしまいました。なんとか自分の年齢を証明しようとしていると、授業中は絶対に微笑まないようにと釘を刺されました。ニコニコしていると生徒たちが甘く見て、なめてかかるかもしれないからです。笑わないで授業するなんて簡単なことではありません。最初はかなり緊張しましたが、少年たちに教えるのは楽しかったし、特にシックス・フォームのクラスは格別でした。若い新米教師だからといってからかわれた記憶など全くありませんでした。

自活するために選んだ次のポストは、グレイコート・ホスピタル[8]という女子高校でした。ヴィクトリア駅のすぐそばで、このあたりの生活環境はあまりよくありませんでした。校長が金欠の大学院生の私に同情してくれて、ラテン語のポストがもらえたのです。この学校で、オプス・デイ[9]というカトリックの組織のメンバーだった若い国語の先生と知り合いました。豊かな財源を持つこの保守的な組織は、友人のカトリック・マルクス主義者のようなリベラル派のカトリック教徒からはずいぶん敬遠されていました。彼らがその豊かな財源を貧しい人たちの支援に使わなかったのが許せなかったのです。ここで知り合った若い教師について感心したことが一つありました。ある日、ある数学の教師が私に親しげに近寄ってきて、教室で二人だけで話をしているのを見かけて、勇気を出して忠告してくれたのです。この教師は既婚であるのに、若い女性教員と見るとすぐに親しげに接近してくるというのでした。またこの友人に下宿を探していると、オプス・デイがサセックスに外国人向けに英語教育をする全寮制のカレッジを持っているので、よかったらそこで暮らしたらどうかというのです。これを聞いて食指が動きました。ゆったりと波打つような低い丘が続くサセックスの田舎がとても好きだったからです。しかしそのとき私は寒さが厳しいサービトン〔ロンドン郊外、西南西にある住宅地〕で、リベラルな仲間たちと大学院生用の家に住んでいました。当時、拮抗する二つの考えで揺れていました。快適な中流階級をとるか、リベラルな社会主義の生き方をとるか、どちらかを選ばなければならないと感じていました。

こんなこともありました。チューターが入院して回復まで時間がかかるので、回復してからの負担を軽減するために、ギリシア語の方言、サンスクリット語、ヒッタイト語を学部生に教えて欲しいと彼女に頼まれたのです。それで、先生のアルバイトをやめて大学で教えることになりました。あるときアナトリア象形文字〔10〕の歴史についていくつかの文案を書いていたのですが、この中でひどい間違いをしてそれを先生の机上に置いてきてしまったのです。チューターはこれを読んで、丁寧に私の間違いを指摘してくれたのですが、彼女が確かにそのノートを読んだと認めるまで、私は頑なに自分の過ちを否定し続けたのです。この事件で学んだことは、まずは嘘をついてはいけないこと、万一教師に嘘をついてしまっても、過ちに気がついたら、すぐにそれを正直に伝えるということでした。何年も後のことですが、チベットの先生に嘘をついてしまい、自室に戻って後悔の念に苛まれました。遅い時刻だったのですが、気持ちが治まらず、耐えられなくて先生の部屋まで訪ねて行ったのです。先生は運よくまだ起きていて付き人と話をしていたので、喜んで私の告白を聞いてくれました。

ある夏休みのこと、私はノルマンディーにあるベネディクト会の修道院に滞在していました。この滞在のおかげで修道女になりたいという意思が固まってきたので、修道院長に意見を聞いてみました。彼は気が進まない様子で、修道生活は誰にでもできることではないから、一般信徒として信仰生活を送ったらどうかと示唆されたのです。こんなことがあってしばらくして、私はキリスト教の信仰生活をすっかりやめてしまいました。修道会の学校ではずっと修道女になりたいと思い続け、コミュニティの生活に憧れ、ひとりチャペルで祈る平和なひとときをこよなく愛していました。修道女になればもっと身近に宇宙意識を感じとれるだろうと思っていたのです。ところが世間に出てみると、宗教で癒されるものは何もなくなってしまいました。私の中からだんだんとキリスト教の信仰が抜け落ちていき、教会にいるよりも自然の中に坐っているほうが楽しくなってきました。もはや教会の礼拝では求める霊性が満たされなくなってきたのです。

同様に、比較言語学からも心が遠のいていきました。大学院の学位がなければ、学校の教師で自活しなければなりません。プリマスでラテン語教師のポストが空いていて、常勤の教員として受け入れられました。教職としては三番目のポストです。ここはかつて修道院でしたが、その当時は在俗の教師が支える小さな私立学校になっていました。この学校の古典教科はラテン語だけだったので、古代ギリシア語が教えられないのが残念でしたが——実際、授業計画表《シラバス》に古代ギリシア語を残している学校は急速に減っていました——いざ教え始めると猛烈に勉強する生徒が出てきたのです。ラテン語のOレベル試験〔11〕に合格する生徒が今までで一番多かったので、私の教え方もまんざらではなかったようです。

着任早々住居が決まっていなかったので、大きな邸宅の家主だった高齢の夫人が、寄宿舎が見つかるまで新任の教師の滞在を引き受けてくれました。デヴォン州南部の初春のことで、家々にはミモザの花が満開でした。ミモザの花を見ながら学校に通いました。大学と研究を離れて幸せでした。仕事があって、力不足ながら子どもたちの手助けができ、食べるものがあって、生活に困らないくらいの給料もある。不要なお金はクリシュナムルティ財団に寄付していました。財団が提供する人間的でスピリチュアルな教育に共感して、世間の成績重視の教育よりもはるかに意味深いもののように思えたからでした。英国のクリシュナムルティ・スクールで教師になろうかと迷った時期もありましたが、私の理想とは少しズレを感じました。クリシュナムルティの教えには共感する点が多かったのですが、彼のフォロアーの中に、何かが欠けているという違和感を感じたのです。彼らのスピリチュアルな修行が目指す方向に物足りなさを感じたのです。若者と触れあいながら教えることの喜びを感じていました。それは若者が抱く高邁な理想や発展への限りない可能性を見ることの喜びでした。

私は若くして学校の教師になりました。教えたことへの若者の感応力にいつも励まされました。堅苦しい教育システムが嫌いで、公教育試験委員会の要求に沿わなければならないことは苦痛でしたが、古典語を教える立場からすると、当時の試験制度に適応することは可能で、試験に合格することが教育のゴールではないことをしっかりと頭に入れておけば、授業の教育内容次第で生徒を育て、また生徒に育てられることが可能だとわかりました。教職は唯一の天職で、この仕事にすべての時間を捧げることができるのは本当に幸運なことでした。長い休暇には教案づくりができたし、たっぷりと自然の中を散策したり海に泳ぎにいって気晴らしをしました。空き時間を利用するので試験の採点に圧倒されることもなく、本部の仕事や学務もなく、夫や子どもの世話もない、ただの気楽な間借り人でした。

デヴォン州では二~三年、学校の教師をしていました。そんなとき復活祭の休暇を当て込んだ安いギリシア旅行の広告を見つけたのです。学生時代にローマまでは行きましたが、ギリシアまで足を伸ばしていなかったのです、ラテン語よりもギリシア語や文学のほうがずっと性に合っていた私は、特にプラトンやソクラテス以前の哲学者たちを愛読していました。人は死んだらどうなるのか、快楽と苦痛の本質は何か、知恵の本質とは、などなど、ギリシアの哲学はこのような究極的関心に向けられていたからです。一九七〇年代の終わりごろになると、ギリシアも観光地として発展し始めていました。この国はヨーロッパの一部であるにもかかわらず、人々は簡素な生活をしていて、旅行者はこの地でアジアや東洋への近しさを感じることができました。私はすぐに行こうと決心しました。

ギリシアではとにかくよく歩きました。春の陽光の中で、古代の遺跡を訪ね歩くと、昔ながらの鄙びた野良着の農夫が立ち止まっては私を見ていきます。おばあさんが私を見て、あんたは天使かと訪ねるのです。当時、ギリシアで金髪を見るのは珍しかったようです。よく家に招かれて、パンをふるまわれ、オリーブオイルにつけて食べました。もてなしの素朴さを喜び、それが地中海の気候と相まって、心は未知の考え方や生き方に開かれていきました。

人生のはじめの一八年間、私は家族とともに大地に密着して暮らしました。それから突然六年ばかりロンドンに住むようになり、土と空と素朴な生活の喜びを忘れていたことに気づきました。ギリシア旅行が大地に触れて生きる生活を思い出させてくれました。帰国の時が迫ってくると、私は英国に帰りたくなくなっていました。

イースター休暇で実現したあの旅行は、まさに私の聖なる日《ホリデイ》となりました。もう過去に取り憑かれた考えにとらわれなくてもよいのです——食事は命をつなぐのに必要なだけだから、少なければ少ないほどよい、といった考えなど。今は喜んでオリーブとパンが食べられます。これまでの生活は英国に住んで、学校という比較的小さな社会で働き、同僚の英国人教師と一緒に教えたり話をする生活でした。イギリス人の国民性は堅苦しく、粘液質で冷静だといわれます。知性主義的で議論好きなイギリス人とは違って、ギリシア人の馴れ馴れしさや素朴な生活ぶりが私を解放してくれました——責任の回避ではなく、古いしきたりや世間からの自由です。ギリシアはアジアへの入り口だったのです。

休暇を終えて帰国すると、間髪を入れずにギリシアでの教職探しを始めました。一九七六年のことで、二七～八歳になっていました。アテネの北の郊外にあるインターナショナル・スクールで、古典の先生の仕事が見つかりました。ギリシアで働くアメリカ人の子弟や、アメリカ英語による教育を施したいギリシア人の子どもを対象としたアメリカン・スクールでした。概して裕福な家庭の子弟で、学校は富裕層が住むアテネ北部のキフィシア郊外にありました。とりあえず住む場所が見つかるまでは、知り合いの知り合いと一緒に暮らすことになりました。

その後イミトス山〔ヒメトス山〕の麓にあるカイサリアニのアパートに引っ越しました。このあたりは小アジアからきた人々の居住地で、彼らは一九二二年[1]に裸同然でこの地にやってきた難民でした。ギリシア政府に土地を提供されて、彼らは自力で粗末な家をつくっていきました。私はどちらかとい

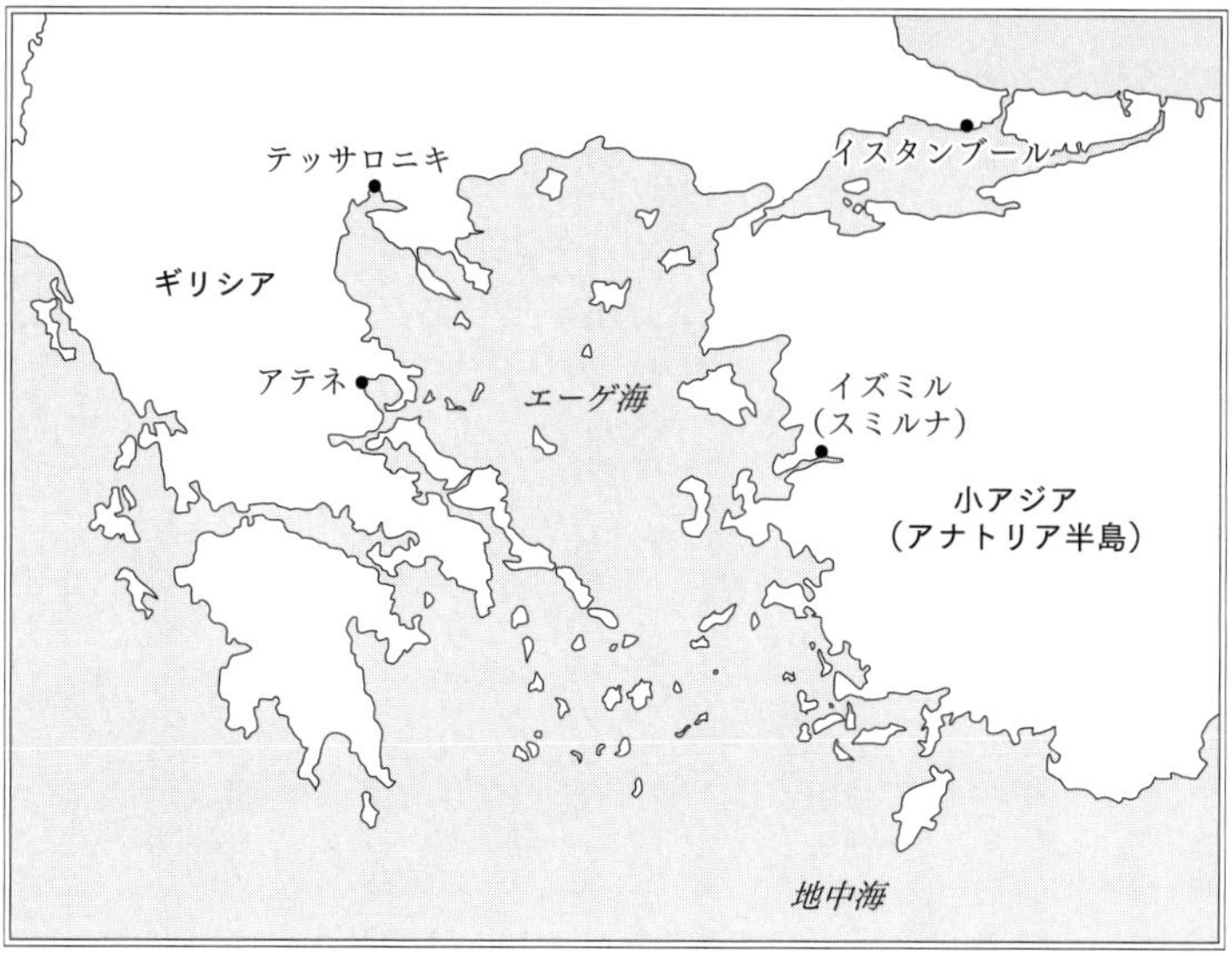

地図4　ギリシアとトルコ

うとアタマ優先の知的な人間だったので、信心深く、客の厚遇を第一とする彼らから実に多くのことを学びました。夕暮れどきに隣人が家の前の石の階段に座ってひまわりの種を食べていました。彼女は市場でオレンジの選び方、旬の食材の食べ方や色々な料理のつくり方を教えてくれました。茄子の茎まで使い切って、一切ものを捨てないのです。毎日何時間も教会で過ごすような純粋で誠実な魂の持ち主でした。規則が込み入ったギリシア正教会の「斎《ものいみ》」(2)も欠かしたことがありません。彼女の息子が山に登る道を教えてくれたので、時間ができたらよく山頂に座ってアテネ一円の美しい景色を楽しみました。一人で歩いて山に登るのが好きなのです。山の斜面の下の方に古いキリスト教の修道院があったので、よくそこで休憩しては霊性の香りを味わったものです。岩の裂け目に野生のシクラメンが咲いていましたが、乾燥した山なので頂上にはたくさんの毒蛇〔ヨーロッパクサリ蛇〕が生息していました。四月以降に山頂に近づくときには、慎重に向かわなければなりません。私が近づく足音を聞いて、蛇がシュ、シュという音を立てるのが聞こえたことがありました。たいていの蛇のように、クサリ蛇も人に踏まれそうになるときにしか襲いかかりません。上の方の斜面では滅多に人に会わないので、蛇に襲われる心配はないのです。

インターナショナル・スクールのクラスは少人数で、みんなラテン語よりも古代ギリシア語の勉強のほうが気に入っていました。このクラスには古代ギリシア語を習わせたい家の子がたくさん入っていました。近代ギリシア語は古代ギリシア語とは随分違っていて、少年たちが古代ギリシア語の単語を近代ギリシア語の意味で翻訳するのを聞いて、私は大笑いすることがありました。ここではサンスクリット語を教える機会もあったので、校長先生の期待はますます高まり、生徒を選抜して正式にその科目のOレベル試験を受験させたいという声も出てきたほどですが、実現はしませんでした。その年も翌年もこのような楽しい生活が続きました。英国にいた時よりも、こちらに来て全てがリラックスして過ぎていきました。授業の準備も以前ほどたいへんではなかったし、教師としての経験も積んできました。何よりもギリシアの隣人たちとの気のおけない付き合いがすばらしかったし、学校にもしっかりと支えられて、教育の現場がとても楽しかったのです。

アテネはたいへん寒くなることがありました――ここにも雪が降ることがあったのです！　最初の冬がやってきたとき、ちょうど学校が移転することになりました。新校舎には暖房がなかったので、雪が積もってくると、こんな寒いところでは勉強できないと生徒たちが騒ぎ出しました。ちょうどへロドトスを読んでいたと思います。私はいつもテキストに熱中するあまり、授業が終わるまで全く寒さに気づかなかったのです。集中力が群を抜いているといわれるかもしれませんが、おそらく自分の体のメッセージを聞いてやるのを怠っていたのでしょう。運よく、この寒さも二週間以上は続きませんでした。

ギリシアは西洋哲学生誕の地と考えられていますが、私はギリシアにいるあいだに、たくさんのサンスクリット語やトカラ語の文献ではない、生きた信仰としての仏教に、初めて出会う機会に恵まれたのです。隣人たちがアテネのチベット仏教センターにコンタクトを取るようにしきりに勧めるのです。というのも、彼らにとって、私がスピリチュアルな修行の道に入らないのがおかしなことだったらしいのです。彼らは私がクリスチャンになるとは思わなかったのですが、私にはスピリチュアルな道と修行を共にするスピリチュアルな共同体が必要だというのです。彼らが仏教を勧めてくれた理由は私がサンスクリット語を研究していたからです。これまで正式にスピリチュアルな修行をしたことがなかった私にとって、変容するためにはこの道が必要だったことは確かでした。

仏教の知識はあっても、仏教徒になるなんて考えてもみませんでした。また、これまでスピリチュアルな修行をしてこなかったことが、さほど大きな欠陥や欠点とも思われなかったので、仏教センターに行くことに抵抗していました。ところがある日、彼らは私にとにかくセンターに行って、まずは体験してみて、それから首尾を聞かせて欲しいと言ってきたのです。ちょうど週末で時間があったので、私はバスに乗って教えられた住所のところまで行きました。センターが入っているビルの前の通りに立っていると、自分のアパートに帰りたい気持ちになりました。中には誰もいない感じがしたからです。するとドアが開いて、私より一〇歳くらい年上に見えるチベット人の尼僧が現れました。彼女は黄色の下着を着て、腰のまわりに長い下半身用のえび茶色のローブをつけていました。剃っていた頭の髪は二〜三センチほど伸びていて、茶褐色の肌をしていました。彼女の手招きは指を下に向けたアジア人の仕草でした。彼女の英語は片言で、私のチベット語はゼロでした。そのときは知る由もなかったのですが、このアニラ・ペマ・ザンモという尼僧と私は、のちに深い友情で結ばれることになるのです。

建物の中には誰もいないようでした。そこは薄暗い普通の家で、特に綺麗に片付いているふうもなく、仏教センターに来たら気分が高揚するようなことが起こるかもしれないと期待していましたが、大した印象は残りませんでした。アニラは祭壇のある部屋を見せてくれて、ブッダとボサツの礼拝の仕方や、数珠を渡してくれて、「オン・マニ・ペメ・フン」[3]というマントラを教えてくれました。教えてもらったのはそれだけでしたが、チベットの正月には「高僧《ハイ・ラマ》」と彼女が呼んでいる先生がこちらに来て、リトリートを指導することになっているとのことでした。そのときもう一度、ここに来てもいいけれど、それまでは来なくていいと言うのです。この尼僧に会ってなんだか嬉しい気持ちになりました。霊的修行の道を歩いている新しい仲間ができて、それを私とわかち合おうとしていました。しかし、彼女が私に何を教えてくれようとしたのか、理解もできないし、飲み込めもしませんでした。ブッダとボサツに礼拝してもなんの感慨も満足感もなく、ただ体操をしているようでした。「オン・マニ・ペメ・フン」の朗唱についても、家に帰ってから復唱してみる気にはならなかったことを告白しなければなりません。しかし、「高僧《ハイ・ラマ》」がこちらに戻ってくると聞いて好奇心をそそられたので、もう一度ここに来てみることにしました。

次にアニラ・ペマに会ったのは一九七八年の一月の初めで、チベットの正月の一か月くらい前でした。彼女はまるで命令するかのように新年まで戻ってくるなと釘をさしたのです。また彼らの集会にも招かれず、ギリシア・サンガに加わるよう勧誘されることもなかったのが腑に落ちませんでした。ギリシア・サンガのメンバーは毎週あの家に集まっていたからです。

一か月してあの場所に戻りました。ちょうど授業があったので、説教が始まる時間に遅刻してしまいました。アテネのあの地区に行くには、午後遅い便のスクールバスしか交通手段がないのです。会場に着くと、五〇人くらいの人が小さな部屋でひしめき合って、落ち着いたチベット僧の説教に耳を傾けていました。若い僧が英語に通訳していました。その場の雰囲気を乱してはいけないと思い、自分のシャイな性格とも相まって、最初は次の間〔隣の部屋〕に座りました。一〇分ほどして、私は突然、説教が行われている部屋に入りたいという衝動にかられました。私が入ろうとしたその瞬間、若い僧侶がちょうどラマが話した言葉を通訳している声が聞こえてきました。「ちょうど黄昏時に道を歩いているときのようなものだ。男は道に蛇がいると思ってひどく恐れた。もう一度見ると、それは蛇などではなかった。ロープが落ちていたのだ。彼の恐怖は即座に消える。ちょうどそのように、恐れの対象の本質がわかると、恐れは消えるのだ[4]」。

この言葉が私の意識の深いところにある何かに触れたのです――あの瞬間までは、誰にも触れられなかった何かに。あの言葉を聞いて、過去生から来た何かを思い出したような気がしたのです。私は心の中でつぶやきました「私はこれが真実だといつも知っていた。けれども未だかつて誰も、私がそれを知っていると、教えてくれたことがない」。

仏教に改宗したのはこの瞬間でした。他のどんな教えもこれほど深く入ったことはなかったのです。ケンポ・ツルティム・ギャツォ[5]——「有徳の行為の海」の意味——が私の最初の仏教の先生となりました。当時二八歳でした。この時初めて仏教の教えを聞くための十分な原因と条件がそろったのです。まさに今、これに出会ったのです。

先生はたいていアテネで弟子に囲まれて過ごしていました。みなで連れ立って公園やアクロポリス、そして海岸を歩きました。そのすべての時間が教えの時間でした。語られたことだけではなく、彼の存在のあり方からも学びました。

ラマを際立たせているのは、その外見ではなく彼の存在そのものでした。師に会わなくなって四〇年の年月が経った今も、私はあの師の存在を感じています。例えば、ある日、車で師の後ろの座席にすわっていたときのことです。師の姿が完全に空《くう》に見えたことに、心を打たれました。少なくとも私は心の中で「空《くう》」ということばを使ったのです。私にとって師の姿は空だったのです。当時、私は般若心経を知りませんでした。「お聴きなさい、シャーリプトラ（舎利子）よ、この体そのものは空であり……」。ラマはすでに般若心経が語るこの段階に達しておられたのだと思います。また別のときに、彼は小石を上下に放りながら、掴んだり放り上げたりして最後にそれを落としました。みんなで公園やビーチに行くと、よく私たちに小さなボールを投げてこられました。私に向かってボールを投げられたとき、私はどうしたらいいのかわからなくて、それを掴んでいました。すると、そのボールを誰か他の人に投げるように合図されたのです。これらの小さな行動はみんな教えだと気づきました。

ラマは英語を話されませんでしたが、侍者から学んだ簡単な文章を勉強しておられるように見えました。その中に、「わたしたちはゆっくりと歩いている」という文がありました。ラマはしばしばその言葉を私に投げかけられました。

あの頃を振り返ると、当時の私は早く歩く癖があったのだと気づきます。アニラ・ペマ・ザンモはグループでただ一人の尼僧でしたが、手を取って、とてもゆっくりと歩いてくれました。何年か経って、ロンドンで、彼女はもう一度このことを思い出させてくれました。ラッシュアワーのときにピカデリー・サーカスを一緒に歩いていたときのことです。人波に流されて、わけもなく急いでいました。アニラ・ペマは、ゆっくりと歩きましょう、と言ってくれました。殺気立って通り過ぎる群衆の中を、マインドフルにゆっくりと歩きました。彼女と一緒にいるときには、マインドフルに歩くように促されるのですが、自分の歩き方に戻るとまたいつもの早歩きになっていました。

ある日のこと、ついに、アニラ・ペマが私に「授戒会」の機会があることを教えてくれました。私は迷いました。なぜ自分がそのような儀式に参列しなければならないか、よくわからなかったのです。アニラの英語は十分ではなく、帰依することが何を意味するのか説明できませんでした。たとえ英語力が十分でも、うまく説明できたかどうかはわかりません。私の理屈っぽい質問に答えられず、とうとうアニラは少しイライラして、こう言い放ちました「もういいわ。明日授戒会に出たいなら、そうしてよ、ダメなら、それでいいわ」。

瞑想の導師ケンポ・ツルティム・ギャツォは、すでに数日前の法話のときに、私が仏道を歩み始めていることに気づいていたに違いありません。次の朝、私は在家の弟子たちがやってきて、戒を受けるのを見学していました。「他に誰かいますか」、とラマがたずねました。私は立ち上がって、そのグループに加わりました。あのとき、ブッダ、ダルマ、サンガの意味はわかっていると思ったのですが、ただ辞書的な意味を知っていただけだったのです。私が帰依しようとしたのは、眼前の師と今聞いている師の教えだけでした。

一瞬、何かが閃きました。アテネで混雑したバスに乗っていたときのことを思い出した瞬間のことです。バスの中は座っている人、立っている人で混み合っていました。そのバスの運転手が運転席のよこにウーゾ酒[6]の瓶を置いているのです。もっと驚いたことに、ときどきぐいと飲むのを見たのです。彼は猛スピードで運転していました。私は震えあがりました。頭に浮かんだのは、事故になる、怪我などしたくない、ということでした。次の想いはこうでした。「みなが怪我をして私だけがたすかったら、それを喜べるだろうか」。そのときはことなきを得て、全員無事で目的地に到着したのですが、そのとき、私の幸福と安心は他の人たちの幸福と安心とともにあり、他の人々が幸福になる手だすけをすることが私の道だとはっきりと自覚したのです。

授戒会を済ますと、ラマは私の髪を数本切って、法名を授けてくれました。法名は、帰依する宗派の伝統に加わることの外的なサインです。霊的祖先は大切なものです。私たちの師の中に生きているからです。彼らがそこにいなかったら、私たちの師はここにいないのです。ラマは手に白いカードのようなものを持っていました。それぞれのカードに法名が書いてありました。師は受戒希望者に渡す順番にカードを取っていたのですが、わたしの番が来ると、ちょっと間を置いて、残りのカードを繰ってから、その法名をわたしました——カルマ・タシ・ザンモという法名でした。カルマとは行動を意味します。なぜなら私は今、彼の法系であるカルマ・カギュ派の弟子になったからです。タシとは「めでたい・幸運な」、そして、ザンモは「善・よきもの」という意味です。私はアニラ・ペマ・ザンモと同じラストネームをいただいてとても幸せでした。彼女こそが私をこの道に導いた人だったからです。

ケンポのアテネ滞在の最後の夕べまでは、私のサンガでの生活はまだ浅く、アテネでもっと仏道修行を積むことになるだろうと思っていました。

その日は、法話と朗唱《チャンティング》のあとに短い坐禅瞑想が続きました。その瞑想は、心を散らさず本来の自分に戻る練修でした。ラマは、ほんの一～二分の短い瞑想でよいから、その時間を完璧に坐りなさいと指示しました。このような短い瞑想はたいてい公園や海辺を歩くときに練修していましたが、あの夕べは、瞑想が始まったかと思うとすぐに電話のベルが鳴って、前に座っていた人が立ち上がり、私の前を通って電話に出たその瞬間、一瞬、心が乱れて目を開けると、声がはっきりと聞こえてきたのです。「自分自身に戻りなさい」。あれは誰の声だったのでしょう。

あの声はラマの声だったと思ったのですが、今思うと、仏教でいう「阿頼耶識」の声だったと確信できるのです。「潜在意識の最も深いところ」から聞こえてきた声でした。あのときは心の準備ができていなくて、本気で自分自身であろうとしなかったのが残念でたまりません。あれは、自分の中でもう一つの二項対立に繋がりかねない、部分的には誤った知見でした。私は他者に頼るべきか頼るべきでないかわかっていなかったのです。とはいえ、今思うと、あれはアテネ・サンガで修行を続けてはいけないという私自身へのメッセージだったのでしょう。アニラ・ペマは初めから私にそう助言していたではありませんか。

あれ以来、自立と依存の観念の統合は可能だと学んできました――一方では、サンガに帰依することで、自分の修行に熱心に打ち込みつつ、必要とあらば他者にたすけを求めて援助を受けることは可能ですが、他方では、真の洞察は内側から来るべきもので、たとえ師であっても誰か他の人から与えられるものではないのです。

合掌してラマのそばを通って退出しようとしたとき、ドアのそばの杖が私の手に飛び込んできました。そのとき、その杖が、霊的我が家《ホーム》を求める私の孤独な探求に寄り添ってくれると思いましたが、霊的な我が家は、チベット人の中にもアテネにもないのです。この師が私の中にたくさんの有益なタネを育ててくれたことはわかっていました。真の幸福というタネです。サンガとともにアクロポリスの丘に立って、心眼でこの師を見るだけで、自分の中の安定と自由に触れることができるのです。

ギリシアでの教師の仕事がもう一年あることはわかっていました。アニラ・ペマはインドにある自分の僧院にわたしを招いてくれ、ケンポ・ツルティム・ギャツォもこの考えに賛成しましたが、インド行きは早すぎるのでもう一年待つようにと言いました。しかし授戒会ののち、私は二度とこのセンターには行きませんでした。

仏道修行の扉を開き、私の最初の仏教の先生となるケンポ・ツルティム・ギャツォに引き合わせてくれたのがアニラ・ペマでした。この師は確かに得難い人物でした。彼女はまた自分の師であるカルマパ一六世、つまり、私たちが所属するカルマ・カギュ派のトップの指導者にも、私を引き合わせてくれたのです。

一年後、私がインドに渡る少し前のことですが、カルマパが「黒帽儀礼」を行うために数日間アテネに滞在することになると、アニラ・ペマ・ザンモがアテネに戻ってきました。アニラの説明によると、カルマパが儀礼中にこの帽子をかぶっている姿を見たものは、今生で悟りを得るというのです。

儀礼の前に、アニラ・ペマは内々に私に猊下の祝福を受けさせようとしました。アテネ・サンガの新しいチベット仏教修行センターに滞在中の猊下に会うために、私は彼女についていそいそと出かけていったのですが、猊下は今おやすみ中で誰も謁見できないと取次の侍者に告げられました。私は図々しくここまで来たことに恥じ入って、アニラ・ペマに引き下がりましょうと囁くと、彼女は待つべきだと言うのです。

一〇分かそこら待っていると、また侍者が出てきて、猊下に会えることになりました。入室すると部屋は空っぽで人の気配がなく、ソファーが二つ見えただけでした。もしかしたら、外から差し込む光で目が眩んだのかもしれません。アニラ・ペマには窓辺に座る猊下の姿が見えていたに違いありません。「さあ、こっちにきて猊下の前で伏礼をして」と彼女がいいました。合掌してお辞儀をしようとした途端、恐ろしく幸せな感情が湧いてきました。これまで一度も感じたことがないような幸福感に包まれて、生まれて初めてのような微笑みがこぼれました。この間、私には誰も見えませんでした。伏礼から顔を上げると、小柄な老人が私の前にいるのに気づきました。あたりは茫としていました。私たちは無言で部屋を出ました。

数日後に「黒帽儀礼」が行われました。儀式の間、カルマパの姿で観世音菩薩が現れました。カルマパは、四人の僧侶が両側の長柄で担ぐ輿に乗って入場してきました。さっき礼拝して祝福を受けた僧を見ようと目を上げると、そこに見えたのは、あの老人ではなく、初々しい一二歳の少年でした。彼は湖畔に坐る人のようでした。私は当惑しました。他の人には今の私が見ている美しい少年が見えているのか、それとも、昨日礼拝した老人の姿が見えているのだろうか？　輿に乗せられた少年がわずかに横に揺れるのが見えました。一体何が起こっているのだろう。人間の姿をした菩薩のもろさを感じていました。

アテネで三宝帰依の法印を受けてから一冊の本を読み始めました――アレクサンドラ・ダヴィッド–ネール[7]というフランス系ベルギー人が書いた『仏教――その教義と行法』という本で、彼は二〇世紀初頭にインドからチベットへ広く旅した作家でした。この中に経典の引用がありました。私はいちばん気に入った言葉に曲をつけて、学校への道すがらその歌をよく歌ったものでした。例えば、ここに「ノコギリの喩え経」の一節があります。

あなたが泥棒や殺し屋にノコギリで手足や関節を切られて怒りの虜になったとしたら、弟子たちよ、あなたはわたしの教えに従っていないことになる。そのような場合でも次のように振る舞うべきである。心が慈愛に染められているように……。（パーリ中部経典第二一経「鋸喩経」）

もう一つはダルマトレーヤのチベット語文献より「輩《ともがら》の詩」の一部です。

ブッダは水で罪を洗い流すことも、苦しみを両手で払いのけることもない。生きてある存在はあるがままの真実の教えによって救われる。

このように、たいていはひとりで自分に寄り添いながら、仏教との関わりを続けていきました。

第4章――ティロクプール尼僧院……インド・その1

アニラ・ペマがインドに戻っても、彼女とは手紙で連絡を続けました。在家の女性が手紙の代筆をしてくれていたのです。一年後の一九八〇年、彼女に合流する手はずを整えて、私はアテネからデリーに飛びました。すでに教職を退いていて、心のうちではインドのチベット尼僧院に骨を埋める覚悟をしていました。

アテネのインド大使夫人にヒンディー語を習って旅の準備を整えました。夫人から、私が向かうインド最北のヒマーチャル・プラデーシュ州には、「水洗トイレがない」と教えられました。どういう意味かたずねると、水洗のトイレがないから、どこか空き地を探して用を足すらしいのです。これを聞いて少し心配になりました。

デリーに着くと、アニラ・ペマの友人で後援者だったバラモンの家庭で数日過ごしました。その家の子どもたちが英語を話したので、すぐに打ち解けました。家の屋上からは見事な日没が望めました。当時のデリーは、料理用の火から立ちのぼるおびただしい煙で空が黒ずんでいましたが、夕暮れの公園はとても美しかったものです。

インドで子どもたちが外で遊んでいるのを見ると、昔、少女の私が彼らと一緒に遊んだことがあったかのような、奇妙な感覚が湧いてくることがありました。英国よりもインドのほうが故郷のように感じました。人々はイギリス人よりもゆっくりと歩き、すべてがゆったりと動いているように思えました。

だんだんとわかってきたことですが、インドにはアニラ・ペマの知人がたくさんいるのです。彼女はインド人で、ヒマーチャル・プラデーシュにあるチベット人の家の出でした。アニラはカルマ・ケチョ・パルモ師[1]の弟子で付き人をしていたのです。この英国女性はカルマパの高弟で、得度してチベット仏教の尼僧になる前は、フリーダ・ベディ夫人として知られていた人物です。インド独立ののち、ベディ夫人は新政府の仕事をしていましたが、一九五九年にジャワハルラール・ネルー[2]に乞われてインドのチベット人難民担当官になり、若いチベット人ラマのための学校を設立したことがきっかけで、カルマ・カギュ派の仏道修行者になりました。一九六六年にカルマパの元で得度して沙弥尼（尼僧見習い）となった最初の西洋人のチベット仏教の尼僧です（彼女は香港で、法蔵部の四分律に則って比丘尼の受戒をしました。チベット仏教には現在、尼僧の完全な受戒の制度がなくなってしまっているからです）。彼女の法名はゲロンマ・カルマ・ケチョ・パルモといいましたが、みんなにはシスター・パルモという名前で親しまれていました。

シスター・パルモは一九七七年に逝去されていました。私がアニラ・ペマに出会う三年前です。彼女は自分の死期を予知しており、呼吸と心臓が止まった後も、丸一日ほど坐禅の姿を崩さなかったといいます。あとになってアニラ・ペマから聞いたのですが、この尼僧の生まれ変わり、すなわちトゥルク（転生ラマ）が発見されていたのです。ダージリンに住むチベットの女学生でした。この尼僧の付き人として働いていたおかげで、アニラ・ペマはインド中に広い支援者のネットワークを持っていました。

地図7の地域
地図6の地域
中国
アフガニスタン
ジャンムー・
カシミール州
シュラーヴァスティー
（舎衛城）
ヒマーチャル・
プラデーシュ州
シッキム
ルンビニー
ナーランダー
パキスタン
パトナー
ブータン
ネパール
アッサム
デリー
ラージギル
（ラージャグラハ
王舎城）
ヴァイーシャーリー
ヴァーラーナシー
（ベナレス）
ボードガヤー
（ブッダガヤ）
ミャンマー
（ビルマ）
バングラデシュ
アジャンタ
カルカッタ
ベンガル湾
アラビア海
スリランカ

地図5　インド

二人でヒマーチャル・プラデーシュにあるティロクプールを目指しました。カングラ地区の寒村で、ここにシスター・パルモがチベット難民のための尼僧院を建設していました。デリーから夜行バスで一二時間かかりました。バスのシートは窮屈な三人がけで、快適どころではなく、おまけにすごい混雑でしたが、バスを頻繁に止めて乗客が一息つけるようにしてくれました。場所によっては外の空気を吸いに、バスから降りなければならないときもありました。しかし、尼僧院に着くとホッとしました。なんとラトリーン〔穴を掘った簡易トイレ〕があったのです！　水は流れていませんでしたが、バケツで水を汲めるようになっていて、完璧に清潔で快適なトイレが使えるようになっていました。

ティロクプールはヒンドゥー教と仏教の両方の聖地でした。この地には一〇世紀にシッダ・ティローパ（シッダは悟りを開いた人の意）が修行したと語りつがれている二つの洞窟があります。私が知っていることは、悟後の遊行僧がティロクプール（のちに彼にちなんで名づけられた）に来たことと、ときどき尼僧たちと朗唱するお祈りのはじめのところに、彼の名前が出てくるということくらいでした。尼僧院の下の谷には大きな川が流れていて、丘の上のこの場所にいると昼も夜も川の音が聞こえてきます。ティロクプール尼僧院は完成直後に焼け落ちたのですが、シスター・ケチョ・パルモは微動だにせず、こう言ったそうです。条件づけられたものはすべて無常です。初めから立て直しましょう。

バスを降りると尼僧院に向かう急な上り坂がありました。ティロクプールで暮らすうちに、だんだんとこの上り坂にも慣れていきました。半分ほど坂を登ると、フトモモ（閻浮樹）の木がありました。途中で疲れるとこの木の涼しい木陰で一休みするのです。荷物が重くてポーター〔荷物運び人〕の手が必要ならば、二〜三ルピーも払えば、誰でも喜んで丘の上まで運んでくれました。初めてインドに着いたとき、尼僧院の下の道には仰天してしまいました。自家用車など一台も走っていないのです。たまに走っているのは乗合バスとトラックだけでした。

尼僧院生活も落ち着いてくると、川に泳ぎに行くようになりました。ここでは僧も尼僧も泳ぐのが大好きでした。大きな赤みがかった岩が絶好の飛び込み台になっていて、尼僧たちも岩陰に隠れて泳ぎました。僧院の入り口の脇には暖かい温泉が湧いていて、尼僧は僧院の門を閉めて温泉に浸かりました。村には野外の公衆男湯と女湯がありました。私はときどきこの温泉で湯浴みをしたものですが、実は、尼僧がこの温泉を使うのは禁止されていたのです。

尼僧院にはお風呂がありませんでした。毎日、飲み水や料理に使う水はシスターが村の泉から運んで来ました。水を入れたバケツを頭に乗せて運ぶための布を巻いたクッションのつくり方も習いました。たくさんは運べませんでしたが、なんとか家まで運べるようになりました。あのとき歩く瞑想を知っていたら、水運びはすばらしいプラクティスになったことでしょう。最初の先生は私を励ましながら、一生懸命、ゆっくりと歩くことを教えてくれました。しかし、ただゆっくりと歩くだけではダメなのです。心の平和と喜びと存在感（ここに在ること）がなくてはいけません。かつてラマが私に伝えようとしたのに、私にはうまく伝わらなかったことです。原因の一つは言葉の壁だと思いますが、大半の責は、私が全身全霊で修行に打ち込めなかったことでした。私がチベットのラマから伝授された教えは、仏教の智慧というよりむしろ、修行に関する身体技法に限られていました。

ティロクプールの修道院ではよく歩いて水汲みにいきましたが、歩き方を知らず、心を集中してマインドフルに歩くことがなかったので、この水汲みの仕事で目覚めに導かれることはありませんでした。今、私が嬉しく思うのは、僧院に来る仲間が日々の生活の中でマインドフルネスの修行の仕方についてはっきりとしたガイドラインを示されていることです。ヒマラヤの荘厳な風景、山腹の森に坐って流れる沈黙の時間、川の轟きが心と体の一つ一つの細胞に染みわたりました。しかし、「それでも私は」どんなにがんばっても走ることがやめられなかったのです。外にあるものを求めるばかりで、今ここに止まることができなかった。ここで過ごした時間が無駄だったわけではありませんが、ここでの時間を全力で生きることができなかった、と言ったほうがよいでしょうか。私は自問しました。「考えること、走ること、渇望することをやめることができたら、究極の願いが実現するはずだ」。遅かれ早かれ必ず願いは実現するものなので、いつの日か一切の思いを手放してこの日没が楽しめる日を実現しよう、と心に誓いました。尼僧院で川の怒涛を聞きながら、こんな歌を書きました。

ゆったりと進め　どこにも向かわずに
やさしく進め　どこにも止まらずに
川のように　深く　広く
たゆまず流れる　内に静けさ湛えて

川は流れる——雲を追いかけず、何ものも探し求めず。雲が自分だと知るとき、川は雲を追いかけるのをやめる。川の水は雲をつくる水でもあるのです。私は流れ続けていきたかった——流れながら静かに止まっていたかった。のちに、歩く瞑想をしながら、これが全く可能であるという洞察を持つようになりました。

尼僧院には仏殿がありました。門を入るとすぐ正面に見える建物です。その右手に僧坊と厨房がありました。僧坊から少し丘を下ると、シスター・パルモの独居用の小さな庵があります。一階に二部屋あり、その上に別の入り口から入れる高僧の訪問を受ける部屋がありました。最初、アニラ・ペマは私をその部屋に入れるつもりだったようですが、二人で話し合って、私が来客用の部屋で寝起きするのは居心地が悪いといったので、下のシスター・パルモの部屋に入ることになりました。大きな部屋だったので、私が一方の隅に、誰か他のシスターが反対側の隅に寝ることになりました。とても静かでした——聞こえてくるのは遠くから聞こえる川のゴウゴウと流れる音だけで、よい子守唄になりました。この部屋からは向かいの山腹が見晴らせました。ベッドは固い木の板にカーペットが敷いてあるだけのもので、あまりの寝心地の悪さに、眠っていてもすぐに目が覚めました。食事は毎日三回運ばれてきて申しぶんない環境だったのですが、この尼僧院で何ができるか、どんな貢献ができるかについては全く自信がありませんでした。ただいちばん楽しかったのは、連れ立ってヒマラヤ山麓の小高い丘への散策でした。

アニラ・ペマに出会って以来、私はずっと給料の一部を彼女の企画事業に寄付していました。ティロクプールから約七〇キロ離れたシェラブリングに、尼僧のためのリトリート・センターと仏教学院を建設する計画がありましたが、このセンターに私のための居室をつくるようにと、ケンポ・ツルティム・ギャツォは、アニラ・ペマに指示されていたのです。私が寄付者だったので特別扱いを受け、別棟の小さな家に待機して訪問者を受けることになりました。アニラ・ペマの英文の書簡の代筆もしました。チベット語のアルファベットも学びはじめたので経典は読めるようになったのですが、本は読めても意味を教えてくれる人がいません。これは私がこれまで学んできた言語の学習方法ではなかったので、内容が理解できないのに経典を読めても意味がないと主張すると、尼僧たちはこれを聞いてびっくりしてしまいました。彼らがいうには「アリが経典の頁の上を這いまわるだけでも御利益があって、生まれ変わった先の生で、ブッダの教えに触れる原因や条件を確立することができる」のです。だから人間も、経典に書いてあることを発音できるだけでも、よき原因や条件が与えられるはずだというのです。

私が入ることになった高僧用の小さな家には、もう一人尼僧がいて、彼女と仲よくなりました。彼女には後援者がいたので、僧院が提供する食事のほかにも、食べものを買っていました。賄い食だけではカロリーや栄養が足りなかったので、スポンサーがいる人といない人は一目瞭然でした。ティロクプール尼僧院は、最終的にはすべての尼僧にスポンサーをつけるという考えだったようです。もっと簡単にスポンサーを見つける方法として、まずスポンサーに尼僧の写真を見せて、手紙のやりとりなどをして、スポンサーに尼僧を選んでもらうという方法が編み出されました。僧院でも同じ方法が取られていて、恰幅のよい僧がいるかと思えば、痩せて栄養不足のように見える僧がいるのはこのためです。

少なくとも毎日二回、仏殿で読経が行われました。太陰暦の特別な日には、さらに読経が続きました。音楽のようなメロディのある朗唱はとても心地よくて、深い感動を呼び起こしましたが、長ったらしく単調な繰り返しの読経は退屈だし、ときどきイライラすることもありました。私は外に出て谷を流れる川の音を聞きながら、静かに坐るのが好きでした。どうして何時間もかけて意味もわからないし、いつ終わるともしれない陀羅尼を読誦し続けるのか理解に苦しみました。アニラ・ペマはサポートを必要としている知人のために、マハーカーラ・プジャ[3]を毎日読誦していると言っていました。チベット人の尼僧は読経の力を信じて疑いませんでしたが、私は必ずしもこの考えに共鳴することはできませんでした。

アニラ・ペマのスポンサーの一人は、彼女が祈りによって精神的な支援を送った人でした。彼はアメリカ人で、家族とオックスフォードで裕福な暮らしをしていましたが、わがままな性格ではなく、寛大な慈善家でした。この支援者が航空券を買ってサポートしてくれたおかげで、彼女はあちこちと旅をして、シェラブリングに尼僧のための新しいリトリート・センターや仏教学院をつくるための基金集めができたのです。アニラ・ペマは尼僧であると同時に、名うてのビジネスウーマンでした。彼女にシェラブリングでの尼僧のリトリート・センターの建設計画を動かす仕事を与えたのは、彼女の師でした。困難な事業でしたが、彼女の過去生の不健全なカルマの解消のためには必要な仕事だったのです。基金や建材を集め、労働者として働いてくれる尼僧や僧を組織し、必要に応じては外から労働者を調達しなければなりません。これはたいへんな仕事でした。このときから六年後、一九八六年に再度シェラブリングを訪れたときには、完成したリトリート・センターにすでに尼僧が住んでいました。この建物を眺めていると、様々な時期の建設の思い出が洪水のように押し寄せてきました。いつ完成するとも知れない資金不足のあの頃の心配や不安は、夢だったのでしょうか。この地で修行する尼僧たちの幸福への道が成就されますようにとただ祈るばかりでした。

ティロクプールの僧院でのアニラ・ペマはまるで休暇を楽しんでいるように見えました。シェラブリング計画はまだ立ち上がっておらず、不安材料も山積していました。建築現場から離れれば体も休まり、楽しいことを思いめぐらすことができました。彼女はシスター・パルモを敬愛し、師と仰いでいました。長い間付き人として仕え、師がデザインし建築した土地に身を置くことは、アニラ・ペマにとって幸福な思い出の種に水をやることだったのです。その上、ここは本当に美しい場所でした。見晴らせば彼方にヒマラヤ山頂の雪が輝き、広い川がその下を流れていました。細い道を行くと木々の間に見え隠れする小さな家々が続き、牛や山羊たちが楽しげにさまよいまわっていました。近隣の住民はほとんどアニラ・ペマの知り合いで、定期的に私たちをランチに誘ってくれました。スパイスをふんだんに使って調理された野菜とチャパティ[4]は、しかし、辛すぎて食べられないことはないのです。黒い木造の家にはベランダがあって、垂木にはスパイスやハーブが干してありました。道沿いには竹林が並び、赤土の道がのびていました。この地域に入ってくる車など一台もありませんでした。

この地にどのくらい滞在することになっているのか、アニラ・ペマとは一度も話したことがなかったので、思い切ってたずねてみると、四か月滞在してから、プロジェクトへの寄付を集める仕事に戻る考えを明かしました。私には尼僧になりたいというひそかな願望があったのですが、出家するには経済的支援が必要だということに気づかされました。アニラ・ペマは、私が霊性に満たされた幸福な生活を送れるよう気づかってはくれましたが、私を寄付者として大事だと考えていたのであって、尼僧としては受け入れてくれませんでした。尼僧院には、これ以上の尼僧を支えるお金がなかったので す。要するに、私にとってここが尼僧になるにふさわしい土地でもタイミングでもなかったということなのでしょう。私はインドに親しみを感じていたけれど、所詮ヨーロッパ人で、チベット仏教徒になるとはどういうことか、何もわかっていませんでした。理解をはるかに超えた異文化の環境に身を置くとはどういうことなのか、ほとんど理解していなかったのです。これに対し、アニラ・ペマは例外として、チベット人の尼僧には西洋文化の知識は皆無で、ほとんどの尼僧はチベット文化がいちばん優れていると考えていました。私にはチベット人の尼僧のような、この状況を生き抜くほどの強靭な体力がありませんでした。当時の私の尼僧への憧れは、仏教よりもむしろキリスト教の修道女だったのかもしれません。

ある日ダライ・ラマがティロクプール尼僧院を訪問したことがありました。おそらく猊下はこの地域に来ておられたのだと思います。お立場上、できるだけたくさんのチベット修道院を訪問して指導や支援を与えようとされたのでしょう。猊下の滞在はほんの数時間でしたが、準備に数日を要しました。道路の整備をし、白いチョークで聖なるシンボルを描いたりしました。尼僧たちは貴賓室に猊下の休息所を設えたり、仏殿に法座を設置して歓迎の準備をしました。猊下の到着の時が来ると、尼僧たちはサフラン色の袈裟を着て路上に並びましたが、到着が数時間遅れたので焼けつくような炎天下で長い間待たなければなりませんでした。

ついに先発隊の姿が現れ、猊下の到着が知らされました。猊下は穏やかに微笑みながら慈悲深い目でみんなを見つめられました。貴賓室でしばらく休息をとって、仏殿での法話に向かわれました。法座に昇られて法話が始まりました。私はチベット語がわからないうえに、通訳がいなかったので、法話の内容が全くわかりませんでした。行事が最終部分に近づくと、私自身もふくめて尼僧が玉座に近づいて礼拝し、祝福を受けることになっていました。法座にのぼる列の中で心がざわざわと騒いでいることに気づきました。祝福を受けるためには、身をかがめて法座の前で伏礼をしなければなりません。この動作には抵抗がありました。アテネでアニラ・ペマが初めて伏礼の仕方を教えてくれたとき、できたばかりの大事な仲間を喜ばせたくて素直に応じましたが、考えれば考えるほど意味のないことのように思えました。きっと聖者なら私たちに礼拝させたいとは思わないでしょう。特に私たちが自発的にそうしたいと思わないときには。どうして猊下の前で伏礼できないのかについて、私はありとあらゆる理由を考えていました。その間も、自分の番がもうそこまできていました！　こんな思いで頭がいっぱいになりながら、私は法座の前に出たのです。猊下は私に伏礼のタイミングを与えず、法座から身を曲げて手を伸ばして、私の手をとって握手をされたのです。私は恥じ入りました。それから、どこからきたかとか、この尼僧院で何をしているのかなど英語でいくつかの質問をされました。猊下が私の心を見透かされていたことに驚愕しました。こうしてその日が終わり、またいつもの生活が戻ってきました。ダライ・ラマのつかの間の訪問によってみなの心が幸福感に高鳴ったことはいうまでもありません。

一九八〇年の秋のことでした。ティロクプールで一年半過ごしたのち、互いに力づけあって暮らした尼僧院の生活を後にして、七〇キロ離れたシェラブリング僧院に出発する時が近づいていました。あちらでは、私がこれまで寄付してきた建築費用の献金に対して、僧院長がリトリート・センター建設のための土地を貸与してくれることになったからです。この土地はシェラブリングの僧院の対岸にありました。建設の仕事をするためには、アニラ・ペマと何人かの尼僧たちのたすけが必要でした。僧は回廊のはずれの部屋を尼僧に提供してくれました。旅立ちの吉祥の日を確かめたのち、必要な携帯品の準備も整いました。料理用の小さな灯油コンロを忘れてはいけません。というのも、僧院には私たちを養う資金がなかったのです。

僧院の下の道からパランプール行きのバスに乗りこみました。バスの前の席には、羊飼いが足元に羊を一頭連れて座っていて、車掌が運賃を集めてまわりました。美しい景色の中、緑の草に覆われた土手の間を小さな川が流れ、そそり立つ山々を望むと、パランプールの麓には深緑の茶畑の丘陵が続いていました。バスはカングラで止まったので、アニラ・ペマがバスを降りて、市場で野菜を買う時間がありました。パランプールで、ベイジナート行きのバスに乗り換えて、かさばる重い荷物は〔バスの〕屋根に載せました。車掌が機敏にバスの後ろの小さなハシゴを上下に滑らして乗客の荷物をあげたり降ろしたりしていました。ベイジナートからバスは山道に入り、景色は刻々と雄大さを増していきます。

旅を始める前には目的地までどのくらいの時間がかかるかわかりませんでした。アニラ・ペマは「どのくらいかかるの？　距離は？　何時に着くの？」といった質問にはまったく答えられなかったので、私もたずねるのをやめました。二時間で行けると思った移動が二日かかることもあります。このような暮らし方は西洋人には不快なものですが、私はむしろ時間が重要でない世界に住むことを楽しんでいました。尼僧院で暮らし始めて数週間が過ぎた頃に時計が止まってしまったのですが、直さずにそのままにしておいても気になりませんでした。

ベイジナートに降り立って、そこから八キロの強行軍が始まるなど考えもしませんでした。大小の川をわたり、田園を横切り、険しい岩道を登りました。きゃしゃな私は全く荷物が持てないのです。アニラ・ペマは私を一目見て、それを悟りました。僧かアニラ・ペマの親戚など仲間内の親切な誰かに手伝ってもらえないときは、ポーターを雇いました。わずか五ルピー出せばポーターが雇えるのですが、こちらも持ち合わせが底をつきかけていたのです。

田んぼの間を流れる泥川に蛇がすべるように動くのが見えると、蛇が通り過ぎるのを待ち、細心の注意をして進みました。川を渡る準備ができると、アニラ・ペマが一か月前に川に流されて溺れ死んだ女性の話をしました。川を渡るときには裸足になるのが楽だとわかりました。石をピョンピョンと飛んで渡るには、裸足のほうがすべりにくいのです。アニラ・ペマは、川渡り以外では絶対に靴を脱がないようにと忠告しました。インド人がどこへ行くにも裸足で歩くので、私も同じようにやってみたかったのですが、足の皮膚に食い込んでひどい感染症を起こす虫がいると、アニラ・ペマが釘を刺しました。

険しい松林の坂道に差しかかると、私は急に疲れを感じてきて、あとどのくらいかかるのか心配になりました。こんなことを聞いても無駄だとわかっていたのですが。眼下の田園が遠ざかると、いい匂いの空気が立ち込めてきました。しばらくすると視界がひらけてきて、遠くにキラキラと光る寺院の屋根が見えてきました。数分すると儀式を告げるラグドゥン〔チベットホルン〕の音が聞こえてきました。沙弥たちの楽曲練習の時間だったのです。

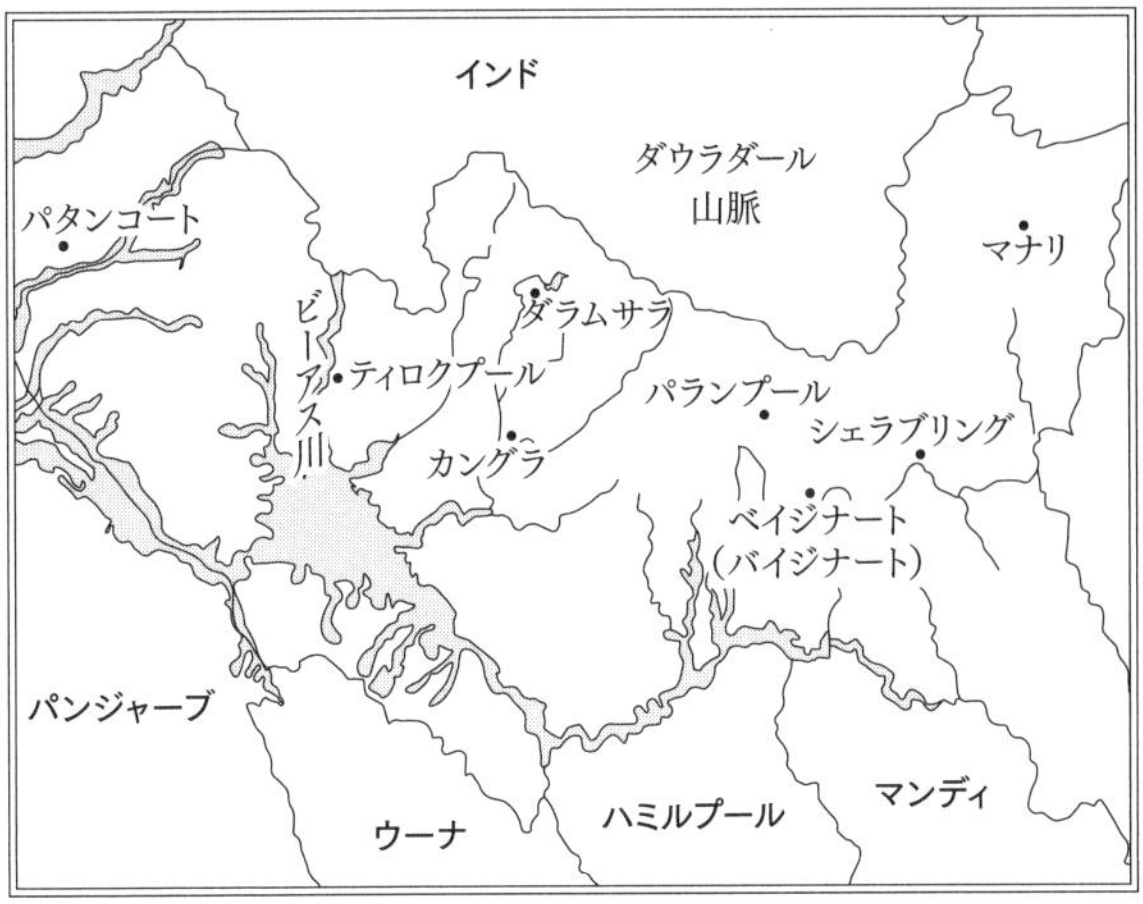

地図6　ヒマーチャル・プラデーシュ州カングラ地区

僧院の正門の外には子どもが遊ぶ砂場がありました。僧院にはすでに入門した僧や得度を考えている子どものための学校があるのです。僧院の構内には三〇人の子どもや一〇代の少年が寄宿していて、成人した僧は七人しかいませんでした。教学主任、男性教員、ラグドゥンを教える僧二人、経理と料理人と助教がいました。これに加えて、具足戒を受けた四～五人の若い比丘も常駐していました。

タイ・シトゥパ・リンポチェ[1]は、当時弱冠二六歳でしたが、公式のご座所をシェラブリングにおいていました。シトゥパの名を継承するラマの生まれ代わりと認められていました。難民としてチベットを去らなくてはならなくなったとき、北インドに寄贈されたこの土地に自ら設計したご座所をおかれたのです。アニラが言うには母親は中国人で、母親とは中国語で手紙を交わしているということでした。英語も話せるのでした。アニラと二人で仏殿の先に建てられたご座所を表敬訪問しました。このときリンポチェは私に、チベットの尼僧と仲よく暮らす方法などを語ってくれましたが、瞑想修行については何も言いませんでした。

シェラブリングの仏殿は、男性僧と在家の男性だけに開かれていました。つまり普段は、尼僧と在家の女性は入れないのです。ただし、高名な教師が特別な伝授を行うときは、教師は尼僧や在家の女性の参列の許可を求めることができました。私の滞在中に一度だけ、そのようなことが起きたのを覚えています。普段は、僧が仏殿の中で読経や瞑想をしているあいだ、尼僧は歩く瞑想のようなことをして寺の外を周回することになっていました。寺のまわりを歩くときは、マントラを繰り返しながら歩きます。私は「オン・マニ・ペメ・フン」というマントラが好きでしたが、念仏を唱えることが奨励されることもありました。サンガ全体が一斉にこの名前に集中すると大きな力が生み出されるのです。マントラの朗唱の力は音節に集中することから来ます。そうすれば、頭の中で流れつづける錯綜した思いを止めることができるのです。すると頭は明瞭になり、人を苦しめる否定的な思いが出てくる余地はなくなります。実際に、マントラは慈悲や理解といったポシティブな特性を伴っていて、サンガ全体が一斉に朗唱すると、健全な集合的エネルギーが世界に向かって発信されるのです。

建物のまわりをめぐり歩くのは楽しいプラクティスでした。建物の角をまわるときに、そそり立つ雪をいただいた山頂が視界に入ります。青い空、山頂の太陽の輝きは、本当に美しく、畏敬の念を起こさせます。一回めぐるごとに、回廊の入り口の小さな扉を通りぬけます。扉を開けるたびに、小さな鐘が鳴って回廊中に鳴り響きます。それはマインドフルネスの鐘《ベル》で、誰かが修行中であることを知らせると同時に、その音を聞いた人に自分の修行に戻ることを気づかせてくれるのです。夜にも鐘の音が聞こえるのは、夜中に瞑想や経行《きんひん》をする人がいるからです。夜が更けると、澄んだ小さな鐘の音は静寂のなかで神秘的な様相を呈します。

回廊の端に用意された尼僧部屋には、二つの粗末なベッドと食器棚があるだけでした。棚に持参した灯油コンロと片手鍋を置きました。ベッドの掛け布団は十分にあり、水洗トイレも二つありました。僧院のこちら側のはずれにはシャワーがありました。お湯というものはありません。仏殿の裏手に洗濯用の湧き水がありました。暖房は太陽熱だけで、初冬ともなると太陽が出ない日はとても寒いのです。シャワーは僧院の中の尼僧の立ち入り禁止区域にあったので、どうしても使いたいときは、僧たちが昼食を摂りに行く正午まで待ちました。水はいつも冷たくて、屋根の上のタンクに貯められていたので、午前中に日が差したら、昼までには氷点より一~二度は上になっている、といったぐあいです。アニラ・ペマの健康状態は冷たいシャワーには耐えられないので、ときどき調理場からお湯をもらって体を洗っていました。気のいい料理番がお湯をわけてくれたのです。いつも大きなヤカンを二つ火にかけていたので、頼むとたいていはわけてくれました。

僧院には食堂がなかったので、僧たちは回廊の日なたに座って食事をしていました。沈黙の食事です。普通の日には珍しい沈黙の時間がここにありました。子どもは読み書きの勉強をしていました。聖典の暗記に没頭するのが彼らの勉強です。生徒は教室に集まって一斉に大きな声を張り上げます。

仏殿からはラグドゥンや朗唱の声も聞こえてきました。

早朝の礼拝は未明から始まりますが、私の時計が止まって久しいのと僧院には時計がないので、正確な時間がわかりません。まだ夜が明けていなかったのでおそらく午前四時ごろだと思います。僧とともに起床して、ベッドの上で坐禅をしようとしました。教学主任は、誰であろうと床の中でぐずぐずするのを嫌います。礼拝が終わって陽が昇ると、彼らは日差しの中に坐って凍えた四肢を温めるのです。

午後になると、年少の子どもたちは石版を持って、回廊の別の場所に移動して、字を書く練習をはじめます。私はよくこの光景を自室の窓から眺めていました。楽しそうに、石はじきやゲームに興じていました。当番の少年が一人、注意をしにやってくる先生を見張っています。たまにはうまくいくこともあります。先生が回廊のほうから歩いてくると、少年たちはさっと石版での書き取り練習に戻りますが、ときには先生が不意に別の方向から現れて鞭を振り上げることもありました。もちろん真剣に怒っているのではありません。

ある日、私は、怒りに任せて一一～一二歳の少年を思いっきり殴りつける僧の姿を目撃しました。本気で殴っていたのです。その子が腹痛をおこしたときに、インド人の医者が出した処方箋を読んであげたことがあったので、私はこの少年のことを覚えていました。礼儀正しくて愛想のいいあの子が、あんなにひどく殴られる理由があるとは想像もできませんでした、僧の残忍さにショックを受けました。割って入ろうと思っても、なすすべがありません。僧院の寄付金が潤沢でない上に、これから建築予定の建物がまだたくさんあったので、おおかたの僧は痩せていました。ところが、お仕置きをしていた僧は痩せていないのです。アニラ・ペマに理由を聞いてみると、この僧侶には気前のいいスポンサーがついているのだと教えてくれました。それでもどうしても、あの折檻の理由が飲み込めませんでした。

僧院の教学主任は、ここに到着してすぐ挨拶に来て知り合いになりました。アニラ・ペマに言わせると、彼はとても聡明だが狂っているというのです。彼は西洋の薬が処方されたら、すぐに私たちのところに服用法を聞きに来ていました。彼は全く英語が理解できず、一言も喋れないので、いつもアニラ・ペマの通訳に頼っていたのです。私にも処方箋の内容がさっぱりわからないことがあると、彼もお手上げです。特に「わかりません」と私が乏しいチベット語を連発すると、ひどく困り果ててしまいました。

確かに、僧院には壁を通り抜けて歩く僧とか、土砂降りの雨の中を全く濡れないで歩く僧がいました。ある日、私が僧院の敷地の外へ向かう道を歩いていたときのことです。教学主任が道の脇にいました。私が近づくと、彼はそばの木の大きな枝をつかんで、枝が地面につくまですごい力で引っ張り続けました。少しずつ枝をたわめていったのです。彼がなぜこのようなことをするのか察しがつきました。つまり、彼は私に何かを教えようとしたのです。午後になってもう一度その木のそばを通りかかりました。木の枝は地面まで引き下ろされたままだろうと思ったのですが、なんと、枝はすべてもとの手の届かない高さまで戻っていました。しかも、どの枝にも折られた形跡などないのです。そのときわかったのです。私が見たものは、自分とラマの頭の中で起こっていたのだと気づいたのです。ラマは巧みな手段で私に何かを伝えようとしたのです。きっと私のほうも、頭を冷やさなければならなかったのでしょう。アニラ・ペマが言ったように、ラマはほんとうに気が狂っていたのかもしれません。もう一つアニラ・ペマから聞いたことがあります。ラマは私が「エンジ」ではないと言ったのだそうです。「エンジ」とは外国人、西洋人、またはチベット人以外の人という意味です。彼は私をたすけようとしたのかもしれません。チベット人にとって「エンジ」はいつも劣った存在なのですが、自分が二級の人間として扱われるのは気持ちのいいものではないからです。ラマは本当に私をたすけたかったようです。しかし、私は彼の経験の埒外の人間でした。そして自分が理解することのできない人間は、たすけようにもたすけられないのです。いろんな点で私は「エンジ」です。が、強烈なアジア的なタネを持った「エンジ」です。彼に指導してもらうには、私のエンジ的な側面を理解してもらわなければならなかったのです。

私の理解するところでは、私の仕事は、現場で尼僧の手だすけをすることでした。私にできる仕事は、一つには手紙を書いて基金を集めること、もう一つは、小石、砂、玉石〔丸石〕などの建材の上に何千本も降り積もった松葉を取り除くことでした。資材の山に防水シートをかぶせることができれば簡単だったのですが、そんなものは入手できないし、買うお金もありませんでした。修行を熟知した人なら、仕事と修行を一緒にできるような体制がつくれたかもしれませんが、何しろ仕事は朝の八時から始まって日暮れまで続いたので、疲れ果てて坐る瞑想どころではなかったのです。

僧院の中にいるかぎり生活は気楽なものでした。本格的な建物の建築はいつまでたっても始まらず、私の仕事は松葉を取り除くことに限られていました。アニラ・ペマと私はお互いに理解しあっていましたが、僧を観察していると、彼らも一つの家族のように、兄弟愛に支えられているのがわかります。

私は生まれて初めて、一人ひとりが互いにつながりあいながら共同体で暮らすことを学んでいたのですが、アニラ・ペマのマントラ朗唱の声を聞いていると、少しだけ苛立ってしまうのです。どうしても繰り返される朗唱が好きになれないのなら、声が届かない戸外を歩いていればよいだけだったのですが。

私はアニラとちょっとした遠出を楽しみましたが、この旅でアニラの暮らし方がもっとよくわかるようになり、彼女のような生き方に憧れを感じることもありました。あるとき、二人でダラムサラのチベット医に会いに行ったことがあります。医者は私たちの脈をとって服用する薬まで処方してくれたのに、支払いは求めないのです。もちろん希望すれば寄付をすることはできました。アニラは友だちが経営している店の二階に泊る場所を見つけていました。二人で一度、ダライ・ラマのご座所になっている僧院を訪ねたこともありました。ちょうどお昼時で、僧院は貧しい避難民のために食事を用意しているところで、食べものが準備されたベランダはとても混雑していて、何十人もの人々がこの無料の食事に群がっていました。二人で街の外に出て、山々の美しい景色も楽しみました。チベット人の町に来たのは、このときが初めてでした。街は混雑して賑わっているのに、人々は数珠を繰りながら「オン・マニ・ペメ・フン」と祈りながら歩いているのです。

一二月に入ると寒さが一段と厳しくなってきました。僧院には暖房がなかったので、僧は大きなティーポットに淹れた塩バター茶を飲んで暖を取りました。チベット仏教のこの一派の長であった第一六世カルマパは健康を害していて、もう長くないのではないかと危惧されていましたが、アニラ・ペマは、この僧院の僧の間には意見の不一致があると話してくれました。師の病気平癒のために一日中寺にこもって祈りの読経をしたいという僧がいる一方で、いつもどおり定時の典礼と通常の仕事をこなしたいという僧がいました。この問題がどのように解決されたのかはわかりませんが、確かに、ほとんど僧はいつもより仏殿で過ごす時間が多くなっていて、沙弥戒を受けていない幼い少年たちと教学主任だけが一連の礼拝に姿を見せませんでした。師の健康は祈りよりもサンガの調和により多くを依存するものです。祈るとか祈らないとかよりも、いかにサンガが調和をもってともに暮らすかが何よりも大切なことだと思います。

ある朝、私たちの部屋にネズミが死んでいました。私には大して深刻な問題ではなかったのですが、アニラ・ペマにとっては不吉な前兆でした。見えないところに捨てて、と頼まれましたが、彼女はもう見てしまっていました。彼女は大師カルマパの死を恐れたのです。翌日カルマパ一六世の逝去の知らせを聞きました。

そのとき、私たちは東に旅をする計画を立てていて、アニラ・ペマの予定ではサールナートとブッダガヤ〔現ボードガヤー〕へ巡礼にでるはずでした。ブッダが生きた歴史的史跡を訪ねる旅です。ところが、シッキム[2]にあるルムテック僧院に寄る必要が出てきたのです。シッキムはネパールとブータンに挟まれたインド北東部の国境にある地域です。カルマパの葬儀がこの地で挙行されることになったのです。すぐにでも出発しなければならないのに、出発できる日を知るものは誰もいません。なぜならば、旅立ちの吉兆を占うラマは、その当日にしか予言できないのです。未来を予言することはできないのです。毎日夕方になるとアニラ・ペマがいうのです。「明日がいい日なら、出発は明日になるわ」。しかし、次の日になると、ラマの占いの旅立ちは凶とでた、といったぐあいなのです。

第6章――ガンジス川流域とシッキム王国………インド・その3

ついに旅立ちの吉日がやってきました。この旅をどのように進み、どれだけの時間がかかるかなど全く知らされず、最初の馴染みのある八キロの道のりを歩き始めました。本当に美しい街道です。同伴した若い僧たちは、ほとんど走るようにものすごいスピードで歩きます。川を渡るときは石から石へとピョンピョンと飛び移ります。ありがたいことに、アニラ・ペマはゆっくりと進んでくれました。そうでなければ私はとうていついていけませんでした。

正門を出て、僧院の学校の児童たちが遊んでいる砂地をすぎ、丘を下り、小さな村まで降りていくと、五〜六軒の土を踏み固めた床と土壁だけの小屋のあたりで村の子どもたちが遊んでいました。ボロを着た貧しい子たちですが、ほんとうに楽しそうで、笑いながら西洋人の顔をジロジロと見ては、生意気そうに「あんた女、それとも男?」と尋ねるのです。私の髪が短くて、ズボンとシャツという いでたちだったからです。土地を耕してなんとか食い扶持を稼いでいる親たちも、なんとなく楽しそうに見えました。

ここには道も車も機械もなく、ビニール類もほとんどありません。ビニールを見つけたら大事に取っておいて何かに役立てるのです。一〇〇〇年以上のあいだ生活スタイルが変わっていないのです。驚きながらも、彼らの簡素さと持続可能性を見つけて嬉しくなりました。私の頭もこんなふうにシンプルだったら、どんなに幸せでしょうか！　私たちは水牛を眺めながら水田を横切りました。もう一二月なので稲刈りは終わっていて、渇いた田んぼの土に刈り株だけが残っていました。あたりからほのかないい匂いが漂ってきて、五分間くらい歩くと、香りたつ花の生垣のそばを通りました。木々の茂る森や畑が続き、川へと道が降りていく。ゴツゴツした岩の道。荷物を担いでいると登るのも下るのも容易ではない。流域の眺めはとても美しく、まるで楽園のようでした。

川を渡るときは石から石へと飛んで渡るので、足をすべらして川に落ちたらどうしようと、いつものように少し心配になりましたが、今回はすべらずにすみました。ベイジナートという小さな町までは歩きやすい平坦な道が続き、そこからバスに乗るのですが、いつバスは発車するのかを訊いて、米とダルマメの美味しい昼食をとって発車をまちました。

アニラ・ペマが私の食べものに細心の注意を払ってくれたので、これまで何度お腹をこわさずにすんだかしれません。食事をするときは、知り合いが経営しているレストランを選んで連れていき、キッチンの中まで入って、料理人の衛生状態や食物を調べ、出される食器やスプーンは必ず自分で洗っていました。材料や調理法にもあれこれ指示を出すのです。アニラ・ペマは多くのインド人に恐れ敬われる存在なのです。彼女が地域のインド人に愛され尊敬されたシスター・パルモの付き人であったからかもしれません。

ベイジナートからバスで西北西に向かい、パンジャーブ州の北の玄関パタンコートに着きました。ここから汽車で南東のビハール州に向かってパトナーで乗り換えます。英国のような小さな国からやってきたものには、昼夜を問わず汽車を乗り継ぐ旅など想像を絶します。この国の広大なスケールに圧倒されます。英国とインドの汽車旅行で唯一違うところは、英国では、私が鉄道の旅をする年頃に

地図7　インド・ガンジス川流域

は、すでに三等車は消えてなくなっていました。節約を心がけているアニラ・ペマはいつも三等のキップを買うのですが、それは板を渡しただけの長椅子に座って旅をするということでした。もちろん運良く席が取れた場合です。汽車がホームに入ると、何百人ものものすごい群衆が押し合い圧し合いしながら客車になだれ込んだり降りたりするのです。入り口から入れない人たちは、窓によじ登って入ってきます。この大混乱の中でアニラ・ペマが車掌に交渉して何とか座席を取ってくれたので、やっとのことで一癖ありそうな男との相席におさまりました。

汽車は蒸気をあげて出発し、インドの田園地帯を這うように進んでいきました。汽車がひどくゆっくりと走るので、屋根の乗客は自分の村にくると飛び降りる人がいるかと思えば、別の人がよじ登るのです。乗客がぎっしりと通路を塞いでいるので、トイレに立つのは至難の業でした。駅に着くたびに物売りがプラットホームに群れていて、窓から出入りする乗客と物売りが場所の取り合いです。今度ばかりは我慢できず、こんな旅がいつまで続くのか思い切ってアニラ・ペマにたずねました。返事を聞いてのけぞってしまいました。「あと二～三日ね」とやさしく言ったのです。本当にそう言ったのだろうか。聞き違いでは？ 私はその言葉をおうむ返しに彼女に投げ返しました。そうなんだ――私は覚悟しました。このノロノロと走る満員列車にこれから四八時間、いや七二時間揺られる覚悟を決めたのです。横になって眠ることはできないけれど、まだ三一歳なのだから、座ってまどろむことくらいできる。水は飲料水と書いてあっても、どうしても飲めない。西洋人のお腹にはとうてい信用できない。これが一人旅だったら間違いなくひどい試練になったはずですが、アニラと一緒にいれば大丈夫でした。ところが何よりも驚いたのは、隣に座っていた男が、ときどき私のほうに手を伸ばして触ってくるのです。運よく最後まで同席せずにすんだのが、不幸中の幸いでした。

三日目の日が沈む頃にパトナーに着き、南のガヤー行きの始発列車を待っていました。駅には人が溢れ、横になれそうな場所ならどこにでも、毛布にくるまって転がっているのです。ガヤー行きの列車があまり混み合っていなかったので、ほっと一息つきました。そこから人力車でブッダガヤ〔現ボードガヤー〕に向かいました。釈迦牟尼仏陀成道の地は、南へ一六キロのところにありました。

このあたりには、月面のように小さな起伏と窪地が連なる不思議な光景が広がっていました。ブッダガヤは仏教の巡礼地なだけでなく、ヒンドゥー教の聖地でもあるので、年間何百万もの旅行者や訪問者が参拝にやってきます。私たちは孤児院を兼ねたヒンドゥー教のヴィハーラ〔寺院〕に宿泊しました。この寺院を運営する二人の聖者がアニラ・ペマの親しい友人でした。汽車の旅の騒がしい数日の後で、寺院の親切で礼儀正しいもてなしや、清潔で静かで神聖な雰囲気はすばらしいものでした。

私たちは屋根裏部屋に泊めてもらうことになりました。隣の部屋にはチフス熱を患っているかわいそうな子どもがいました。この子は衰弱しきって骨と皮になり、立ち上がる力もありません。二人でこの子の回復を祈りました。孤児の子どもたちはみんなお行儀がよく、いつも微笑んでいるのは、このヴィハーラで暖かく見守られているおかげです。水も食事も衛生的でした。子どもたちは庭やキッチンで働いたり建物の掃除をしたりしていました。

巡礼地では、アニラ・ペマに居並ぶ肖像や彫像の前で伏礼をするように促されましたが、残念ながら、私にはまだ伏礼の価値がよくわからなかったので、一度だけブッダ像の前で伏礼を拒否して、アニラ・ペマをがっかりさせたことがありました。私にこの礼拝の意味を説明しなかったのは、アニラ・ペマの落ち度ではありません。私はチベット語がわからず、彼女も英語がカタコトでした。この礼拝の深い本当の意味を知ったのは、それから六年も経ってからでした。二人でバターランプを灯して菩提樹の木陰に坐りました。ブッダ成道の地と言われるこの場所で、夕闇が迫るまで瞑想を味わいました。この地域の一二月は暑すぎず、空気がすがすがしくて、とても心地よい季節でした。

ウルヴェーラにいく途中にあるタイ僧院を訪ねると、ここにもアニラの知り合いの僧が三人いました。黒っぽい材木で作った小屋が集まってできたこの僧院は、簡素な修行道場でした。ウルヴェーラは菩提樹の木のすぐそばにあるネーランジャラー川〔尼連禅河〕[1]の河岸の村で、この川はモンスーンの季節でなければ歩いて渡れます。ここからゴータマが孤独な苦行に身をおいた山のほうに続きますが、残念ながらそこまで足を伸ばす時間がありませんでした。ブッダが悟りの成果を楽しみながら修行に励んだのは、このウルヴェーラの平和な田園地帯でした。悟りは自己陶酔や苦行から得られた果実でなかったのです。ここからさらに西のヴァーラーナシーとサールナートに向かいました。ヴァーラーナシーに長く留まらなかったのは、ここがヒンドゥー教の聖地で、仏教徒の巡礼地ではないと考えられていたからです。

サールナートはヴァーラーナシーからさほど離れていなかったので、アニラ・ペマの知り合いが僧院長をしているビルマの寺院に泊まることになりました。この寺でも歓待されて、「胃腸によい」お茶を振る舞われました。また、アニラ・ペマがマハーボーディ協会[2]の職員と知り合いだったので、米やダルマメの接待を受けたのですが、正直、私は少し食傷気味でした。どこへ行ってもアニラの知り合いがいて静かな寺に宿泊できたのは、驚くばかりの幸運です。しかし、いつも感謝ばかりはしていられません。たとえ米とダルマメだけの食事であったとしても、食物が潤沢にあるというだけで幸運だとは思えなかったのです。

サールナートの鹿野苑はとても美しいところでした。ブッダが成道後に数週間滞在してダルマ〔仏法〕を語ろうと決意されたところです。聴衆を待ち受けながら、ブッダはこのサールナートでともに修行した五人の苦行者〔五比丘〕のことを思い出しました。やがて仏教の教えの中核となる四聖諦と八正道の教えが、この地で初めて開示されたのです〔初転法輪〕。ダメーク・ストゥーパ[3]の遺跡のそばに坐って、はるかかなたの高い木々を見晴らしていると、こころの安らぎが戻ってきました。仏塔の周りはどこも、チベット僧がペチャを持って読経していました（ペチャとは二枚の木片で束ね、布で包んだルーズリーフ式のチベットの経典です）。三〜四日かけて二か所をめぐる短い巡礼をすませて、シッキムのルムテックへの二日がかりの旅が続きます。カルマパに弔意を表するために、ネパールとブータンの国境にあるインドの北東角にある街に向かいました。

シッキムはネパールの隣にあるかつての独立国で、現在はインドの一部になっているとはいえ、現在もチベット文化が継承されています。インド政府と協調してはいますが、貴族の支配階級がそれなりの力を持っていて、シッキムの王族も存在しています。汽車でシリグリまで行き、アニラ・ペマの友人に出迎えられて、ジープで州都のガントクまで走りました。トルコ石のような空色の美しい川の土手を車で走ると、川べりは赤い葉のポインセチアの木々で縁取られていました。赤い葉と青緑の川のコントラストは目を見張るような美しさでした。その日はこれ以上進めなかったので、次の日までチベット人の家に泊めてもらい、アニラ・ペマの古い仲間たちと交流する機会を持ちました。いよいよルムテック僧院に到着です。

ガントクの街を歩いていたときのことです。突然アニラ・ペマが振り向いて、壁のほうを向くように指示しました。後になって教えてくれたのですが、「女王」[4]が近づいてきたのです。チベットには、「女王」を直視することを禁ずる文化があるのです。

カルマパがチベットから亡命したのち、シッキムに招かれて、この地に建てたご座所がルムテック僧院です。カルマパの高弟であったシスター・パルモはここに小さな家を建てていたので、この家に宿泊することになりました。二部屋のうちの一方の部屋は、アニラが大切に保管しているシスター・パルモの遺品がいっぱい詰まっており、もう一部屋には小さなベッドを置くだけのスペースしかありませんせん。一二月の末ともなれば寒さが厳しく、アニラ・ペマと私は、それぞれの寝袋に入ってベッドに潜り込みました。

カルマパの葬儀ではたくさんの儀式が挙行されました。何百人もの僧や尼僧が、読経、伏礼、経行を行います。私の受戒の師であるケンポ・ツルティム・ギャツォが、誰にもらったのか、フラッシュがたけるカメラを嬉しそうに持ち歩いているのを見かけました。目に映るものは何でもかんでもカメラに収めていました。荼毘の炎が五色の雲となって立ち上るのが見えました。アジアの仏教徒にとってこれは吉兆の印です。火葬用の薪に火を入れる若い沙弥は、カルマパに一度も会ったことがない僧と決まっていました。

ルムテックの寒さは尋常でなく、自分で暖かくするすべがありませんでした。あまりに寒いので、ついには発熱してしまい、気分は最悪でした。ちょうどそのとき、暖かい火が焚かれているキッチンが目に入りました。在家の女性が来客用の食事を作っていました。アニラ・ペマのプロジェクトに熱心に献金しているバーバラ・ペティというアメリカ人の女性で、告別式に参列するためにルムテックに来ていたのです。彼女はカルマパとシスター・パルモの弟子でしたが、シスター・パルモには特に献身的に尽くしていました。アニラ・ペマに紹介されたときに、彼女は私の具合が悪いのを見て、スペアのベッドがあるから自分のホテルで休むようにいってくれたのです。僧院を離れることに少しばかり躊躇しましたが、すぐに物質的快適さのほうを選んでしまいました。

暖かいホテルに入っても体の衰弱は続いていました。スピリチュアルな面ではこの国は去りがたいものでしたが、あのときの身体的状況からするとインドでの生活に限界が来ていたのかもしれません。この在家の女性が私をアメリカに連れていきたいと申し出たのです。アメリカでアニラ・ペマの基金集めを手伝ったり、自宅のガレージで始める瞑想グループの立ち上げの手だすけをしてほしいとのことでした。彼女はガレージを禅堂に改築していたのです。ほかにすることもなかったので、この申し出を受け入れました。もっと暖かい場所で快適に暮らし、食べものにも水にも不自由しないで過ごせると思うと嬉しくなりました。これまで乏しい食料で体重が減り、体に脂肪がないので、寒さの感じ方も尋常ではなかったのです。この在家の女性が旅費やアメリカ滞在中の諸費用の全てを保証してくれることになりました。

火葬が終わると、カルマパの心臓と舌だけが燃え尽きていませんでした。それらは丁重に舎利容器に納められました。私たちも許されて舎利容器を拝見する行列に加わりました。この後にも、高温で荼毘に付されても心臓が燃えなかった偉大なる人々の話を聞いたことがあります。〔ティク・〕クアン・ドック（釈廣徳）師[5]は、カトリックのゴ・ディン・ジエム政権による仏教弾圧に抗議し、一九六三年にサイゴンで、結跏趺坐で自らを焼身供養された高僧でしたが、師の心臓も高温の炎の中で焼かれてもそのままのかたちで残り、そのあとでもう一度高温で焼かれましたが、心臓は燃え尽きることがなかったといいます。

聖遺物の開示を訣辞として葬儀は滞りなく終わりました。熱烈なチベット人信者が首を吊ってカルマパの浄土への旅のお供をしたと、アニラ・ペマが話してくれました。この行為は誤った献身だと彼女はいいました。

アニラ・ペマはひとりで北西インドに戻ることになり、私はティロクプールまで三等列車に揺られて戻らなくてよくなってホッとしましたが、同時にチベット僧院のスピリチュアルな環境に浸り続けられなくて残念でもありました。バーバラと私はジープで空港に向かい、カルカッタ行きの飛行機に乗ることになりました。機中で安全な水を飲めることはなんとありがいことでしょう。とめどなく想いが浮かびます。今の自分には満足しながらも、スピリチュアルな生活の厳しさと簡素さ、喜びと幸福、道路や便利な乗り物から隔絶した僧院と、人と水牛と、たまに馬しか通らない小道、こもごも懐かしく胸に迫ってきました。しかし、この地への郷愁のタネは物質的な慰安を求めるタネによって幾分か緩和されていたように思われます。

空港に着くと、またもや我が受戒の師〔ケンポ・ツルティム・ギャツォ〕に出会いました。人が彼を見てどう受け取るかは別として、いつものようにリラックスしていて、歩き方も立ち方も完璧に自在の境地にいることが一目でわかりました。あの自在の境地は、あなたの外側にあるのではないし、かといって内側にあるものでもないのです。あのように立ったり座ったりしているその実在の姿を見るだけで、霊性への道、真の幸福とはどのようなものかを確信させるに十分でした。

カルカッタで街を少し歩き回っただけで、おぞましいほどの貧困、人々の寝ぐらになっている巨大な下水管、路上暮らしの家族の姿が眼に飛び込んできました。これから私はホテルに戻って暖かいお風呂に入るのです。飲み水にも困る人が溢れているのに、お風呂にあんなにたくさんの浄水を使うのは間違っているような気がしました。

ほんの四か月のインド滞在でしたが、この暮らしを体験してみると、はるかに長くこの国に滞在していたような気がしました。私の人生はすっかり変わっていました。

第7章——文明の喧噪のなかのブッダ……カリフォルニア

香港に飛ぶと、カルカッタのホテルよりもはるかに豪華なホテルが待っていました。香港経由でサンフランシスコ空港に降り立ったのは一月の肌寒い日で、空港は侘しく空気も汚れていました。インドの都市はゴミと腐敗が定番で、通りに病人や老人があふれ、死体を見るのも珍しくなかったのに、そこにはスピリチュアルな純粋性と敬虔な祈りの空気が漂っていました。合衆国に入るとすぐに気づくのは、外見は新奇で清潔なものを求めているのに、内部に何か不浄なものが潜んでいて、それが今にも飛び出してきそうな気配でした。

車でロスアルトスヒルズ[1]にある一軒の家に着きました。少し歩いたところに自然保護区がある魅力的なところだったので、このあたりの散策が大いに楽しみになりました。この在家の篤志家の家には大きな庭があり、私の部屋には別の出入り口が付いていました。散歩しながら私はインドでの体験に浸っていました。かつて生きてきた世界とはあまりにかけ離れた世界でした。ロスアルトスヒルズでこんな詩を書きました。

ああ　愛よ！　どこに隠れていたの？
遠い昔 あなたはどこをさまよっていたの？
そんな場所などどこにもないのに

私はどこにでもいる　いつも
悲しみから遠く離れて
ああ　想いよ！　あなたは何を生み出してきたの？
あんなに悲しみ悲嘆に暮れて
あなたはどうして　いつも
明日に想いを託すのでしょう

ここでの愛は菩提心《ボーディチッタ》、〔すなわち〕愛の心のことです。僧院で触れてきたあの愛を、あの失った愛を懐かしく思い出します。心を正しく向ければ、それはいつでも触れることができるものだとわかります。

朝になると、草の上にうっすらと霜が降り、静かな雨が降っていることがありました。庭に鹿がさまよい歩く美しい場所でした。私のホステス〔スポンサー〕はいつもあちこちと動きまわる人なので、この滞在中に、カリフォルニアのいろいろな場所に連れて行ってくれるでしょう。家で朝食をとることは稀で、レストランで朝食をとるのは新鮮な体験でした。贅沢な暮らしと心の声がつぶやくと、もう一人の私はパンケーキとメープルシロップの朝食を注文して、この豊かさに魅せられているのです。パームスプリングスへの旅もしました。私のスポンサーになってくれた女性の父親が砂漠の外れに住んでいて、グレープフルーツの果樹園を持っていたのです。サンタバーバラ・チベット仏教会を訪れて、シェラブリングの尼僧のためのリトリート・センター建設計画について語り、企画への寄付金を集めました。ハリウッドでは、シスター・パルモの息子を訪ねました。彼はカビール・ベディ[2]という人で、当時インド人俳優としてハリウッドに住んでいたのです。サンタクルーズでは、美しいビーチと海岸の小石に寄せる波の音を聞いて心が和みました。

サンタバーバラでは、いかに死んで浄土に生まれるかを学ぶリトリートに参加しました。リトリートには阿弥陀仏《アミターバ・ブッダ》を思い描いたり、チベット経典の朗唱が含まれていました。リトリートはアミターバ・ブッダの観想と念仏の練修から始まりました。アミターバ・ブッダと並んで、観世音菩薩《アヴァローキテーシュバラ》と大勢至菩薩《マハースターマプラープタ》の観想の練修も行いました。観世音は慈悲、大勢至はブッダの力や威力を象徴しています。この二人の菩薩は阿弥陀如来の脇侍としてイメージしました。かつてこの観想の手ほどきを受けてから、ポワの行法[3]の朗唱を学び、頭頂に印が現れるまで練修を続けたことがあります。頭頂にはっきりとその印《サイン》が現れるまで続けたのです。とても鮮明に印が出ている、と首座のリンポチェに言われました。リンポチェはアメリカ人よりもヨーロッ

地図8　カリフォルニア州

パ人のほうが修行に熱心だと言いましたが、私は必ずしもそうではないと思います。私のアメリカの友人たちは他者の成功を我がこととして喜ぶ人が多かったのです。彼らは他者の修行の達成の中に喜びを見いだす練修をしていたのだと思います。彼らは私の頭頂に印が現れたことを喜んでくれました。それは私が浄土に生まれるというサインだったのですが、本当に浄土に生まれるためには、少なくとも月に一度は朗唱と視覚化の練修を続けなければならないのです。しかし、私はその練修をしませんでした。今ここで浄土を楽しむ方法を学んだのは、あれから何年も経って、フランスのプラムヴィレッジの我が家(ホーム)に住むようになってからでした。

サンタバーバラでは、早朝に浜辺を歩きました。海辺の鉄道の待避線に、改造されてレストランになった電車が置いてありました。ときどき食べるアイスクリームサンデーの美味しさ——たわいもない喜びに興じる楽しさを満喫する毎日でした。

実り多き初めてのアメリカ旅行でした。インドとはまるで違う世界に出会ったのです。インドのチベット僧院の禁欲的な耐乏生活の中だけでなく、北アメリカの快適で物質的な豊かさの中でも、ブッダに出会うことができるということを、この旅が気づかせてくれました。そしてプラムヴィレッジに初めて訪れたときに私を大いに惹きつけたのは、過剰な物質的快適さや激しい苦行がなくても、修行ができるということだったのです。

第2部

放浪の果ての出会い

一九八一年の四月、アメリカでの四か月の後、サンタバーバラで『死者の書』（死についての教え）を指導してくれたチベットのラマ〔チベット僧〕の勧めで英国に帰国しました。これ以上アメリカに滞在することは望ましくないと言われたのです。ちょうど時を同じくして、ロスアルトスヒルズに戻ると、家族から弟のトーマスの結婚の知らせが届いていました。一番下の弟の結婚式に参列するために英国に戻りたいと私の宿泊先の女性《ホステス》に告げました。本音を言うと、あのとき弟の結婚式に参列することに大した関心はなかったのですが、ラマの忠告には従いたい気持ちが強かったのです。彼女はさして悲しみも失望もしませんでした。もう十分に一緒に過ごしたと感じていたのかもしれません。

一九八〇年のインド行きはギリシアから直行したので、四年前の一九七七年に英国を離れて以来このかた、家族とは没交渉でした。家族の中で少し変わり者の私は、離れて寂しいとは思わなかったのです。私の旅立ちは求道の旅だったので、とうてい家族には理解されないだろうと思っていました。

両親に話したことといえば、インドで体験した身体的辛さや苦労話などの外面的なことばかりでした。これは褒められたことではなく、当時は全く気づいていなかったのですが、帰郷したときに母を心配させるだけだったのです。ヨーロッパにいれば豊かに暮らせるのに、どうしてわざわざ貧困と不自由な暮らしを選ばなければならないのか、両親には理解しがたいことでした。

一番下の弟は二六歳で学校時代に出会った女性と結婚しました。弟たちは二人とも農業が性に合っていたので、父の引退のあと、どちらの弟が後を継ぐかみんな気になっていましたが、結局下の弟が後を継ぎ、上のスティーヴンは大学で航空工学を専攻してロールスロイス社に就職しました。最終的に父が七五歳で農業から身を引くと、トーマスと妻と二人の子どもが、私が生まれ育った母屋に引っ越してきました。さあ、家族のもとに戻って、子供時代の楽園との再会です！

　弟の結婚式当時、英国はフォークランド諸島をめぐってアルゼンチンと戦争していました。この好戦的な雰囲気に嫌気がさして、母国を支持することができなくなったのです。イタリア（アルゼンチンの同盟国）に飛び出して英語を教えることに決めました。イタリアでインドに戻るお金を稼いで、もう一度尼僧たちとの暮らしに戻る決意を固めたのです。

　ミラノで弟の友人のところに滞在することになりました。この街にはほとんど樹木らしいものがなかったのですが、あまり遠くないところに湖や山があったので、週末になると一人で電車に乗って、トリノ周辺の田舎に出かけて行きました。ミラノで落ち着いて暮らす場所が見つからなかったので、サロンノ（ミラノ北西部）の裕福な名家に間借りして住むことになりました。部屋代の代わりに、夕方に八歳と一〇歳の子どもたちに英語の家庭教師をすることになったのです。朝の電車でミラノにあるオックスフォード英語学校[1]に通って、主にビジネスマン向けの英語を教えました。学校は古い大きな建物の中にあり、近くの公園でランチを食べ、美味しいイタリアのジェラート・アイスクリームをいただくのが日課となりました。

　寄宿していた家族はビスケット製造会社の経営をしていて、住んでいた家は、昔の修道院を改修したものですが、壁や門や鍵で厳重に防備されていました。家族が財産狙いの誘拐にあって、身代金を

地図9　イタリア全図

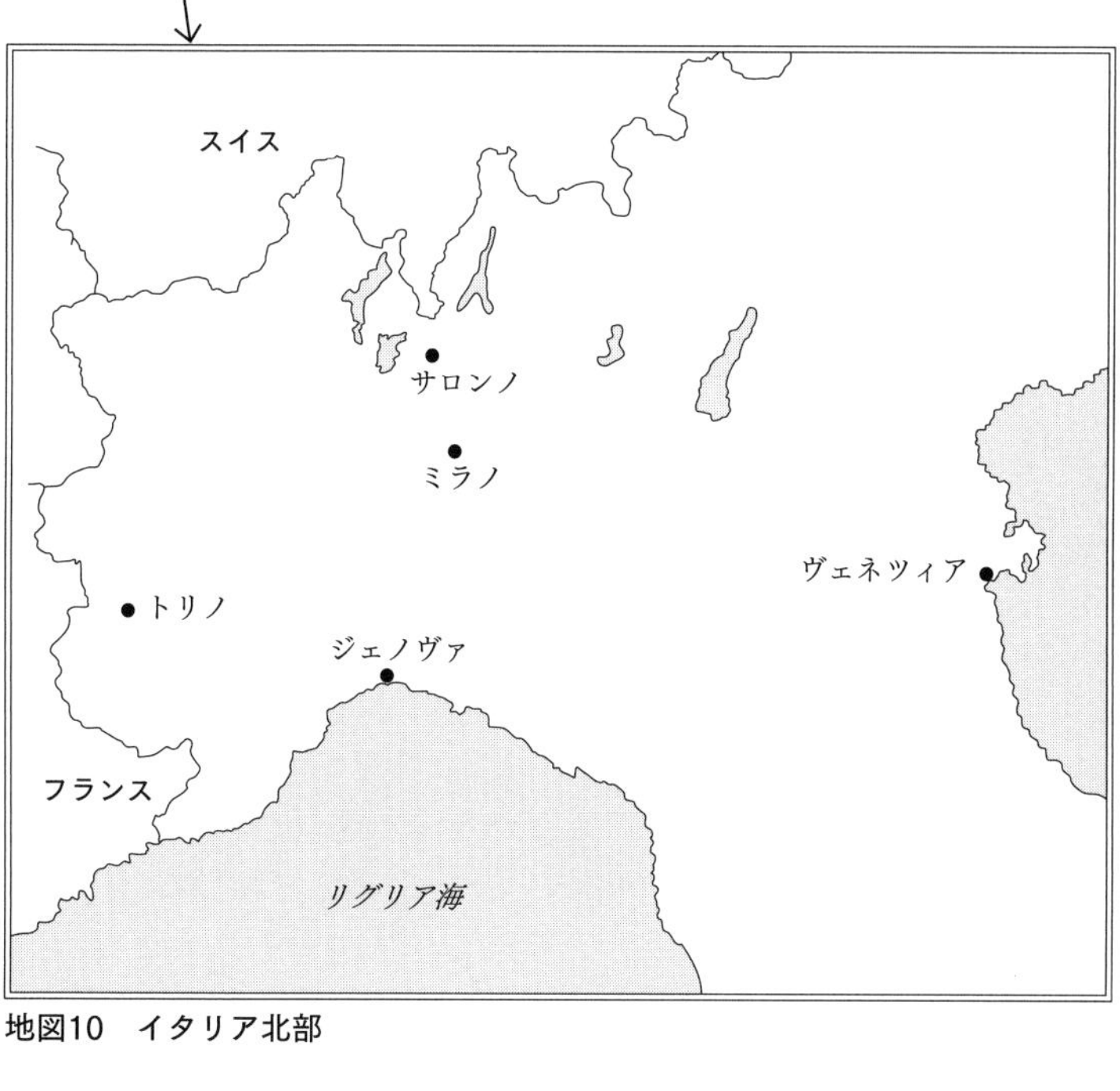

地図10　イタリア北部

要求されたことがあったのです。ときどき朝食か夕食を家族と一緒にとることがありましたが、父親はよくお土産に新製品のビスケットを持って帰りました。母親は一人ぼっちで寂しそうで、ときおり私を相手におしゃべりをすることがありました。こうして六か月くらいが過ぎていき、楽しくも退屈でもないといった毎日を、どっちつかずの気持ちで過ごしました。きっと心ここにあらずといった毎日だったのだと思います。自分が本当にやりたいことをしていなかったのです。こんな中で楽しく気持ちが高まる瞬間があったとしたら、喜んで学んでくれる生徒に恵まれたことでしょう。ときおり、部屋の窓辺に腰を下ろして、下の美しい庭を見ながら物思いに耽けることがありました。この家はかつて古い修道院だったので、回廊を歩く修道士たちの姿をよく思い浮かべていました。イタリア滞在は目的のための手段に過ぎませんでした。お金ができたら一刻も早くインドに戻りたかったからです。いつも心はインドに飛んでいました。丘のべに腰を下ろして、はるか下界の情景を見つめながら、真の幸福を見つけたいと夢見ていました。

仏教の修行仲間が懐かしくて、近所のサンガを探しまわることがありました。こんなときある若者とそのガールフレンドと知り合って、パーリ経典の英語版のコピーをもっていることを知ったのです。ほんの数ページでも読めたら、心が落ち着くのに！　彼らは稲田が広がる小さな村に住んでいたので、よく一緒に稲田の小道を歩きました。

ビスケット工場の家族がみんな外出したある晩のことです。大きな邸宅に一人ぼっちで残されていました。夜も更けて、庭にでるガラスの扉をガタガタと揺らす音が聞こえてきました。怖くなってベッドから起き上がり、もしかしたら誘拐犯が戻ってきたのではと震えあがりましたが、やっとのことで自分の恐怖心を確認して克服することができたのです。灯りをつけないで庭師に電話をかけに階下に降りて行って、イタリア語で「誰かが庭のドアから侵入しようとしているの。すぐ来てください」と助けを求めました。庭師に何かがドアを引っ掻くような音だったというと、彼は犬が家の中に入ろうとしているだけですよ、と説明してくれました。犬を裏手の犬小屋に連れていって一件落着しました。これがわかると、私の恐怖が消えました。ちょうど何かに仰天した人が、その人の知覚の対象を突き止めたら、それはヘビではなく縄だったという経典の話[2]のように。この騒ぎは犬の仕業だったのです。犬を犬小屋につれて行って、やっと眠りにつきました。

第9章　片道切符を握りしめて……インド再び

北イタリアに半年滞在したあと、十分に蓄えもできて、一九八二年に片道切符を握りしめてインドに戻っていきました。今度こそ、尼僧になるまでインドを離れないと固く心に決めていました。九歳の頃から抱きつづけてきた尼僧になる夢が捨てられなかったのです。もちろん当時の夢は、キリスト教の修道女になることでしたが。こんな想いが一体どこから湧き上がってきたのか、はっきりとはわからなかったのですが、確かに外的な原因や条件もあったでしょう。たとえば、女子修道院の学校に通っていたし、チベット仏教の尼僧院で過ごしたこともありました。いま確かに感じるのは、一九四九年にこの世に生を受ける前から、私の阿頼耶識〔1〕に蔵された記憶があったのです。持ち金すべてを尼僧たちに捧げたという記憶です。

イタリアからバスで英国に帰国しました。これが一番安かったからです。すでにアニラ・ペマには手紙を書いてインドに戻ることを知らせていましたが、この先ずっとインドにとどまるとは書きませんでした。当時、両親との意思疎通がうまくできなくて、インドに戻ることを両親がどう思っているか確認できていなかったからです。自分の思いの実現は両親の幸福とは無関係だし、自分には好きな生き方を選ぶ権利があると信じていたので、いままでしっかりと別れを告げてこなかったのです。尼僧になる夢を両親に理解してもらおうなど夢にも思わなかったし、どれだけ説明しても彼らに理解できる話ではなかったのです。私のインド行きがどれだけ両親を落胆させたかに気づいたのは、だいぶあとになってからでした。

最初のインド行きのときは、ほんとうの苦難を体験したわけではなかったのです。思い出すのは心地よい思い出ばかりでした。訳のわからない奇妙な言語や文化とか、スピリチュアルな指導が受けられなかったことなどの短所よりもむしろ、ヒマラヤ山脈の景色とか、簡素な暮らしぶりといった楽しい思い出ばかりでした。チベットの尼僧たちと簡素な生活をわかちあえて幸せだったので、今度は寝袋と火をつける細いロウソク[2]以外は特別なものは何も持って行きませんでした。マッチ一本で火をつけるのも私には難しいことでした。

今度は、ひとりでデリーからベイジナートまで深夜バスに乗りました。インドのバスの旅は目まぐるしく、退屈することがありません。今回も例外ではありませんでした。あるとき、バスのドライバーが乗客に峡谷を見下ろすようにいったのです。飛び出しても止めるものも何もない山際の細い道を進んでいたときです。乗客がのぞくと、バスが一台谷底にひっくり返っているのが見えました。「ブレーキが故障したんだよ」。ドライバーは冷淡なものでした。街や田舎につくたびにバスが止まったので、乗客はバスを降りて、足を伸ばし、食べものを買いました。どこか空いた場所があればどこででも体を休めました。暖かい季節だったので、バスの窓も入り口も開け放たれていました。バスはうなるような音を立てて丘を登り、カーブを切りました。古いディーゼルバス独特の唸るような音をたてながら、しつこくけたたましい警笛を鳴らすのです。追い抜きをするのに道路が空くまで待っていられません。我先に大音響で警笛を鳴らさなければ前に進めないのです。

ベイジナートに着くと、一年半前（一八か月）に経験したように、尼僧院まで八キロの道のりを歩かなければなりません。僧院につくと、アニラ・ペマはもう僧のいる僧院の境内には住まないで、尼僧のリトリート・ハウスの建物のそばの小屋で暮らし、建設計画の資金が不足してくると、献金集めの旅に出ていたようです。この家は、ときどきここでリトリートをするために在家の修行者が建てた家で、留守中の管理は僧院長に任せられたので、尼僧が使えるようになっていました。僧院からこの小屋に行くには、きつい坂を下って反対側の急な坂を登らなければならないのです。到着したばかりで疲れきっていて、おまけに何も食べていなかったので頭がクラクラしていました。夜になって横になるとそのまま一四時間ぶっとおしで眠り続けました。

あたりを散策していると、前とは状況が随分違っていることに気づきました。尼僧院の建築作業が本格的に始まっていたのです。アニラ・ペマは資金が集まるとインド人の労働者を雇ってきて、建設のスピードアップを図っていたので、作業の監督をするために建築現場から離れられなくなったのです。尼僧たちも交代でやってきて手伝いましたが、こんな仕事が好きな人などほとんどいません。食料は乏しく、しかも重労働でした。私はモンスーンが始まる前の六月に到着しましたが、小さな部屋の床の上にニシンのようにくっつきあって眠りました。トイレは丘の向こう側の藪です。用を足すときは、洗浄用の水を缶に入れて持っていきました。アテネのインド大使の奥さんがヒマーチャル・プラデーシュ［インド北部のヒマラヤ山脈西部の州］のトイレには「水洗」がないと忠告してくれたことを思い出しては憂鬱になったものでした。

水は二マイル先の泉からパイプで引きましたが、水の出が悪いので、交代で寝ずの番で水を待つことがありました。運よく水が流れてきたら、水差しに入れて貯めておくのですが、水が来なければ、歯磨きや衣類の洗濯や入浴に使う水はありません。川岸の野生のシャクナゲの森に洗濯ができそうな小川がありました。洗濯をする日は一日がかりのお出かけの日です。洗濯をして、土手で衣類を乾かしてから帰宅しました。ここには隠れる場所がないので泳ぐことはできないのですが、小川で洗濯をするのは楽しかったです。川には大きな丸石があったので、澄んだきれいな水たまりができていました。でも気をつけなければならないのは、他の人たちが衣類をすすぐ川上で石鹸を使って衣類を洗わないことです。石鹸をつけて洗う場所は川下と決まっているのです。衣類を洗ったあとは土手の草の上で乾かしました。ときどきどうして川から水を汲んで湧かして飲み水にしないのかと不思議に思うことがありましたが、薪は貴重なので、湯を沸かしたり、大麦を炒ったり、料理をするのに始末して使わなければならないのです。

この小屋から、ダウラダール山脈〔3〕の一番近い山の頂が見渡せました。夜明けの赤い光が雪を頂く高峰をバラ色に染めていました。

二回目のインド滞在で学んだことは、簡素な生活の喜びでした。私が求める幸福は、美味しい食事、水道の水、電機といった物質的な快適さではなく、第一に霊的な修行ができて、自然の美しさに恵まれた場所で生活することでした。新鮮でおいしい空気、美しい月光、谷を渡って聞こえてくる読経の声が私の喜びでした。木々の一本一本のなかに修行のエネルギーが染み込んでいるように思えました。

折々の休息の日には、心がウキウキして、木々もみなくつろいでいるように見えたものです。この日も、僧には早朝の読経がありますが、その後は非番になります。彼らもすっかりくつろいだ様子で、若者たちは川に泳ぎに出かけました。私たちは森を歩きながら、互いに歌を披露しあいました。尼僧たちがミラレパ[4]の歌を二曲教えてくれて、私は自作の歌を歌いました。ケンポ・ツルティム・ギャツォは歌の練習がとても気に入っていて、ミラレパの歌にかけては右に出るものがいませんでした。私が覚えた歌の一つに瞑想の歌がありました。——雲のない空、表層も深みもない大海、どっしりとした山、思いのない心を瞑想しなさい。そして歌の二番（二連目）は、雲のある空、思いのある心を瞑想しなさい、と続きました。もう一つの歌はさっぱり意味がわからなかったのですが、メロディがとても美しかったので覚えた歌です。香りのいい松林で歌ったり、月が昇るのを見つめたり、水がタンクに入ってくるのを屋根の上に座って待ちながら瞑想したものでした。

僧たちも私たちがいるこちらの丘にやってくることもありました。ある日、尼僧院に仏殿をつくるために重たい厚板をみなで運んでいました。厚板を一枚ずつ一マイルほどの距離を運ぶので、私は疲れきってしまって仕事を楽しむどころではありません。板を抱えて建築現場に下ろしたとき、僧がひとり上着を脱いで山腹に座っているのが見えました。あちらは無言で私のほうを見もしなかったのですが、私は自由で幸福感に満ちたその姿にいたく心を打たれました。長いあいだ坐って、はるか彼方の稲田と川を眺めるその姿や表情が、自由と喜びに輝いていました。とらわれるものなど何もないといったふうに。

自分があのように幸福で自由になれるなど、想像したこともありませんでした。あの僧の姿に啓発されて歌を作りました。こんなふうに始まります「ああ、幸せになるってどんなこと……」。あれから二〇年ほど経って、バーモント（アメリカ）の丘の上に座って周りの山々を見つめながら、あのときの僧の至福に満ちた姿を思い出していました。

体が汚れているといつも情けない気持ちになりました。汚れて黒ずんだ自分の腕を見るとき、雨が降り続いて着たままの服が乾いて嫌な匂いがするとき——三週間もお風呂に入れなかったとき、そんなときほんとうに情けなくなって涙が出そうになりました。ついにタンクに水が戻ってくると、早朝に駆けつけて、誰よりも早く、すでに出来上がっていた尼僧のリトリート棟の壁の後ろに取りつけたホースで水を浴びました。こんな早朝に寄りつく人などいなかったのです。あんなに嬉しかったことはありません！

ある夜のこと、建築現場の近くの小屋で床に小さなオイルランプを置いてその光で瞑想していると、大きなサソリが眼前に現れました。一週間前に尼僧がサソリに刺されて病院に担ぎ込まれた話をアニラ・ペマから聞いたばかりでしたが、あのサソリは私たちの前に平然と現れて、やがてドアから姿を消していきました。

食べものは極力節約しました。食事は建築現場で働く尼僧たちと一緒にとっていました。アニラ・ペマが集めた寄付金は建材購入のためにできるだけ蓄えておかなければならなかったのです。朝食は一杯のお茶だけのこともありました。手に入れば、炒った大麦の粉が少しだけお茶に混ざっていることもありました。茶はこの地域の特産で、緑の茶葉を発酵させないで淹れるとすっきりとした味わいのお茶になるのです。昼食には二枚のチャパティ〔小麦粉を発酵させずに練って焼いたパン〕がついた少量の野菜の炒めもので、ときには、小麦団子と煮込んだ野菜が出ることもありました。夕食はお粥でしたが、貧しくなるにつれてだんだんと汁の量が増えて、ついにわずかな米湯だけの食事になってしまいました。

あるときアニラ・ペマが外出したので、一人で食事をしていました。彼女が出かける前に尼僧たちのことでとても腹が立つことがありました。みなが私のことをひどい怠け者だと噂していると思ったのですが、実際には、尼僧たちが取り沙汰していたのは別の労働者のことだったのです。チベット語が未熟なために誤解してしまい、私は怠けてなんかいない、と叫んでしまったのです。あの事件以来、食事だけはちゃんと運んでくれましたが、彼女たちは私と口を利いてくれなくなりました。私は癇癪を起こしたことを反省して、悪いカルマ（業）をできるだけ早く完済できるようにとブッダに祈りました。私が仲間外れになったのも、自分なりに業を捨てるためだったと感じました。たいへん不愉快な経験だったので、誤解が解けると心が晴れ晴れして自分から謝ることができ、尼僧たちも前のように話をしてくれるようになりました。

仕事をするときにはチャイという砂糖と粉ミルクを入れた甘いお茶が飲めました。午前一〇時と午後の三時に飲みましたが、よくこのお茶をつくる当番がまわってきました。チャイづくりは火を起こすことから始まります。マッチは高価なので、火を起こすのは一本だけと、アニラ・ペマに言われていました。風が吹いたら、火起こしのベテランでないかぎり、ひどく難儀な作業になるのです。私は日頃から紙切れをためておいて、これを乾いた草において火を起こしました。それから湯を沸かし、茶葉と砂糖と粉ミルクを入れて、それを漉してカップに注ぐのです。空腹のときにこの一杯の温かくて甘い液体を飲むのは、なんとありがたかったことでしょう。料理の作業には、腰を下ろす小さな木製の丸椅子があり、炉床の周りには大きな石が三つおいてありました。ある日、鍋がどれも真っ黒なのでぜんぶ磨いておこうと思いたって、炉床の灰を使って磨いてから水で濯ぐと、煤が取れて鍋はぴっくりするほど綺麗になったのですが、あにはからんや、私の手の方が煤で真っ黒になっていました！

台所と洗い場は小屋から降りる階段の下にあったので、ゴミのたまり場になっていました。薄い米汁の夕食を済ますと、薄暗がりの中で皿洗いをするので、食器が綺麗になっているかどうか、いつも指でさわって確かめていました。灯りといえば小さなオイルランプが一つあるだけでした。経典の勉強をしたいシスターたちは月が出るのを待って月明かりで文字を読んでいました。彼らは夜が更けるまで、毎月数日は月の光で勉強していました。

私が取り組んだもう一つの仕事は、レンガを湿らせておくことでした。なぜかはわからないのですが、新しいレンガには湿り気が必要だったようです。レンガ壁をつくるときには、水を張った大きな容器にレンガを漬けておきます。レンガを建物に貼りつけたあとも、二週間くらい毎日二回は水をかけます。高圧か中圧のホースがあれば作業がとても楽になるのですが、あるのは昔ながらのゴムのホースだけで、いたるところに穴が空いているし、短くて必要なところまで届かないという代物でした。ホースの穴は使い古した布で修理してなんとか漏れは防げても、短くて壁の上まで水を飛ばせません。ついにバケツに水を汲んで、思いっきり高く水をほうりあげたものの、思わず失笑してしまいました。ほうりあげた水は必ず落ちてくるわけで、レンガより私のほうがずぶ濡れになってしまいました。つまるところ、僧院での仕事はこれまでの人生で一度も取り組んだことがない全く新種の仕事だったのです。これまでこのような仕事がうまくできたことは一度もなかったし、また（できないからといって）人を羨んだこともありません。それでも、私が受けた厚遇にお返しするために、自分にできることをさせてもらえて嬉しかったし、否定的なことばかり考える悪習をアタマから追い出すことができてよかったと思うのです。

食料不足のため、いつも空腹で床につき、空腹で目覚めました。寒い季節になると、震えながら床につき、震えながら目を覚ましました。私はこの地で尼僧になると決意していたものの、アニラ・ペマはまったく乗り気ではありませんでした。客観的な目で見れば、チベットの伝統の中では、私が尼僧候補にふさわしくないことはすぐにわかったはずです。——言葉がしゃべれない、肉体的に虚弱、指導者もスポンサーもいないのです。私をここにとどめているのは、建築の仕事こそ楽しめなかったけれど、それはいつまでも続く仕事ではないし、いずれは今建築中のリトリート・センターで尼僧として修行できるという目論見があったからです。僧院での暮らしが楽しめたのは、ここでの暮らしが私の中にある深い霊性への希求を満足させていたからであり、それを実現するためならば、辛いことも進んで経験したいと思っていたからです。

ある日、私の受戒の師ラマ・ケンポ・ツルティム・ギャツォ（「有徳の行為の海」の意）が、ここから一〇〇マイルくらい離れたヒマラヤの麓の丘陵地帯にあるマナリという町で西洋人向けのリトリートを開催することを耳にしました。リトリート参加への許可を求めると、アニラはバス賃を出してくれて、主催者からも宿泊・食事つきで参加許可が出たのです。私が尼僧のスポンサーだったからです。

マナリのリトリート・センターは川の流域のうつくしい谷あいの街にあり、リンゴの産地でした。私には、木枠に紐を張ってつくったベッド付きの部屋が用意されていました。法話に集中するのが難しい日がありました。気がついたら窓の外の絶景に見とれているのですが、一瞬、リンポチェと目が合ったのです。すると法話のあとで通訳に呼ばれて先生の部屋に連れて行かれました。彼は私に坐禅について尋ねました――どれくらい座っていたのかね。「数時間です」と答えると、初心者だから瞑想は二〇分くらいにしたほうがいい、そして修行が堅固になってきたら、もっと長く坐れるようになる、と助言されました。私は同意しました。その頃、長時間の坐禅をするばかりでは効果が出ないことがわかりかけていたからです。長い時間坐っていても、心は鎮まろうと格闘するばかりで意識の集中が外れてしまうため、生活全体への効果がなくなってしまいます。確かに私は、〔坐禅をしても〕より静かで穏やかな人間になってはいませんでした。それ以来、先生の指導のとおり二〇分だけ坐るようにしました。修行について別のアドバイスを求めると、私にはもっと勉強が必要だと言われました。本は一冊も持っていないと答えると「宇宙があなたの本ですよ」と答えられました。

彼は心やさしい先生でした。部屋に行くと大きな深鉢にリンゴが盛ってあって――マナリはリンゴの産地でした――彼はリンゴを一つ手にとって、それを剥くナイフを添えて渡してくれました。また後にこのような詩を教えてもらいました。「自分で幸福になることを夢見なければ、どうして他人が幸せになるように願うことができるだろうか」。これこそがまさに今の私の苦境でした。自分自身の幸福を夢見ないで、私はいつも自分の仕事は他者を幸福にすることだと考えていたのです。私は「トンレン瞑想[5]」の修行を誤解していたのです。それは以前に別のラマに教えてもらった修行法です。「息を吸うとき、あなたは他者の苦しみを吸っている、息を吐くとき、あなたは他者の利益になるように、自分自身の幸福を吐いている」、と理解していたのです。この瞑想をアタマで理解して知的に行うことはできましたが、こころから楽しむことはできませんでした。教えの多くは他者のためのもので、自分のためのものではないと感じていたのです。個人的にリンポチェから直接教えを受けたおかげで、これまでの誤った瞑想を止めることができたのです。当時の私は短時間の瞑想を実修しながら、山腹に坐るあのラマのくつろぎと幸福の境地を追い求めるようになっていました。

リトリートでは、ラマはマイトレーヤナータ、あるいはアサンガのテキスト〔6〕を教えられました。英訳すると「不変の本性」(Unchanging Nature)という意味です。この経典の偈の一つに、このような短詩《ガーター》がありました。「いかなるものもここから取り除くことはできず、またただ一つのものもこれに加えることはできない。真の本性を正しく観さだめ、正しく理解するならば、完全なる解放が得られるであろう」。後に私がティク・ナット・ハン(みなからタイ(先生)と愛称で呼ばれる禅師)のもとで得度して比丘尼となったときに初めて、この教えとタイの教え「これぞ、まさに、それなり」(“This is it”)、「それこそが今だ」(“It's now”)との関係が理解できるようになったのです。

ラマ・ケンポ・ツルティム・ギャツォに勧められて、この偈に曲をつけ、暗記して今でもずっと歌い続けています。大乗仏教の中では、例えば、金剛経《ヴァジュラッチェーディカー》や法華経《ロータス・スートラ》には、このように記されています。「この経典の偈《ガーター》を一つでも敬意と自信を持って朗唱するなら、十方のブッダに供物を捧げる以上の価値がある」〔7〕。私はこの偈からある種の洞察を得たときや、この洞察を思い出したいときにこれを朗唱しています。

一週間足らずのリトリートが終わると、バスでベイジナートに戻り、午後遅くにバス停に着きました。太陽は帰り道で沈んでしまい、暗い闇の中を寺まで歩いて戻らなければなりませんでした。少し怖くなって一目散に歩きつづけ、水があふれた稲田を横切っていると、こんなことは初めてでしたが、稲田には蛭がうようよしているのです。森を抜ける頃には靴が水浸しになっていました。やっとの事で尼僧の小屋にたどりついて、靴を脱いで階段を昇っていきました。小屋に入ると、ひどい叱責が待っていました。靴が水浸しだと思ったのは、実は血だったのです。血の足跡を小屋の床一面につけてしまったのです。足に吸いついた蛭のせいで血液が固まらなくなっていたのです。私は恥じ入りながら、戸外に座っているほかありませんでした。仲よしの僧院の犬がやってきて足をきれいに舐めてくれました。翌日、慰めてくれた犬に自分のチャパティを少しわけてやりました。アニラ・ペマはひどく不機嫌でした。自分の食い扶持をやって何が悪いの！　確かに人間が食べるものも足りていないのに、犬にわけてやるのは馬鹿げたことだとはわかっていました。犬は自分で餌を探せるし、僧院や来客から残飯をもらうこともできるからです。

あるとき、アニラ・ペマと二人の尼僧が仕事で外出したことがありました。残ったのは私ひとりでしたが、もう一人ポーランドから瞑想を学びに来た学生が森の小さな小屋で一人リトリートをしていました。食事は有料でチベットの在家の女性に頼んでいて、一日置きに食料が運ばれてきました。そんな中、運ばれた食事が多過ぎたことがあって、ポーランド女性が私にもわけてくれたのです。私は思いがけない食料の補充にすっかり嬉しくなって、お肉が入っているかもしれないと思いながら、わけてもらった食料をすっかり平らげてしまいました。後になってわかったことですが、あれは肉ではなく大豆でつくった肉、ソーヤミートだったのです。

一人の時間ができたので、最近の経験を振り返ってみました。子どもの頃の夏休みにはフランスでホームステイしたことがあり、ギリシアに住み、そしていまは、インドのチベット尼僧院で暮らしています。新しいことばを学び、知らない生活に触れたことはすばらしい体験でした。もちろん劣等感を感じないかぎりですが、色々な文化的状況に身を置くことはとても楽しいことでした。

インドの僧院に身を置くことは、最初は文化的にかなり辛いものがありました。学習していかなければならない社会習慣がたくさんあって、知らないがゆえとはいえ、礼を失することがしばしばありました。まず足を体の下に折り込んで座る正座ができません。また、修行している在家信者は、絶対に僧や尼僧よりも高い位置に立ったり座ったりしてはいけないのです。たとえば、尼僧が何かをとりに高床式になっている私たちの小屋の下を通るときは、彼女を見下ろさないように、少しのあいだ小屋から出ていかなければなりません。それから、ちょっとした思いつきでも、何かよくないことが起こりそうだと口にしてはいけないのです。なぜなら、口にすると、それが本当に起こるかもしれないからです。そのほか、人の靴を履いてはいけないし、誰かに自分の靴をはかせてもいけない。死んだネズミやドブネズミは不吉な前兆です。私にはそんなふうには思えないのですが、チベットの尼僧に関するかぎり、死んだネズミとかドブネズミは悪運を呼ぶのです。チベット語経典を読誦すれば（英語訳は手に入らないので）、意味が全く理解できなくても修行に役に立つというのです。あるとき一匹の蟻が朗唱している経典の上を這っていたのですが、蟻を払いのけてはいけないのです。蟻が経典に書かれた言葉に出会えば、来世で仏法に触れる縁《えにし》になるというのです。尼僧たちは私とは全く違う次元の献身的な信仰心をもっていました。

マニ車についても初めはどうしても理解できませんでした。谷を隔てて尼僧院の向かい側にある僧院の入り口には、マニ車と同じ効果がある回転式の山門がありました。この門から僧院に入るときは必然的にマニ車をまわすことになります。すると、上に吊るされた鐘が鳴り、マニ車のなかに書かれたオン・マニ・ペメ・フン[8]という真言が一回転するのです。

オン・マニ・ペメ・フンに馴染むために節をつけて歌ってみると、一つ一つの音節を朗唱するよりもうまくいきました。子どもの頃にイギリスで覚えた「我が羊飼いは愛の王者なり」[9]という賛美歌の節をつけて歌いました。ある日、歌うのをやめた瞬間、マントラのひとつひとつの音節が、まるで私を取り囲む風景の地平の彼方から聞こえてきたように感じて、驚いてしまいました。この経験からマントラが意味を持ちはじめたのです。マントラの力で、心を澄みわたらせ、取り巻くすべてのものに触れることができるようになったのです。

マニ車の深い意味や経典の上を這いまわる蟻のことが受け入れられるようになったのは、確かにもっと後のことでした。意味がわからない言葉を朗唱することもそうでした。今、小さな出来事のひとつひとつが、個人の意識や集合的意識の最も深いレベルで起こっている目覚めに貢献していることがわかるのです。特にそこに信をおけるようになれば理解も深まります。しかし、理解できる言語で書かれた経典を読むときに集中とマインドフルネスがあれば、効果がすぐに表れてきます。法華経のある巻にこんな言葉があります。砂に仏塔を描いて遊んでいる子どもでさえ、悟り（光明）の原因をつくることができる、と。[10]巡礼が歩きながらマニ車をまわし、オン・マニ・ペメ・フンを心に喚起するとき、慈悲の菩薩である観世音《アヴァローキテーシュヴァラ》に繋がるこれらの音節の種子が無意識の中で育っていくのです。

インドでの半年は期待通りにはいきませんでした。下痢で倒れ、お金も使い果たしました。手や脚の小さな切り傷から感染症を起こして、発熱が続きました。アニラ・ペマには頑強で重労働に耐えられる人が必要でした。重い荷物を運んだり、セメントを捏ねたり、建物の基礎を掘る仕事ができる人が必要なのに、私は体つきが華奢でどの仕事にもついていけませんでした。チベットからがっしりした尼僧がやって来て重労働をこなすようになると、アニラ・ペマは彼女らの仕事ぶりに合わせてたっぷりと食事を出すようになり、私の食い扶持はますます減っていきましたが、それでも私にできることは何でもやりました。汚水の浄化槽をつくるために、来る日も来る日も小石を運び続けました。

第10章　グリーナムコモン……女性平和キャンプ

三月のある日、一人の僧侶がラジオを聴きながら私たちの小屋の前を通りかかりました。私を相手に自分の英語力を試したかったのでしょう。彼はBBC国際放送をラジオで聴いていたのですが、イギリスで何が起こっているか知っているかと尋ねてきました。知らないと答えると、バークシャーのグリーナムコモン[1]で起きている抗議運動を説明してくれました。数千人の女性たちがアメリカのミサイル基地を包囲して、英国政府が誘致したアメリカの核兵器導入とこの基地からのミサイル発射に断固反対しているというニュースでした。その前月、グリーナムコモンで女性平和キャンプが結成され、二〇〇〇年まで一九年間にわたる長期的な反核抗議運動が始まったところでした。

私もこれに参加したい！　私はずっと平和運動に関わってきたのです。突然、自分の理想の実現のために何かできるかもしれない、と閃いたのです。インドに渡っても具体的に世界を救う方法が見つからず、それどころか、自分の共同体のお荷物にさえなっていたのです。

きっとここに出口があると直感すると、ふっと体が軽くなりました。私は自分の理想を実現するために、是が非でもインドで尼僧にならなければならないと思い込んでいたのです。突然、もう一つの道が拓けてきました。あの若い僧が私の前途を照らす神の御使のように思えました。イギリスに戻って世界のために何かができる――しかし、帰国のチケットもお金もないのに、一体どうやって国に戻ればいいのでしょうか――。

父に手紙を書いて帰国のための借金を申し込みました。いつも寛大だった父親を思い出したのです。電話がないので、手紙で知らせたのですが、正確な送金先を書くのを忘れてしまいました。二週間以上たってインドに送金されたという通知を受け取りましたが、受領したのがボンベイ〔現ムンバイ〕でした。ボンベイまで行く汽車賃がありません。なんとかバス賃をひねり出してデリーまで行って、デリー支店を説得して送金を受け取るしかありません。

アニラもまた私がここを去る時が来たことに気づいていました。私のほうも今度別れたら次にいつ会えるかわかりません。特に構えて別れを告げたわけでもなく、戻ってきて尼僧になる気持ちもありませんでした。複雑な気持ちのまま、一方には英国に戻れる嬉しさもありました。戻ればもっと自然体で理想を追えると感じたからです。また心の片隅には、雄大な山々と、そこに秘められた聖なるオーラに別れを告げる寂しさもありました。

デリーでダライ・ラマの西洋人の弟子が経営する宿泊施設があったので、そこでベッドと食べものにありつきました。ボンベイ銀行のデリー支店に送金を受け取りに行きましたが、初めは行員が頑として送金を渡してくれないのです。不安で泣き崩れてしまいました。本当に一文無しだったのです。どうしたらいいの？　哀れに思ったのか、行員が少し態度を軟化させてボンベイ支店に問い合わせてくれて、父からの送金は無事デリーに電信されたのです。こうして父とデリーの銀行員に感謝しながら、チケットを買い、ホテルのベッドと食事の代金を払うことができたのです。

帰国してすぐに両親の元で数日休んでから、グリーナムコモンに向かうことにしました。母がバス停まで迎えに来ていました。トゥルーロとファルマスのあいだにある、あのいつものノルウェー・イ

スコットランド
サムイェ・リン
北海
マン島
アルヴァストン
アイリッシュ海
マンチェスター
チェスター
バーミンガム
ウェールズ
オックスフォード
グリーナム
ロンドン
スマーデン
ブロックウッド・パーク
ファルマス
イギリス海峡

地図11　イングランド

ンのバス停[2]です。学校からの帰り道も、母はいつもここまで私たちを迎えに来てくれました。「痩せたね」、母の第一声でした。私は六ストーン〔約三八キログラム〕くらいまで痩せ細っていました。帰省するとすぐに両親が数日間外出することになっていたので、私は大きなファームハウス〔農場の家〕に一人ぼっちで取り残されました。

グリーナムコモンには雨露をしのぐ場所がなく、テントの設営も禁止されていました。つまり、寝袋に雨よけのビニールシートを巻いて眠るしかなかったのです。どうしようかと迷った末に、とにかく眠れるかどうか試してみることにしました。三月末の冷たい夜に、庭に寝袋を持ち出して寝てみると、何とか眠りにつくことができました。

これ以上実家に泊まることができないので、友人に会いにオックスフォードに行くと両親に手紙で知らせました。母にはグリーナムコモンの女性運動に加わるつもりだと話しておいたのですが、母は父に知られて猛反対されるのをひどく恐れていました。それで父には内緒にしておくと母に約束しなければなりませんでした。

ある朝早く、着替えと寝袋を持って、長靴を履いて出発しました。インドの旅行で慣れていたので、水は途中の家でもらうつもりでした。両親の家から最寄り駅まで歩いてオックスフォード行きの電車に乗り、オックスフォードからグリーナムまで三〇マイルくらいの距離を歩きましたが、これはかなりの距離だったので、ゴム長靴ではとうてい歩けません。

小鳥のさえずりを聞きながら、早朝の田舎道を歩くのはとても開放的でした。晴れ晴れとした気持ちで理想に向かって歩いていました。家もモノも何もいらない！　安全が保障されないといって恐れる必要もない。ところが、オックスフォードからグリーナムまで歩く途中で脚が痛み出しました。喉もカラカラで、途中の家で水をもらおうとしても、たいがい断られてしまいました。インドでは旅人が僧院の前でよく水を求めたものです。水を一杯さし出すと、感謝してこう言いながら去っていきました。「水を施す者は命を与える者」。英国はインドではありません。民家の前で立ち止まって水を求めても、疑惑の目で睨み返されるだけでしょう。迷惑そうに水をくれるか、あからさまに断られるかのどちらかです。私は何も所有せず自由に歩く人生を理想としていました。人々がにっこり微笑んで水をわけてくれるだろうと想像していました。思いどおりにいかないのが世間です。私にもだんだんこの現実がわかってきました。

グリーナムコモンに着くと、ミサイル基地の入り口近くで女性たちがキャンプ別に振りわけられていることがわかりました。キャンプにはそれぞれ色の名前がついていて、グリーンキャンプ（緑組）にたどり着くころには、足が腫れて出血し、ほとんど歩けなくなっていました。グリーンキャンプでは、満員だからターコイズキャンプ（空色組）に行くように言われました。ターコイズキャンプに着いたころには、もう一歩も歩けませんでした。足を引きずってでも歩けるようになるには数日はかかったでしょう。

ランチの時間になるとカレーライスができていました。仲間に旅慣れていることを見せようとして、右手の指でインド式の食べ方をしました。ターコイズキャンプの運営の仕方をたずねました。食料の調達のための資金集めとか、仲間内での仕事の分配の仕方などです。ときどき後援者からの寄付がありますが、だいたいはその地域の保健・社会保障局〔当時〕の事務所にいって、職探しの申請をすると週に一〇ポンドの失業保険が出るのです。このお金を食料にまわすわけです。失業率は高く、古典言語の教師の仕事は見つかりそうもありませんが、仕事がないあいだは週に一〇ポンドの受給ができるわけです。

仕事の作業割り当てについては、各人が必要と思うことに取り組むことになっていました。料理をしたい人、トイレ用の穴を掘ったり埋めたりできる人、それぞれ取り組みます。必要な仕事を見つけても一人でできない場合は、公開して応援を募ります。自由参加で事前の枠組みはなかったのですが、何とか調和のとれた生活ができていました。

巡航ミサイルの出入りを阻止するために、女性たちはグリーナムコモン英国空軍基地の周辺でキャンプを張りました。ゲートが開くと笛の合図で女性たちが集結し、ミサイルを搭載した車を阻止するのです。私が知るかぎり非暴力の抵抗運動で、ゲートに続く路上に立ったり座ったり寝そべったりするのです。車にはねられるのを覚悟で道を塞ぎました。

私が申し出たボランティアの仕事は夜警でした。夜陰に乗じてミサイルが持ち出される場合に備えて、ゲートのそばに二人ずつ張りつくのです。一人はゲートのすぐそばに座り込み、もう一人は少し離れたところで火を焚いて、急に気温が下がった場合に備えます。ゲートに座っていて耐え難いほどの寒さを感じたことはないのですが、ときには火を焚いて温まりたいこともありました。フェンスの内側の見張りの若い兵士たちが、悪気なく「寒くて凍え死にそうだよ」とからかってくることもありました。「なんでこんな夜警なんかしてるの?」とたずねられると、私は昔のようにオン・マニ・ペメ・フンと独りでつぶやきました。座り疲れてくると、向こう側の暗闇に立つモミの木を仲間に見立てて、フェンスのそばの道を行ったり来たりしたものです。

最近［この文章を書く少し前］、イギリスの在家修行者のグループに、私が一九八三年当時グリーナムコモン女性キャンプにいた、という話をしたことがあります。そのグループの一人が、自分は当時ミサイル基地を守備していた兵士だった、と話してくれました。もしかしたらフェンスを挟んで内側と外側で出会っていたのかもしれません。今、私たちはフェンスの同じ側に立って、日々、平和な生活や環境を創り出すために修行をしているのです。

グリーナム滞在中は、ターコイズキャンプのゲートからミサイルが出てこなかったので、車道に横たわっても逮捕されることはありませんでした。

グリーナムでは、チベットの尼僧たちと過ごしたときのようなスピリチュアルな要素がないことに物足りなさを感じました。それこそが私たち女性同士の絆を深めてくれるものだったのです。この地球上には、とりわけグリーナムコモンには、核ミサイルは不要だと確信している一方で、心の平和を養うための共通の実践をわかちあうものがはありませんでした。それでミサイル基地の仲間に尋ねてみました。「仏教の修行のこと何か知ってる？　瞑想をしたことがある？　誰か仏教徒の平和運動家を知らない？」返事はみんなノーでしたが、ある日「あ、思い出した。ベトナムの仏教の先生がいるわ」。こうしてタイ（ベトナム語で先生）の名前が出てきました。これを教えてくれた女性はスピリチュアルな共同体には全く興味がなかったようです。このとき自分の中にある政治的・霊的な理想を一体化して他者と共有していく道が必要だと痛感したのです。

キャンプでの生活からしばらくたって、仏教徒平和協議会という組織を見つけました。連絡先を探してすぐに手紙を書くと、ニューズレターが送られてきて、この中にベトナムの禅僧ティク・ナット・ハンの詩を見つけました。「私を本当の名前で呼んでください」という詩でした。この禅師のベトナム戦争時代の平和主義活動に対して、マーティン・ルーサー・キング・ジュニア牧師が、ノーベル賞に推挙したのです。祖国ベトナムへの帰還が禁止されて、フランスで亡命生活をしていました。微笑みながらティーポットを持ってお茶を注ぐティク・ナット・ハンの写真が載っていました。私はこの詩に心を揺さぶられました。今まで読んだこともない詩でした。仏教徒平和協議会とその平和運動の一翼を担う禅僧の存在を知ったそのとき、グリーナムコモンでの生活はほんの数週間にすぎなかったけれど、仏道修行者たちと修行が積める場所で、内面・外面の双方から平和運動に取り組みたいという自分の真意に気づいたのです。

戸外での暮らしに慣れてしまった私は屋内での暮らしに戻ってからも、あの頃の生き生きとした楽しい思い出を失わないように、何か月も窓を開けっ放しにしていました。グリーナムコモンで生きてきたあの女性たちが、地球という惑星を核兵器から守るため、そしてその実現に向けて着々と準備を重ねてきたことに対して、今も変わらず賞賛の念を抱いています。彼らは徒党を組まず、互いに調和しながら、ともに生きることを目指していたのです。

グリーナムを去ってからは、日々の糧を稼ぐ必要が出てきました。コーンウォールに戻って、父の農場の労働者が住んでいた古い小屋に住むようになりました。両親は私が働きもせず、失業手当で暮らしていることを快く思っていませんでしたが、それ以外にどうしようもなかったのです。教職を見つけるのは簡単ではなく、いつも仕事に応募するたびになぜ前の仕事をやめたのかとたずねられると、嘘がつけない性分だったので、旅をしたかったからです、と答えてしまうのです。仕事を続ける保証がない人材を雇ってくれる校長はいなかったのです。

トゥルーロの町の近くにあった西洋仏教僧団友の会[3]というサンガに通いました。ここでは呼吸をしながら一から一〇まで数えて、また一に戻るという数息観の瞑想法をやっていました。数のカウントから外れたら、初めの一に戻って数え直すのです。あまり興味を惹かれませんでしたが、考えごとをしなくなるので頭がすっきりしてきます。バスで夜の瞑想会に通って、トゥルーロに住んでいる私の名づけ親夫妻の家に泊まるという生活が続きました。

チベット仏教の会も見つけたので参加しようとしたのですが、車がなかったので断念しました。また家のすぐそばに仏教徒が住んでいたので一緒に瞑想しました。何か月かたって、サムイエ・リン(Samye Ling) というチベット仏教の僧院に住むためにスコットランドに向かいました。チョギャム・トゥルンパとアコン・トゥルク・リンポチェ[4]が創設した僧院で、彼らはカルマパの弟子で、シスター・パルモ[5]の恩恵を受けた人たち (beneficiaries) でした。在住許可を申請したのですが、担当のラマ僧に却下されたので、滞在費を自費で支払う必要があり、おまけにインドに送金してもらった借金をまだ父に返済していなかったのです。

チベット仏教の伝統からブッダの教えに出会えたのは確かでしたが、これがベストの道ではないことは、自分自身にもチベット仏教の先生たちにもはっきりしてきました。スコットランドでは僧院長にたずねられました。「ご両親は納得しているのですか」。このようなことを両親に確認を求める必要があるなどと考えたこともありませんでした。両親の考え方がどうであろうと、これは私の問題なのです。私の生き方が両親と何の関係があるのでしょうか？　ところが仏教的には違っていました。私たちは両親の継続（体）なのです。私がすることは両親と大いに関係があるのです。

コーンウォールに戻って、私がインドに旅立ってしまったときに母はどう感じたのかたずねてみました。そのとき二人で車の後部座席に座っていました。母は泣いていました。彼女はこう言ったのです。「あなたがどうしてあんな高給の職場を辞めてインドに行ってしまったのか、全然わからないわ。医者も電話もないあんな僻地に行くなんて！　病気にでもなったらどうなっていたか」。

以前の私は、自分の人生も体も自分のものだから思うようにすればいいと考えていました。母が自分自身の体をいたわるように私の体を心配していたとは夢にも思いませんでした。呆れるほどの愚かさや理解も気配りもできない自分に気づいて、私も一緒に泣きたくなりました。

大学生のときも母がせっかくロンドンまで会いに来てくれたのに、感謝どころかよそよそしい態度をとったことが急に思い出されました。あのころは自分のことに精一杯で、母のことを気遣う余裕などありませんでした。あの頃を振り返ると、母ともっと楽しい時間を過ごせたはずだと思うのです。お気に入りのハムステッドのあたりに連れ出して、一緒にハムステッド・ヒース公園を歩くことだってできたはずでした。こんな母への態度は当時の狭い価値観への私なりの造反だったのかもしれません。交友関係も今とはまったく違っていました。あのころどれだけ母を泣かせたことか！　もう一つ思い出すことがあります。大学二年の時に父が電話をしてきて、どうして休暇に帰省しないのか、お母さんがお前に会いたがっている、と言ったときのことです。私は自分自身だけでなく、両親まで苦しめるような愚かな娘でした。今からでもみんなが幸せになれる道が探せるはずです。私にはまだ変わっていける時間が十分残っているし、両親を幸せにできる時間もまだ十分にあることがありがたく思えるのです。

インドとグリーナムコモンのあと、もう一度両親を喜ばせるために教員の仕事を探そうと心に決めました。尼僧になれなかったのだから、次にやるべき最善の道は教職に就くことでした——もっとも当時は知る由もなかったのですが、我が師・タイ（先生）の大いなる慈悲のおかげで、やがて私は師のもとで得度して尼僧への道を歩むことになるのですけれど。

しかし古典の教師の仕事を探すのは容易なことではありませんでした。理由の一つは、ギリシア語とラテン語は、かつてはイギリスの児童の公教育の一番大切な柱であったのに、一九八〇年代頃からはだんだんと教えられなくなっていたのでした。もう一つの理由は、私が明確な理由もなしに、三つのポストを捨ててしまったという事実があります。女性校長たちは、いったん採用したら一〇年間は腰を据えて仕事を続けてくれる教師を求めていました。私には無理だと判断されたのです。

シュロップシャー〔イングランド西部のウェールズに接する州〕の有機農園の仕事が見つかりました。イングランド北西部の、ローマ人の遺跡が残る美しい街チェスターからそう遠くないところでした。庭園を歩きまわるのは好きだけれど、庭師のきつい仕事にはついていけず、またもや肉体的限界に直面していました。丈夫な体も体力もないのです。農園の持ち主のインド人はハタ・ヨーガの先生もしていて、毎週行われるヨーガのクラスに招かれました。このクラスが気にいったのは、クラスに出れば体が温まったからです。部屋は分厚いカーペットが敷いてあり、電気ヒーターがついていました。

秋の初めに農園に到着すると、晩秋から冬にかけて収穫する仕事が待っていました。ほうれん草、ブロッコリー、白菜などの作物の収穫です。白菜はほんとうに奇跡の野菜です。温室で栽培されるのですが、小さなタネと堆肥と水から葉がぎっしりとつまった見事な野菜が出来上がるのです。私は飽きることなく白菜の世話をしていました。見栄えがよくない野菜は自分たちで食べて、立派なのは出荷用です。週に一度は地域のマーケットに屋台を出し、有機栽培を扱う店に出荷しました。

血液の循環が悪いせいで、寒さにはめっきり弱かったのです。冬場の野菜の収穫は最悪でした——吹雪の中でほうれん草を収穫したこともありました。野菜が育てば、どんな天候であろうと収穫しなければなりません。はじめに手がかじかんで、次に脚まで凍えてきます。血管が縮んで血がめぐらなくなると、手足のあたりがひどく痛み始め、それからそこの痛みが薄れたり、別の部分に移ったりするのです。走りまわって体を温めると少しは楽になるのですが、そうなるとまた収穫の仕事に戻らなければなりませんでした。

膝や指の関節が腫れる持病が出ると、雇い主は私を薬草師に診せてくれました。彼女も薬草に関心があって、マンチェスターの近くの町に住む英国の中でも名門の薬草師と懇意にしていました。代々直伝の診断法や治療法を持つ薬草師でした。彼は血液を一滴とって、自分の父親が考案した装置で検査してから健康状態について問診をすませると、酸の過多が原因という診断を下しました。つまり、ルバーブ〔フキに似た酸味のある野草〕やプラムなどの酸形成性食品をとらないこと、オレンジを食べるときには他の食品との食べ合わせを避けるようにと注意を受けました。

薬草師は数種類の錠剤と関節に塗り込むオイルを処方して、ただオイルを塗るだけでなく、しっかりとすりこむことが大事で、錠剤は決められた時間に飲むように、と服用の時間を厳しく指示しました。早すぎても遅すぎてもダメなのです。それから体調が悪化するが、関節に溜まった水の問題は治るだろうと説明しました。薬を飲み出して一〇日経つと、熱と頭痛で目が覚めて、オレンジがかった黄色の液体が耳から噴き出してきました。薬の効果で体内の毒素が排泄されたのです。その後、三日間の断食をしなければなりませんでした。インド人の雇い主からは一週間くらい断食したほうがいいと言われましたが、三日たつとイライラしてきて、ついに果物を食べさせてもらいました。その後、ひどい関節の浮腫がピタリと止まったのです。そういえば、薬草師に診てもらったとき、薬草師はすでに九〇歳代で、六〇代の娘さんが後継者となる準備をしていました。

ある日のこと、雇い主が治療師とのワークショップを主催しました。音楽を聞きながらのトータル・リラクゼーション〔完全弛緩法、シャバアーサナ〕を行った後、これを体験した人の体のまわりに見えるオーラの話になりました。私のオーラは澄んだブルーでした。体を取り巻く色のついた光について聞いたのは、このときが初めてでした。こんなことがあってから、他の人からも人体のまわりにさまざまな光や色が見えると言われたことがあります。私たちが経典の朗唱に集中するときには、体が白い光に包まれているのかもしれません。

英国でスピリチュアルな生活の新しい側面に出会って嬉しかったのですが、雇い主との関係は必ずしもうまくいっていなかったので、心からこの仕事に打ち込めませんでした。ある夜のこと、人生の転換期となるような夢を見ました。私は緑の丘を登っていて、あと一歩で頂上というところに巨大な生け垣が立ちはだかっていて、とても登れそうにありません。登ったりずり落ちたりしながらやっとのことで頂上にたどり着いた途端、山の反対側に転げ落ちたのです。農夫が一人、畑を耕していました。彼は私をみて驚いてたずねました。「あんたはどうしてあんな高い崖からこちらに来ようとしたのかね。楽に来られる門があるのに」。彼について生け垣のほうへ行くと、そこに小さな門がありました。もっと安全な道があるのに、どうして命がけであんな苦しいことをしたのかと、自分の愚かさを思い知りました。あの小さな門をどうやって探せばいいのか？　あの門に導いてくれた人が農夫だったことに暗示がありました。あの人は私の中の父だったと思いました。

この夢を見た翌日、私は仏教徒平和協議会のイギリス支部が出している二冊目の冊子を受け取りました。この中の告知欄に、協議会の本部で仕事ができるスタッフ一名募集という記載がありました。私は応募して受理されたのです。英国南東部のケント州スマーデンにある大きな家が支部で、花壇や菜園がある快適な場所でした、スマーデンはケント州の郊外にある小さな美しい村で、森や野原を抜けて散策できる場所がたくさんありました。この会には、ニューズレターの編集をしている七〇歳のイギリス人女性、オランダ人がひとり、若いカップル、中年のカップル、そして九歳の息子を連れたシングルマザーがいました。それにもうひとり、楽しそうに菜園の世話している若い女性がいました。この人たちはみんなが仲よくこの会で暮らしているとは言えませんでした。自称仏教徒は二人だけで、インド人導師《グル》の弟子が二人いましたが、彼らはキリスト教徒でもあり仏教徒でもあるのでした。残りの四人はいわゆる折衷主義者だったので、みんなで同じ実践はできないし、一緒に食事をしているのに、食事は菜食にしようと合意することもできませんでした。それでも私は予期せぬボーナスをもらったのです。庭に置いてある古いワゴン車に住んで、ひとりで自分なりの簡素な生活ができたのです。思う存分、仏教や世界平和のことを勉強する時間が持てたのです。

三四歳になっていました。この会で課せられた私の仕事は仏教徒平和協議会のニューズレターの記事を書いて編集し、タイプ打ちをすることでした。生活のためには、地域の家の掃除や庭の片付け、夕方のクラスで比較宗教を教えたりしました。庭仕事の手伝いに行くと、彼らがときどき仏教の話をしたがるので、庭仕事の時間はほとんどなくなってしまうことがありました。

このセンターはロンドンまで電車で通える距離にあったので、平和組織の会合に出たり、ニューズレターのためにインタヴューするといった仏教徒平和協議会の仕事のために、頻繁にロンドンに行っていました。コンピューターやワープロはまだ世に出ていなくて、電動タイプライターを使って仕事をしていました。

毎年一度、会のみんなでウインチェスター近くのブロックウッド・パークに出かけました。会場はクリシュナムルティ財団が建てた学校で、ここで毎年有名なインドの指導者ジッドゥ・クリシュナムルティの講演会が開かれていました。私たちはテントを持参してキャンプを張りました。パークには何百人、何千人の人が集まっていました。講演の内容は別として、面白かったのは、実修の仕方についての実技も説明もないのです。クリシュナムルティは実践と名のつくものには反対だったのです。修行や実践はあくまでも目的達成のための手段で、目的そのものではないからです。講演は隔日に行われ、ときどきコンサートが入ることがありましたが、それがないときには、みんな好きなことをして過ごすのです。

クリシュナムルティの講演が始まると、私は前列に引いた仕切り線の中に入って、真ん前に座って師の足元のすぐそばで話を聞きました。その話しぶりは見事で、その教え方に大いに感化されました。

一年くらい、私は自分の嫉妬の感情に悩んでいました。びっくりしたのは、クリシュナムルティが嫉妬心の話を始めたのです――どのように苦しみに対峙して、どのようにそれを終わらせるか。話を聞いたあとこれを実践しようと思いました。嫉妬という心の形成物が湧き上がるとき、あるがままにそれを受け止め、その根っこを見つめるのです。一九八五年の集会の開催中、参加者たちが夜遅くにドラムを叩いて大騒ぎをして、クリシュナムルティにひどく叱責されたことがありました（恥ずかしながら、それが仏教徒平和協議会のグループの人たちだったのです）。クリシュナムルティはブロックウッドで大きな集会を開くのはこれが最後だと宣言しました。そしてその通りになりました。翌年早々にクリシュナムルティが逝去され、次の年の集会はありませんでした。

クリシュナムルティのことは長年知っていましたが、スマーデンに住んでいるあいだは、別の先生についてもっと学びました。仏教徒平和協議会の存在そのものに私を導いてくれた先生でした。それはタイ（先生）こと、ティク・ナット・ハン師でした。彼の詩「私を本当の名前で呼んでください」を読んだのは、協議会のニューズレターの創刊号を受け取ったときでした。この詩は私を今まで読んだどんな詩よりも深く感動させました。それから師の「老いた托鉢僧」という詩を読んで、この詩をカードに写して母へのクリスマスプレゼントとして送りました。母もこの詩が気に入りました。[1]

カトリックの修道女たちが何人か集まって小さな本を出版しましたが、この本はタイの『マインドフルネスの奇跡』（邦訳『〈気づき〉の奇跡』）の一部を抜粋して『静まりて、知れ』[2]というタイトルをつけたものです。カトリックの修道女たちがタイの教えを出版したという事実は、いかにタイの本が宗教・宗派に囚われない包括的な教えであったかを示しています。当時の私は、今ほどこのすばらしい本をありがたく思っていなかったのです。タイの書きものは読者の心にまっすぐに届きました。タイの詩歌がそうであるように、これほどシンプルで、これほど心に触れ、これほど実践的な仏教の本を読んだのは初めてでした。それにもかかわらず、ほかにもたくさんの理由があって、私はまだマインドフルネスを真剣に実践するきっかけをつかんでいませんでした。確かに私も、自分の夜のクラスで、比較宗教を語るときにマインドフルネスを紹介したことがあったのですが、まだマインドフルネスの練修に十分な信が置けなかったし、自信もありませんでした。実際に生活の中で実践した経験がなかったからです。まず必要なことはリトリートに参加して、そこでマインドフルネスを「実際に体験する」ことでした。

「タイを英国に招いてリトリートで法話を聞こうじゃないか」と協議会のニューズレターの編集長から話が出ました。私はリトリートを企画してみたいと思い、タイも招待を受け入れられたのです。ところが編集長がスリランカ旅行に出てしまって、企画の経験もないまま、私がツアーの組織運営を任されてしまったのです。中央ロンドンのユーストン・スクエアのはずれにあるクエーカー・センターが、タイの法話の会場を提供してくれました。そしてカンブリア州のアルヴァストン近郊のマンジュシュリー学院（文殊学院）がリトリート会場になりました。電車で会場の下見に出かけると、マンジュシュリー学院はかつての城、牢獄、そして結核患者の病院だったところで、当時はチベット仏教の学院が入っていました。すでにチベット人との修行経験があったので、私にとっては好都合でしたが、チベットとベトナムの気候がこれほど違っていることをすっかり失念していました。チベット人は隙間風が吹き抜ける寒いイギリスの城の中でもまったく大丈夫なのです。あのときは、こんな場所にタイを招くことがいかに不適当かということに気づきもしなかったのです。

一九八六年の三月でした。私はタイとシスター・チャンコンを空港に迎えに行きました。彼女はコ・チン（九さん）とか、〔本名のカオ・ゴク・フオンから〕チ・フオン（フオンさん）とも呼ばれていました。彼女は長い髪を肩まで垂らして茶色の服を着ていました。タイは剃髪で、ベトナムの僧侶が着るブラウンの長着を着ておられたのですが、私はブラウンの長着をきた僧侶に会ったのはこれが初めてでした。これまで馴染んできた栗色（海老茶色）や黄色の法衣とは対照的な色でした。ブラウンは控えめで目立たない色で、ベトナムの農夫が身に着ける色とのことでした。この色はまた私の学校の制服の色だったので、洋服としては馴染み深い色でした。私は生来の恥ずかしがり屋で、内気で、引っ込み思案でしたが、幸運なことに、タイにきちんと話ができるベトナム人がそばにいてくれたのでたすかりました。このような重要人物を空港に迎えに行ってしっかりと挨拶ができるかどうか不安でたまりませんでしたが、お二人ともたいへん素朴で謙虚で、向こうから丁寧に挨拶されたので、彼らが賓客だということをすっかり忘れるほどでした。あのときタイが将来私の師となり、苦しみを克服する道に導いてくださる人になろうとは思いもよらなかったのですが、なぜか私はチ・フオンのほう——法名をチャンコン（真空）といいますが——に親近感を覚えました。どこかで彼女に会ったことがあるような気がするのに、どこでどのように会ったかは思い出せませんでした。タイとシスター・チャンコンはベトナム戦争の時代に共に戦い、それぞれに苦しみを生き抜いてきたのです。そして彼女がいかに長きにわたってタイの忠実な側近であったか[3]、そのときは何も知りませんでした。タイはシスター・チャンコンのことを「平和の戦士」と呼ばれました。彼女の大胆で飽くことのない仕事ぶりを、世界に平和をもたらし、人々の苦しみを減らす戦士と表現されたのです。タイと言葉を交わすまではあまり注目していなかったのですが、このときタイの歩き方に気づきました。タイの修行の真髄は、マインドフル・ウォーキングとマインドフル・ブリージング（気づきの歩行と呼吸）でした。タイはただ歩くために歩き、どこかに到着するという考えを持たない歩き方をされるのです。完璧にリラックスして、今ここを歩かれるのです。みなで一緒に駐車場の方に歩いていたときのことです。駐車場まで来ると、タイがそっと車のボンネットに片手を置かれたのに気づきました——その様子はまるでメタル（金属）に触れて、自らその中に染み込んでいくように見えました。タイがあんまりゆっくり歩かれるので、せっかちな私は、いつもの早歩きの癖を押さえるのに必死でした。そうしなければ、タイのはるか先まで進んでしまうところでした。

ケントの仏教平和協議会に寄宿していたとき、イベントでベトナムの人たちに会ったことがあります。一九八〇年代には香港はまだ英国領で、政府はベトナム人難民の受け入れを渋っていました。ベトナム人難民《ボートピープル》を上陸させないで海に返す政策を取っていたのです。実際に難民キャンプはあったのですが、まるで刑務所のような有様でした。英国にはこの残酷な処置に反対する運動があって、私は彼らを通してグエン・ティ・トゥエット・マイ[1]という平和運動家と知り合いになりました。現在はタイの弟子で、在家のダルマティーチャー（法師）となっています。私はロンドンで彼女に付き添って、香港の難民キャンプに収容されていたベトナム人難民の面接に出かけたことはありますが、私がホスト（迎える側）として最初に関わることになったベトナム人は、タイとシスター・チャンコンでした。

タイが所望された中国語の本と書道用の筆を探しにソーホーにあるチャイナタウンに行き、翌日、二人を北のカンブリアのリトリート会場まで車でお連れしました。ここで私が担当する五日間のリトリートが開催されたのです。英国の三月はまだ身を切るような寒さで、カンブリアのお城にあるリトリート・センターはだだっ広い部屋にまったく暖房がなかったのです。暖炉の火では半径一メートルくらいの空間しか温まらなかったのです。

リトリートが始まる前にタイは私を自室に呼ばれて、リトリート中の毎日のスケジュールについての私の意見を求められました。私は感動してしまいました。どうして私などに尋ねられるのだろう？私はズブの素人で何も知らなかったのですが、提案された日課はたいへんすばらしいと返事をしました。

会期中は雪が降る日もあれば、海辺まで歩く瞑想ができるほどいい天気の日もありました。タイは不満を言われなかったし、リトリート参加者と同じイギリス料理を食べられたのです。そして、ダルマトーク（法話）だけでなく、予定された全ての活動に加わって、みんなをリードしていかれました。タイは「急がなくてもいいですよ、一度に一歩ずつ歩いてください」と私の修行を励ましてくださいました。というのも、私が一人で仕事を抱え込んでバタバタと走りまわっていたからです。

タイは亡命中の居所プラムヴィレッジから「雲の鐘」（「雲板《うんぱん》」や「銅雲」ともいう）を持って来て、活動の合図やマインドフルネスを呼び出すのにこの鐘を招かれました。雲の鐘は雲の形に鋳造されたブロンズの平たい鐘（鋳銅雲板）でしたが、丸いお椀型をした鐘よりもはっきりとした音が出ました。プラムヴィレッジの伝統では、私たちは鐘を「打つ」とか「鳴らす」とは言わないで、鐘を「招く」といいます[2]。一九八六年、今から三〇年以上前のことです。風が通り抜ける、かつての城の一階の回廊でこの鐘が招かれました。

タイは寒い夜を過ごされたに違いありません。ベッドで眠られた気配がないのです。一晩中坐禅をして過ごされたのではないかと心配になりました。案の定、シスター・チャンコンがタイの部屋に電気ヒーターが用意できないかと頼んでこられたのです。〔そういえば、現在に至るまで〕タイとシスター・チャンコンに、〔このときの〕謝礼金を払った記憶がありません！

天気の日に浜辺まで歩く瞑想をしました。みなで砂浜に座って、寄せる波を見ていました。私はタイのそばに座っていたのですが、不意にタイがこんな質問をされました。「いまみんなは何をしているのでしょう」。多分私はこんな風に返事をしたように思います。「波を見ていると思います」。するとタイは「みんなはいま、快でも不快でもない感覚〔中性の感覚〕を心地よい感覚〔快〕に変えようとしているのですよ」。

「どうしたら変えられるのですか」と訊ねると、

「君はどう思うかね」。

「考えることによってでしょうか」。

「いいえ、気づいていることによってですよ」とタイが言われました。

タイやサンガとともに浜に座って心地よい海風を楽しむのは、中性の感覚に自己を見失う時間ではなく、幸福な一瞬を味わう時間なのでした。

ある日、夕食の席でタイと隣り合わせたことがありました。私が食べ終わっているとタイが声をかけられました。「さあ、行ってもっと料理を取って来なさい」。タイのこの言葉を今でも覚えているのは、一つには、タイが仲間のように気軽に話をされたこと、もう一つは、私が精神修行をする者は食い意地が張っていてはいけない、特に、食事のおかわりを欲しがるようなことは慎むべきだと思っていたからかもしれません。このさりげない言葉のなかに、これまで出会ってきた先生方にはない優しさと寛大さを感じました。ある日、誰かが床にミルクをこぼしました。私がモップで拭いているとタイが私のほうをじっと見つめておられるのに気づきました。もしかしたら、タイに心を読まれているのだろうか、とドキリとしました。私にとって、ミルクがこぼれたら、モップで拭き取るのは自然なことでした。それはリトリートの企画者としての責任感から出たとっさの行動でした。私は楽しんで何かをするといつも心が穏やかになりました。いつも母がそうしていたように。タイに見られていると気づくと集中力が高まりました。

タイに会う前から、マインドフルネスについての教えを知っていたし、タイの詩歌の深い洞察にも触れていましたが、いま、その教えに前よりももっと深く浸っているのです。タイご自身が、その教えの生きたお手本だったのです。

隙間風が吹き抜けるお城のなかに坐っていると、叔母が編んでくれた分厚いブラウンのセーターが私を暖かく包んでくれました。タイやシスター・チャンコンのようなブラウンの服を身につけると、とても厳かな気持ちになり、みんなが一つになったように感じました。

リトリートの最終日、私はタイの法話にいたく感動しました。般若心経と「空」についての法話でした。この経典は、これまで私にその扉を閉ざしていたのです。今まで見たり聞いたりして来た解釈はどれも複雑で理解できなかったけれど、タイがあの法話を語られたとき、私はタイを食い入るように見つめていました。一枚の紙を掲げて「この紙の誕生日はいつですか」「この紙はいつ死ぬのでしょう」。参加者はタイとともに、この一枚の紙ができるまでのすべての要素を調べました。この紙の誕生はそれが製紙機から切り離されたときか、あるいはパルプが製紙機に入れられたときか。パルプがここにあるためには、木々がそこになければならない。木々がそこにあるためには、雲がそこになければならない。あなたはこの紙の中に雲が見えますか？　とタイはたずねられました。

私は一枚の紙をじっと見つめて、そのなかに雲が浮かんでいるのを見ようとしました。一枚の紙には他から切り離された自己がない――知性ではそうだとわかります――しかしタイは　知性ではとらえられない、それを超えた何かを伝授されたのです。タイ自身の「空」も私の「空」もまた、この一枚の紙の中にあるのです。

　リトリートが終わると、バーミンガムに移動して、ベトナム人向けの公開法話が行われることになっていました。会衆は一〇人だけでしたが、タイは人数のことは一切語られず、まるで一〇〇人の聴衆を前にしているかのように話をされました。私には（タイの法話の準備や手順など）何もわかっていなかったのです。私の仕事は会場を探すことで、それでおしまいと思っていたので、宣伝などしなかったのです。結果的に、ほんの一握りの人が集まっただけでした。このツアーでタイが誰かを叱責されるのを聞いたのは、ツアーの日程に行事を詰め込みすぎたときだけでした。タイは言われました。「鐘が壊れたら、音は鳴りません」。自分はスーパーマンではないから、もっともっと、イベントを増やし続けてはいけないと、気づかせてくださったのです。

　ロンドンに戻ると、ユーストン・スクエアにあるクエーカー・センターでのタイの法話が待っていました。タイの法話が終わると、私は、仏教徒平和協議会について少しだけ聴衆に説明してほしいと頼まれました。それから外に出て帰り支度をしましたが、もうずいぶん夜もふけていました。「タイは疲れて、寒くて、空腹です。みんなで何か食べに行きましょう」とタイに言われて、みんなで中華レストランを探して、汁麺と野菜炒めの夕食にありつきました。これでいよいよお別れです。タイはこのあとアマラワティ仏教寺院[3]に向かうことになっていました。ここは一九八四年にロンドン郊外にタイ国の上座仏教僧が開設したお寺です。私は次の日に仕事がありました。クリックルウッドの宿舎に着くと、タイは車から降りてきて私にハグしてくださいました。私はびっくりして胸が熱くなりました。そのとき七月にプラムヴィレッジのプラクティス・センターに来て、滞在費なしで一か月ほど過ごさないかと、誘ってくださったのです。

その晩、床につきながら、自分の幸運を噛みしめました。一人ぼっちだった私がタイに会えたのです！　タイに会えてもう一度息を吹き返したのです。その後、ロンドンでは、チベットのサンガに入ってチベット人主催の週末リトリートに参加しました（当時はタイの〔ベトナムの〕宗派のサンガはここにはなかったのです）。そこには百仏にひれ伏す修行〔百仏跪拝〕がありました。一つ一つの仏に名前がついていて、マインドフルネスのブッダ（正念仏）という仏さえありました。その前で深く感謝の祈りを捧げました——すでにタイからマインドフルネスのことを教わっていたからです。タイのもとで修行ができてとても幸福でした。いまは伏礼の深い意味がよくわかるからです。タイにお会いする前は、それが誰であってもひれ伏して拝むことに強い抵抗がありました。私にとって異邦の祈りのかたちだったからです。タイからこの伏礼のもっと深い意味を教えられたのです——それは他から切り離された自己があるという観念を捨てて、今ここで、大いなる理解（般若の智慧）、大いなる行為、そして大いなる慈悲の資質に触れることなのです。あの五日間のリトリートでタイの教えを受けたおかげで、チベット仏教をベースとしたサンガでの実践も、もっと実りあるものになったのです。

インドを離れるとき、アニラ・ペマは私が自分の生まれた国で、チベット人ではない師に出会うだろうと言ったのです。この予言は的中し、私は英国でタイに出会い、タイこそが私の本師（ルート・ティーチャー）となられたのです。

さて、教師に戻るときが来ました。ロンドンのイーストエンド[4]で「代用教員」のポストを得ました。本雇いの先生が病気になったときに代行する予備教員です。この地域は失業率がたいへん高く貧しい地域でした。私はクェーカーハウスに下宿しましたが、イーストエンドで教えるのはたいへんなことでした。学校を出ても仕事がないことを、子どもたちは知っているのです。資格があっても仕事がないので、試験に合格するために勉強する意欲が出ません。その上、私が教えることは、彼らが毎日の生活で出会うこととは全く関係がないのです。あるとき少女が私に殴りかかってきました。あまり痛くはなかったのですが、それでもカッとなってしまいました。当時のことはあまりよく覚えていないのですが、他に親しい教師仲間がいなかったというのも理由の一つかもしれませんが、一番辛かったのは私が代用教員で、自分が専門とする教科が教えられないことでした。私のほうは昔教えていたことが教えられない、子どもたちのほうは学ぶ意欲がないのです。以前は私立学校やグラマー・スクールで教えていたのに、ここは私の初めてのセカンダリー・モダン・スクール[5]だったのです。

タイのリトリートに関わることができたのは幸運でした。仕事に出る前に、いつも早朝に一〇分間坐っていましたが、これからはバスに乗らないで、学校への行き帰りは少なくとも片道は歩く瞑想の練修をすることにしました。通りすがりに家々の庭に咲く花に触れて、心の安らぎを経験できたのです。それは私の中の喜びの種に水をやって、近所に住む貧しい人々さえもバラを植える時間を見つけている、と気づかせてくれたのです。そして、シスター・チャンコンが教えてくれたトータル・リラクゼーション（完全なくつろぎ）を実修しました。帰宅するとすぐに、上着を脱いで床に横になります。

その日一日中の感覚や記憶のすべてを床に捨てるのです。こうして次の日を迎えるための十分なエネルギーを蓄えていきました。

第12章 プラムヴィレッジ……わが家への道

一九八六年の七月の初め、三七歳になった私はタイの招待に応じてプラムヴィレッジで夏休みを過ごすことになりました。ホバークラフトでカレー〔イギリスからドーバー海峡を挟んで対岸のフランス側の街〕に渡り、そこから電車でフランス南西部のサント・フォワ・ラ・グランドに向かいました。フランスのこの地方の駅は子どもの頃から馴染みがありました。長く伸びた人気のないプラットホームが畑のほうにのびて陽に照らされていました。シスター・チャンコンの手配で北米から来た在家の女性、エレンが迎えに来ることになっていましたが、もうプラットホームで待ってなどいられません。彼女は私たちが主催した英国リトリートに参加したあと、プラムヴィレッジのアッパー・ハムレットに住んでいました。古い黄色のルノー・カトレール[1]に私を乗せて、プラムヴィレッジのアッパー・ハムレットまで一八キロの道のりを走りました。

村を抜け、森を抜け、ヒマワリ畑や小麦が実った畑を抜けて、曲がりくねった細い道を走りました。サント・フォワからエメ道路に入り、テナックの丘を登っていくと、片側に葡萄棚、反対側に樫《かし》の木の森が見えてきて、狭い下り道になります。このあたりはいたるところに岩が突き出した岩場です。道路が森の道に変わるところでもう一度曲がると、アッパー・ハムレットの建物が見えてきます。このハムレットには、農場の母屋とそのほかの建物があって、農業を営む家族が住んでいました。彼らがこんな岩だらけの土地を耕して暮らしているのが不思議に思えました。いずれ村の若者たちは、もっと楽に暮らせる街に出ていくことでしょう。この農場は、現在のロアー・ハムレットの敷地を含めて、一九八二年に廉価で売りに出されたもので、タイとシスター・チャンコンが入植して浄土をつくるための絶好の土地だったのです！　二人の願いは、この地に人々を招いてスピリチュアルな生活体験の場を提供することでした。日常の生活の一つ一つを完全な気づき《マインドフルネス》をもって行う練修ができる場の創設でした。数年前に母がアッパー・ハムレットにやってきたとき、ここからの眺めを心から楽しみました。前方の景色は、プラム畑や葡萄園、そして麦畑から谷へとつづき、さらに谷の向こう側の森へと広がっていました。私はアッパー・ハムレットで日没や日の出の瞑想をしました。壮大な景色を眺めながら、考え事をやめて無心の瞑想行が楽しめました。

到着したとき、英国ではずっとブラウンの僧衣に身を包んでおられたタイが、ここではグレーの僧衣を着てハンモックに座っておられました。あの日はとても暑く、この気候にはグレーの短衣のほうが合っていたのかもしれません。二人でタイのそばに行くと、タイは第一声、こう言われたのです。「ここはインドです。インドはここです」。はじめは気候のことを言っておられるのかと思ったのです――ここはインドのように暑いですよ――。しかしタイの言葉はもっと意味深長でした。私にとってインドは故郷、少なくとも魂の故郷でした。私はインドの他に自分の魂のふるさとはないと思っていました。おそらく英国でタイにお会いしたとき、私はどれだけインドに戻りたいか話していたのでしょう。タイの言われた「ここはインドです」というのは、「あなたは今到着しました――あなたの我が家に」という意味だったのです。私が求めるものは全てここにあると。

七月の一日のことでした。プラムヴィレッジ恒例の夏のリトリートの開会式の準備でタイがアッパ

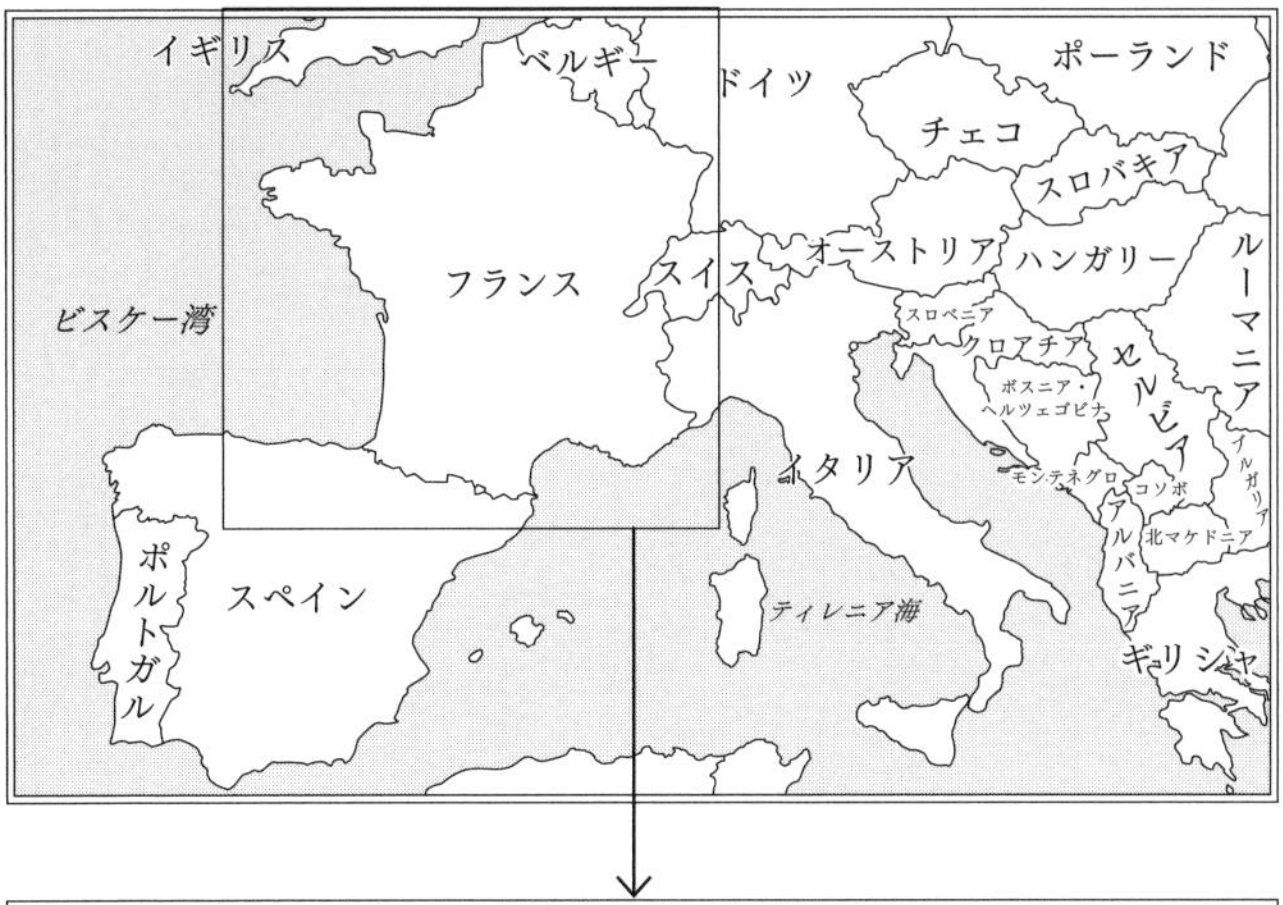
イギリス
ベルギー
ドイツ
ポーランド
チェコ
スロバキア
フランス
スイス
オーストリア
ハンガリー
ルーマニア
ビスケー湾
スロベニア
クロアチア
ボスニア・ヘルツェゴビナ
セルビア
イタリア
モンテネグロ
コソボ
ブルガリア
アルバニア
北マケドニア
ポルトガル
スペイン
ティレニア海
ギリシャ
地図12　西ヨーロッパ

イギリス
カレー
ベルギー
西ドイツ
（当時）
イギリス海峡
ルクセンブルク
パリ
ナント
スイス
リヨン
大西洋
イタリア
ボルドー
プラムヴィレッジ
マルセイユ
地中海
スペイン
アンドラ
地図13　フランス

ー・ハムレットに来ておられました。世界中から老若男女が集まって、みなで一緒にプラクティスをする主要な年中行事です。

タイが私の部屋を案内してくださいました。現在この部屋はアッパー・ハムレットの書籍販売部になっていますが、当時は「三日月」という名の部屋でした。タイはなんでも人に頼まないで、自分で動かれるのです。ハムレットの準備にはいろいろと監督することがあるはずなのに、タイはまるで何もすることがないからいつでもあなたのためにここにいますよ、と言わんばかりに、すべてがゆったりと進むのです。私はこの部屋と西の空に浮かぶ小さな生まれたてのお月さまという意味の部屋の名前がとても気に入りました。これほどにシンプルですっきりとした部屋があるでしょうか？　本棚も戸棚もありません。衣類をかけるための竹の棒が天井から水平に下がっていて、あとはランプとベッドと椅子があるだけでした。この部屋は故郷の家とはずいぶん違っていましたが、我が家に戻ったようなくつろぎを感じました。

当時、三つの主な建物が使われていましたが、その一つがタイの部屋がある石造りの家で、もう一つが禅堂（瞑想ホール）で、ホールのまわりに小部屋が付いていて、私の部屋もここにありました。最後の建物は調理棟でした。古い牛小屋もありましたが、ここはそのまま残してありました。エレンはアボカドを買ってきていたので、キッチンで何か私が食べられるものを見繕って、それを出してきてくれました。

シスター・チャンコンはロアー・ハムレットに住んでいたので、あちらで夏のリトリートの準備をしていました。数日経つとベトナムの子どもたちが到着しました。タイはいつも子どもの世話をされるので、姿が見えると子どもたちは大喜びです。子どもと歩くタイの姿がよく見受けられました。

私は夏のリトリートの部屋の準備を手伝いました。大きなレンガ四個と板を使ってベッドをつくり、板床の上にシーツで包んだ薄いフォームマットレスと寝袋をセットします。みんなこのようなベッドで眠りました。バスルームは二つあって、一つは石造りの家にあり、もう一つは石造りの家の外に設置されていました。

プラムヴィレッジに初めて入った頃

どうしてもプラムヴィレッジとインドの生活を比べてしまいますが、ここでの生活が簡素で厳しいスパルタ式のように見えても、宿泊施設は快適だし、シャワーからはお湯が出るし、食事も毎日三回供されます。こちらに来て、スピリチュアルな修行のためにあえてあのような〔インドのような〕物資を切り詰めた生活をする必要はないのだと悟りました。

数年後に転化禅堂[2]ができましたが、当時はまだ家畜小屋でした。当時使われていた瞑想ホールはもっと小さくて、イエントゥ禅堂と呼ばれていました。歴代の著名な師匠たちが入山して修行した北ベトナムの聖山にちなんだ名前です。式典をおこなう仏殿《ブッダ・ホール》もありました。イエントゥ禅堂もかつては家畜小屋だったので、家畜が背中を押し付けてこすった跡が、柱のところどころに残っています。当時イエントゥ禅堂と竹林仏殿という小さな瞑想ホールが二つありましたが、現在は、両方とも執務室になり、もっと大きな二つのホールができています。転化禅堂と新しくできた静水禅堂[3]です。

タイが私をフランスに招いてくださったのは、プラムヴィレッジの伝統に触れて仏道修行への理解を深めてほしいと考えられたからです。これを「プラムヴィレッジの法門《ダルマ・ドア》」と呼んでいますが、仏道修行への入り口となる教えを意味します。あの夏、タイはアーナーパーナサティ・スッタ（安般守意経。パーリ中部経典《マッジマ・ニカーヤ》一一八経）を教えられました。呼吸の気づきであるアーナーパーナサティは、入息と出息に気づくというもっとも基本的な行法でありながら、仏教の極めて重要な法門です。マインドフルネスの呼吸をしながら、入息と出息に気づいていくと、自然に深くゆっくりとした呼吸になってきて、同時に心と体が一つになって静まってきます。いつどんなところでも呼吸に注意を向けていくのです。坐る瞑想をしながら、次のように練修していきます。

息を吸いながら、わたしは息を吸っていると知る
息を吐きながら、わたしは息を吐いていると知る
息を吸いながら、わたしの体は静まる
息を吐きながら、わたしは微笑む

とても簡単な練修です。

坐る瞑想を行うときには石の壁のほうに向いて坐ります。ある日タイが来られて、坐禅をしている

私の隣に座られました。あのとき、タイの集中力と瞑想の喜びを、間近ではっきりと感じたのです。私は歩く瞑想という法門もしっかりと修得し始めました。タイが歩かれる姿を観察すると心が穏やかになります。息をたどり、足下の地面を感じていくと、タイのように歩けることがわかってきました。プラムヴィレッジでは、自分の好きな速度で歩くことができます。一歩一歩に気づきながら、ゆっくりとマインドフルに歩みを進めると、高ぶる感情がおさまってきます。これが強い感情の世話をする最高の方法です。戸外であれば、自然の不思議に触れるのもよいでしょう。

法話があるときは、イェントゥ禅堂はたいへん混み合います。お堂に入れない人たちは、入り口に座って聴いていました。タイに鐘の招き方を教えてもらったのもこの部屋でした。「リン棒」[4]を鐘のふちにおいて、輪を描くように鐘を招く方法を、タイは一人ひとり手をとって教えてくださいました。一〇〇回は鐘を招く練修をしなさいと言われました。それでやっと鐘の前に座って坐禅の鐘を招く準備ができるのです。鐘を招くのはとても簡単に思われるかもしれませんが、強すぎもせず、弱すぎもせず、程よい音を出すには長年のトレーニングが必要です。鐘の音は私たちの心の状態を反映します。修行をつんだベルマスターの静まった心が、会衆全体の心に平和をもたらすことができるのです。

坐禅は早朝と午後に行われました。まず一八分坐り、それから禅堂の中をゆっくりとまわりながら歩きます。それからまた一八分坐ります。タイはすべての活動に参加されます――法話だけでなく、お茶の瞑想（みんなで集まって、一杯のお茶とビスケットを、沈黙の中でマインドフルにいただきます）や、ダルマ・シェアリング（修行の中で見出した各自の洞察や気づきを分かちあうこと）などです。

一四のマインドフルネス・トレーニング（14ＭＴ）の唱和が毎週行われました。これはタイが一九六六年にサイゴンで創案された戒律で、大乗仏教と上座仏教を合わせた十善戒[5]（ten wholesome practices）を元にしています。唱和はイェントゥ禅堂で、英語かベトナム語で行われました。多くの人がそうであったように、私はこのトレーニングを聞くたびに感動し、今も心を揺さぶられます。この中には、私にとっての仏道修行の真髄がすべて要約されているからです。同時に、これは宗派的な意味における「仏教」に限定されないのです。タイの姪にあたるアンフーンさんは、当時二五歳くらいでしたが、儀式のときにこのトレーニングの条項を読み上げる手伝いをしていました。儀式はまず香を捧げ、仏陀と菩薩の徳に触れる伏礼へと移ります。タイは読経の前後に唱和される開経偈と回向偈のときと同様に、大地礼拝の偈文の朗唱にも英語とフランス語の音楽を添えられていましたが、般若心経はいつも英語で朗読され、ベトナム語のときだけ節まわしがつくことがありました。

リトリート中に特別に一四のマインドフルネス・トレーニングの受戒式の日が設けられていました。七月の終わり頃でしたが、式の鐘が招かれたときに私はタイの隣に立っていました。一斉に立ち上がってしばらく呼吸に集中したあと、タイがインタービーイング教団の一員にならないかとたずねられたのです。当時、タイは弟子たちを個人的に熟知した上で、教団のコアメンバーとして得度するにふさわしい人に声をかけておられました。この教団はティプ・ヒエン（接現）といい、一九六六年にベトナムでタイが創設された教団です。これまではこの教団は在家のみで構成されていました。タイのこの質問は私が尼僧になる意志があるかどうかをたずねられたのです。ベトナムから来た尼僧がそばに立っているのを見て、タイに尋ねました。「先生、ここにおられる尼僧のようにならないかとのおたずねですか」。タイは言われました。「シスター・チャンコン（一九六六年に一四のマインドフルネス・ト

インタービーイング教団の受戒直後

左から右に、ジョアン・ハリファックス、ニュエン・ティ・ビクトゥイ、マーロウ・ホッチキス、シンシア・ジュアーズ、筆者、ニュエン・ヴァンアン

レーニングを受戒していただいた法名）はこの教団のメンバーです。あなたも一四のマインドフルネス・トレーニングを修行したら彼女のようになれるのです。尼僧になるのではありません」。

私たちの得度式の日取りが決まり、心からこの日を待ち詫びていたのですが、何らかの理由で直前に中止されることになってがっかりしてしまいました。得度式を指折り数えて待っていたからです。それから別の日が決まって、やっと八月に一四のマインドフルネス・トレーニングの受戒がかなったのです。同期の仲間はこの人たちです。ジョアン・ハリファックス（法名チャンティエプ〔真接〕、真実の絆）はのちにニューメキシコのサンタフェにウパヤ禅センターを創設しました。シンシア・ジュアーズ(Cynthia Jurs)（法名チャンニュエン〔真源〕、真実の源）はアース・トレジャー・ヴァース・プロジェクトのディレクターで、夫のマーロウ・ホッチキスと一緒に受戒しました。そしてベトナム人のニュエン・ティ・ビクトゥイとニュエン・ヴァンアンの二人は、チャンディンとチャンミンという法名、私はチャンドック（真徳）という法名をいただきました。法字はタムアン（心安）となりました。タイは「真徳《チャンドック》」という法名と「心安《タムアン》」という法字をそれぞれ漢字で墨書してくださいました。

法名を授与されるのはほとんどの仏教の伝統です。私はチベット仏教に帰依したときから東洋のこの習慣に馴染んでいました。先生があなたを霊的に生み出すのです。この誕生にもまた名前が必要になります。法字とは、あなたの先生の出自に繋がる名前です。この名前で、あなたの先生が所属する流派を創設した先師の宗派にも繋がっていくのです。というのは、その先生が自分の流派を創設する前に、彼は自分の出自の師の流派に属していたからです。

タイは一八世紀に中央ベトナムで了観禅師[6]を祖師として開かれた了観派（臨済正宗了観派）の禅僧です。ベトナムの伝統によると、師匠が一派を創設するときに漢詩をつくり、その詩の中の一つ一つの漢字が、次世代の後継者の法字の前半に置かれます。タイは了観派の八代目に当たるので、彼の法字〔澄光〕の最初の漢字は、この詩の八番目の漢字（澄《チュン》）が当てられます。タイの弟子は九代目となり、名前の最初の部分に詩の九番目の漢字「心《ハート》」が付けられます。了観派は中国の臨済宗に属しているので、タイとその弟子たちもまたこの派に属します。了観禅師の先師方の一人は中国人でした。法系という考えは、ブッダの時代から現在まで脈々と法が伝授されてきたことを意味しています。

「心安」（Peace of Heart）はわかりやすい法字です。とはいえ、これを修行することは必ずしも容易ではありません。真徳については、この法名をどう解釈したらよいか見当もつきませんでした。自分の中に徳があるかどうか探してみましたが、そんなものは見つかりません。数日経って、タイがアッパー・ハムレットでハンモックに座っておられたとき、この法名はよい名だと言われたのです。この一言のおかげで自分の法名に前よりも興味が湧いてきて、なぜよい名なのかを知りたくなったのです。法名は修行の糸口となるのです。あなたの中には真実の徳のタネがあるけれども、それを育てるのがあなたです。タイは、よき師とは、あなたが自分の中に先生を見つけ出す手だすけをしてくれる人だと言われます。それでタイにもっと教えを乞うよりも、自分の力でこの法名の意味を見つけ出したいと思うようになったのです。

　徳があり、また真実の徳がある。徳とは、ちょうど全ての修行題目を怠りなく実行するといった外から見える行為をさしますが、大した中身はないかもしれません。徳とはまず質を意味します。人は生の質《クオリティ・オブ・ライフ》について語りますが、私の生の質とは、人生の一瞬一瞬を深く生きること、尼僧としての可能性を生きることです。徳とはまた道徳・倫理でもあります。他人を苦しめるような生き方をしないこと、そして、世界をもっと幸福にすることができるということです。かつてブッダがいわれたように、人々は、毎日一食に甘んじ、見世物にも行かず、金銀も受け取らないといったブッダの美徳を褒め称えるが、これよりもっと深い徳がある――それは心に深く届く教えを見つけることです。タイはことあるごとに、私が真実と誠実の資質をこの身で生きることを教えてくださいました。私が偽りのない心からの誠実さを示していないときには、タイはいつも、具体的に眼差しやことばでそれを教えられたのです。

夏のリトリートの終わり頃、私はロアー・ハムレットに出向いてプラムの丘の家に滞在しました。かつてはタバコの乾燥場として使われていたのですが、今は寄宿舎になっています。ロアー・ハムレットは、その名が示すように、アッパー・ハムレットがある丘を見上げる谷間の低地にあります。石造りの農家や農場の建物があり、大きな二本の百年柏の古木が目印でした。この木の下に木造りのキオスク（売店）があって、ベトナムのお菓子や料理を売っていました。ここには木の足場があって、そこに座ってあたりを眺めるのです——当時、新しく植えられた梅の木や森まで伸びて下っていく畑が見わたせました。歩く瞑想の小道はとても魅力的で人を惹きつける道でした。この小道はプラムの丘の家から始まって、くねりながら小川が流れ込む二つの池まで続いています。小川に橋がかかっていて、この橋を渡るともう森についています。歩く瞑想はここで一服して、皆それぞれに折れた木の枝や幹や誰かが運んできたレンガに腰を下ろして休みます。無言で坐り、なんともないニュートラルな感情（不苦不楽）を楽しい感情に変えていくのです。のちに、ロアー・ハムレットで暮らすようになってからは、何時間もこの場所で過ごしました。散歩は森を抜けて小道のところで森から離れて元の歩いてきた道に戻ります。

ロアー・ハムレットは二つのハムレットの中ではベトナムの香りがするところです。アッパー・ハムレットにもベトナム料理のレストランがありますが、アッパー・ハムレットには、ほとんどのヨーロッパやアメリカから来たリトリート参加者が滞在していました。シスター・チャンコンがここの統括責任者です。ロアー・ハムレットは大家族の再会の場のような雰囲気がありました。ここにはベトナム人の難民の喜びがあふれていて、一か月のあいだベトナムの故郷に戻ったような賑わいになるのです。大きな温室には柔らかいベトナム野菜が育ち、どこもかしこもベトナム語が聞こえてきます。二つのハムレットのスケジュールの連絡が悪いと、アッパー・ハムレットの住人が知らずにこちらに来て、ロアー・ハムレットが知る由もなかった活動を始めてしまいます。予定の活動の開始時間が遅れたり時間が伸びてしまうことはよくあることでしたが、そんなことを気にする人はだれもいなくて、一日の終わりにはすべてが丸く収まっているのです。

朝は坐る瞑想から始まり、それから朝食です。朝食にはいつもビスケットとジャムが出てきます。ビスケット工場で働くか経営しているベトナム人修行者がいて、彼がたくさんのビスケットを提供してくれていました。午前中は、法話か個人面談が行なわれます。タイは毎日は法話をされないので、午前中にタイとの個人面談が行われることもありました。戸外に出て歩く瞑想の練修をすることもありました。二つの池のところまで歩き、池のそばで少し坐ってから森を抜けて戻ります。それから昼食です。最初の二〇分間は沈黙の食事ですが、ここでは子どもたちも同じように練修していました。一人の少年に沈黙の食事は楽しいですかとたずねてみたら、食事がもっと美味しくなったと答えてくれました。子どものためのプログラムもあって、ベトナム語や文化や歴史のクラスがあり、在家のベトナム人やシスター・チャンコンがボランティアで教えていました。大人向けにはダルマ・シェアリングやお茶の瞑想などがありました。

週二回、タイが紅蝋堂に法話にやってこられました。これは厳かな行事で、在家の年長者であるアン・レ・ニュエンティウがタイを招いて仏法の教えを受ける会でした。タイが待機しておられるパーシモンの家（柿の家）から香を焚き鐘を招いて法堂にお連れするのです。あの年は、気づきの呼吸瞑想経[7]がシリーズで講じられていました。

一か月間続く夏のオープニング・リトリートの終わりが近づいてくると、だんだんとイギリスでの教職の仕事が気になってきました。シスター・チャンコンがまだ帰国のことは考えないほうがいいと言ったのは、今後のことはタイのほうからおたずねがあるということだったのでしょう。ある日、アッパー・ハムレットでタイから散歩に誘われました。しばらく歩くと、タイは立ち止まって「プラムヴィレッジにレジデント（長期滞在者）として残る気持ちがありますか」とたずねられたのです。「はい」と返事をしたものの、少し考えてから、こうたずねました。「タイ、わたしはここで何をしたらいいのでしょうか」。

「そのままのあなたでいいのです」と言われた後、少し間をおいて、「よかったら、秋・冬用の葉物野菜を植えてもらってもいいのですが」。

夏のリトリートがあんなに楽しかったので、このままこのすばらしい雰囲気の中で暮らせると思うと、とても幸福な気持ちになりました。ロンドンの教職に戻らなくてよくなってホッとしました。

その後まもなく、一九八六年の秋にタイとシスター・チャンコンは数か月かけて、香港とフィリピンの難民キャンプにいるベトナム人難民を導き、手だすけするために、オーストラリアへ向けて出発しました。ところが二人の姿がプラムヴィレッジから消えると状況は一変しました。これまではタイやシスター・チャンコンをはじめとして、夏のリトリートでできた友人や参加者とだけ付き合っていればよかったのですが、今は私を入れて一二人の仲間がロアー・ハムレットに残っているだけなのです。現在キッチンと食堂になっている建物には、四人の若いベトナム男性と私。彼らはもともとベトナムを逃れてきたボートピープルで、難民キャンプからこちらに移ってきたのでした。近くのパーシモンの家には、四人の子どもとその両親と叔父、計七人の難民家族が住んでいました。上の子が一二歳、下の子はまだ二歳にもなっていませんでした。一家はアジアの野菜を栽培してボルドーで売って生計を立てていました。ボルドーは南西フランスでは一番大きな地方都市で、一時間半ほど車で行ったところにかなり大きなアジア人コミュニティがありました。この家族の父親はタイのインタービーイング教団の在家修行者アン・レ・ニュエンティウでした。プラムヴィレッジの長老（the Elder）で、二週間に一度、一四のマインドフルネス・トレーニングを唱える会を催していました。この人以外にもう一人、私と一緒に一四のマインドフルネス・トレーニングを受戒した難民がいましたが、ロアー・ハムレットには修行に興味がある人は、彼ともう一人を除いて誰もいなくて、坐る瞑想も歩く瞑想もダルマ・シェアリングもお茶の瞑想も何もしませんでした。

シスター・チャンコンとともに

インタービーイング教団での受戒のあとで

四人の男性の姉貴分になってほしいとシスター・チャンコンに頼まれていましたが、私には手に負える仕事ではありません。第一、私はベトナム語があまり話せません。確かに一緒にダルマ・ソングを覚えたりタイの本をベトナム語で読み始めてはいましたが、毎日の会話となるとお手上げでした。それでこれがベトナム語を聞いたり話したりして覚える絶好のチャンスだと思うことにしました。私はベトナム語の教材を使って勉強したことがなく、これまでもベトナム人の会話やタイの法話や書物を聞いて覚えてきただけだったのです。

彼らは長いあいだ難民キャンプに住んでいたので、新しい環境に馴染むのには手だすけが必要でした。難民キャンプではほとんど何もすることがなく、ひたすら第三国に受け入れられるのを待つだけの牢獄のようなところだったのです。トランプで遊ぶ以外に何もできなくなっていたのでしょう。彼らは肉を食べ、大量のタバコを吸っていました。室内での喫煙がやめられるように手だすけしようとしたのですが、うまくいきませんでした。食料は青年の一人がみんなのために買い物に行ってくれたので、私は自前のインスタントのスープヌードルばかり食べていました。

あの冬は豪雪でした。フランスのこのあたりには除雪機がないので、ロアー・ハムレットから出ることもできません。野生の動物もお腹をすかし、イノシシが餌を漁りに近くまで出てくることもありました。一か月前からたっぷりと薪を集めておいたので十分に暖はとれたのですが、パイプが凍結してしまったので、雪を溶かして飲料水を確保しました。タイはのちに冬に備えて薪を集めるという比喩を使ってこのことを教えられました。いざというときに、強い精神力を発揮して身を守ることができるように、何事もないときにこそ、それに感謝して深く生きるのです。あるとき雪が降ったために薪を集めに行けないことがありました。人生には無常というすばらしい教えがあります。日々練修を怠らず、今ここで手に入るすべてのものに感謝して生きなさいという教えです。

屋根の筒瓦はセメントで固定せず、互いに少し重なり合うように並べてあるだけなので、瓦がずれて隙間ができ、そこから雨風や雪が入ってくることがあります。近所の人たちは少なくとも年に一度は屋根に上がって、ずれた瓦を取り替えるのでした。昔は、それほど瓦の葺き替えが必要ではなかったのですが、超音速旅客機〔8〕の登場がこれを変えてしまいました。旅客機はちょうどプラムヴィレッジの上空で音速の壁《サウンド・バリアー》を突破するため、その衝撃波で屋根瓦が動くのです。今は瓦をセメントで固定するようにしています。

あの飛行機は〔当時からすると〕ごく最近登場したばかりなので、一九八六年には誰も屋根の修理の仕方がわからず、ひどい雨漏りに悩まされました。下の天井にしみ込まないように雨水を集めるために、屋根裏部屋にたくさんバケツや桶を置きましたが、雨漏りを完全に止めることはできなくて、豪雨にでもなれば、確実に寝室まで雨が入ってくるのです。ベッドを反対側に移すと、雨漏りのほうが私を追いかけてきました。

雨だけではなく雪も厄介でした。プラムヴィレッジに住み始めて最初の二年はとにかく雪が多くて、降った雪はいつまでも解けないのです。瓦と瓦のあいだには粉雪が屋根裏部屋に吹き込む十分な隙間がありました。屋根裏の雪は六インチ〔約一五センチ〕の深さに達し、すぐに雪を始末しなければ、下の部屋の天井を破りかねない重さになるのです。屋根裏部屋の雪の撤去は冷たくて辛い作業でした。ゴミ箱に雪を詰めて力いっぱい引っ張るのですが、重くてびくともしません。屋根裏部屋には暖房がなく、身を刺すような風がタイルの隙間から吹き込んできます。すぐに手足がカチカチに凍えてしまいました。

各々のベッドルームには陶器と鉄でできた小さな薪ストーブが置いてありました。近所で不要になった古いストーブをわけてもらってきたのです。煙を外に出すアルミ製のパイプを屋外に引く穴が壁に空けてありました。このストーブには薪があまり入らないので、一～二時間もすると、薪を足さないと火が落ちてしまいます。ロアー・ハムレットの薪集めは、二一ヘクタールあるプラムヴィレッジのロアー・ハムレットの敷地から拾ってきます。私も薪割りやストーブ用の小枝をノコギリで切ったりして、住み込みの四人のベトナム人の男性たちの手伝いましたが、木の切り出しは彼らの仕事でした。

隣人のモネ・ペルさん（Monsieur Mounet Pere）はボサツのような人でした。ある日、キッチンに坐っていると、彼がやって来て、フランスでは他人の敷地の木を切ってはいけないのだよと教えてくれました。若いベトナム難民の青年たちが敷地の境界線を知らなかったのです。彼らの無知を正すために、彼は私たちをメリ（村役場）に連れて行って、ロアー・ハムレット用地として購入された別の区画地図を見せてくれました。それからじっさいに境界線を辿りながら、ロアー・ハムレットの敷地がどこで始まってどこで終わっているか正確に教えてくれたのです。

モネ・ペルさんは善良な人で、プラムヴィレッジ恒例の夏のリトリートのあいだは狩りに出ないと約束してくれました。庭仕事や土地の開墾についても色々と教えてくれました。彼はタルト・オー・ポム（アップルパイ）を焼いて売っていましたが、手づくりのオーブンの熱が落ちていなければ、私たちのパンを焼かせてくれることもありました。シスター・チャンコンが留守のときに、実地の対応や管理のことでわからないことがあったら、いつも彼にたすけを求めに行ったものです。

モネさんはほとんど毎日のように犬のキキを連れてやって来て、話を聞いてくれたり、先まわりして色々と相談に乗ってくれるのです。プラムヴィレッジで生活し始めたばかりの頃で、彼がいてくれてどんなにたすけられたか知れません。ロアー・ハムレットの入り口にある大きな石造りの農家が彼の家で、今では村の一部になっています。庭に桜の木が植えてあったので「チェリー・ハウス」（桜の家）と呼ばれていました。それから五年くらい経って、ある晩、おじさんは突然亡くなりました。私たちは彼の冥福を祈って弔いの法要を行いました。シスター・チャンコンも彼の家に出向いてご遺体を供養しました。ベトナムでは、愛する人を洗い清めて死に装束（経帷子）に着替えさせるのは、家族の仕事でした。彼女はこれまで葬儀屋が遺体のお清め洗いをするのを見たことがなかったのですが、みんなで参列しました。葬儀屋が遺体をぞんざいに扱うのを見てショックを隠せない様子でした。地域の墓地での葬儀に地域の友人たちに花を手向け、香をたいて祈りを捧げました。そして毎年万霊節（一一月二日）には墓参りをして、ムッシュ・モネと今はなき地域の友人たちに花を手向け、香をたいて祈りを捧げました。

シスター・チャンコンはいつも若い尼僧たちに、近所で亡くなった人たちの命日に法要をするように勧めていました。それで今もドイツでこの儀式を行っています。バーモント（米国）のリトリート・センターが開設されたときにもこの儀式を実践しました。タイとシスター・チャンコンは、仏教徒であるなしにかかわらず、誰にも同じように追善の供養を行って、あたたかく抱きしめていかれました。私はこの姿に深く心を打たれました。

難民家族の四人兄弟のひとり、ナット・タムとよく一緒に過ごしました。この子はタイのご著書『太陽、我が心』（*The Sun, My heart*）[4]にちなんで「サン・ハート」（太陽の心）と呼ばれました。タムは当時四〜五歳で、今は別の宗派の僧侶になっています。両親がボルドーに野菜を売りに行くとき私が世話をしました。果物が大好きなのに、お米は嫌がって食べません。ところがある日、ビートの根の汁でお米を赤く染めて食べさせてみたら、タムがご飯をペロリと平らげたのです。それからというもの、彼を騙して赤いご飯を食べさせるようになったのです。夏や秋になると、よく一緒に果物を採りに出かけました。当時ロアー・ハムレットには梅、すもも、なし、りんご、もも、ぶどうなどの果樹の古木や、ブラックベリーの茂みもたくさんありました。タムはブラックベリーを茂みから茂みへと摘み歩いて、味と甘さを吟味してから私に一粒くれるのです。

のちに、ベトナム難民のひとりが洗濯機を買いました。それまではみんな手洗いしていました。タムは洗濯機の前に椅子を引っ張り出して、洗濯物が回るのを初めから終わりまでじっと見つめているのです。やがてルーベス＝ベルナック[9]の学校に入る年になりましたが、学校へ行くのを嫌がるので、毎朝スクールバスに乗せるのがひと苦労でした。学校に行くのが辛かったのでしょう。両親も、もちろんタムも、フランス語が喋れなかったからです。

あのころ私たちは厳密な意味で自分たちを「僧伽《サンガ》」とは呼んでいませんでした。なぜならば、私たちはまだサンガと呼べるような霊的規律を実践していなかったのです。タイとシスター・チャンコンは私たちみんなを大切にし、心から慈しんで包み込んでくださいました。私たちが毎日の生活の中でマインドフルネスの練修をすることを望んでおられましたが、まだその状態には達していませんでした。

タイは辛抱強く私たちを見ておられました。四人の若者にフランス語を教えて欲しいとシスター・チャンコンに頼まれましたが、この中の一人には手こずりました。彼はフランス語の勉強に自信がないのか、クラスが始まるとすぐにバレーボールをやり始めるのです。タイは自分が留守の冬のあいだ、若者たちに禅堂を使うように指示しておられました。現在ロアー・ハムレットの受付事務所になっているところです。紅蝋堂は少人数のために暖房するには大きすぎたからです。ところがタイとシスター・チャンコンが帰国する直前になると、突然、今まで勉強に上の空だった若者たちが、課題を仕上げ始めたのです。

東南アジアからオーストラリアとその周辺諸国への旅から帰国されると、タイはプラムヴィレッジをプラクティス・センター（修行道場）にして、ここに住む人たちが修行を通して一つになれるような村にしたいという考えを明かされました。この話を聞いて私は嬉しくなり、この計画がどのように実現されていくのかと期待が膨らみました。ツアーがないときと、家族対象の一か月の夏のリトリート中でないときは、タイとシスター・チャンコンは、私たちが庵《いおり》と呼んでいる少し離れた小さな建物に住んでおられて、ときどき二人でこちらに会いに来られることがありました。不意に来られることもあったし、前もってシスター・チャンコンから電話があって、タイがこちらに教えに来られることが知らされることもありました。当時タイは私たちが飲酒や肉食をしないことを望んでおられましたが、これに対して厳格な決まりがあるわけではないことをみんな知っていました。タイが来られることがわかると、ロアー・ハムレットの住人たちは急いで酒や肉の痕跡を隠そうとしました。私はアルコールも肉食もしませんが、わざわざタイに報告する必要を感じていませんでした。伝えようが伝えまいが、タイは何が起こっているかを知っておられるようでした。

私たちのような小さな共同体では、野菜や大豆、大麦、セイヨウアブラナのような穀物や野菜を育てることが生計を立てる手段となっていました。地元の農家はたいへん協力的で耕運機を貸してくれたり、有機農法ではなかったけれど、作物のつくり方などを教えてくれました。この共同体の仲間内では、私だけがオーガニックな畑づくりを経験したことがありました。私には有機農法以外に考えられなかったのですが、他の人には途方もないことに思われたようです。タイは私の考えに賛成してくださるとは思いましたが、実施するには必ずみんなの同意が必要だと考えておられるのはよくわかっていました。タイの環境への配慮はみんなが知るところでした。プラムヴィレッジに入られるかなり前に、南アフリカで組織された政府レベルの環境会議の代替組織として、タイはスウェーデンでダイ・ドン会議[10]の立ち上げに一年間関わられたことがあります。政府間環境会議に参席した代表団のほとんどが、環境保全に反対するという既得の利害関係を共有していたので、タイは仲間とともに代替手段を講じる必要性を感じられたのです。

私は、タイの指導のもとで、共同体の中で調和して生きる方法を学び始めました。タイはこの土地の開拓をどのように進めるかについて、みんなで一緒に坐り、議論し、納得していかなければならないといわれました。話し合いのあいだ中、私はひとりぼっちのマイノリティ（少数派）でした。それからタイの提案があって、私が小さな区画の土地を受け持って有機栽培をしてみることになりました。その結果いかんで、有機菜園の面積を増やす可能性も見えてきたのです。これこそが一四のマインドフルネス・トレーニングの精神に合致することでした。いかなる手段にせよ――権威に訴えることを含めて――他者に自分の考えを受け入れることを強要してはいけないのです。プラムヴィレッジは修行センターなので、僧も尼僧も在家の仲間も、プラムヴィレッジに暮らす者がみんな自分で野菜を育てていけば、少ない出費で有機的な食料が調達できるのです。タイはいつもこういって私たちを勇気づけられました。現在プラムヴィレッジには三か所の大型有機菜園があります。これがロアー、アッパー、ニュー・ハムレットにある「ハッピー・ファーム」（楽しい農場）です。菜園の仕事は大空のもとでのマインドフルネスの修行となりました。

共同体の若者のひとりが、香港にいるときに難民キャンプで豆腐と豆もやしをつくって売った経験があったので、つくり方を教えてくれました。大きな古いワイン樽でもやしを育てました――この地域はボルドーワインの生産地の一角にあるので――おがくずが使い放題でした。豆腐は大豆を一昼夜水に浸して電動の臼で挽き、細かく砕いた大豆をモスリン〔薄い平織りの毛織物〕の袋に詰めて圧縮します。袋を絞って揉みだした最初の乳状のしぼり汁は、濃厚でクリームのようでした。それからさらに水を加えて液体を薄めます。最初のしぼり汁が豆腐になり、二番目のしぼり汁は火を入れて豆乳《ソーヤ・ミルク》としてとっておきます。豆腐用のクリーム状の豆乳を加熱するときに、茶さじ一杯の炭酸カルシウムか塩かレモンジュースを加えると、見事にゼリー状に凝固します。それを型に流し込んで、蓋をして重しの石を置いて数時間おきます。いつもうまくできるとは限らなくて、凝固しなければ、残った豆乳は無駄になってしまいます。いつも失敗の原因がつかめないままに終わりますが、何らかの原因なり条件があったことだけは確かでした。

ロアー・ハムレットでの畑仕事
1990年代初頭

ロアー・ハムレットではカラシ菜がよく育

ちました。耕した土地にタネを落とすだけで発芽します。花の時期までそのままにしておくと自分でタネを作ってくれます。大量にできるカラシ菜はピクルス（漬物）にしますが、ピクルスもうまくつくるには適切な条件が必要です。タイがカラシ菜のピクルスのつくり方を教えてくださいました。ピクルスに必要な材料はカラシナの葉と塩と水だけです。まず、ピクルス用のガラスか陶器の容器を煮沸消毒します。雑菌が入っているとうまく酢漬けすることができず、表面がカビに覆われて悪臭が出てきます。カラシ菜には火を入れなくてよいのです——まず湯通しして、茶さじ一杯ほど塩を入れてよく掻き混ぜ、蓋をおいてから重石をのせるのです。気温にもよりますが、三日かそれ以上おいて発酵を待ちますが、じっと我慢して蓋を開けて中を見ないようにするのがコツです。蓋をあけると、外から雑菌が侵入する恐れがあるからです。

初めてカラシ菜のピクルスを作ったときは失敗でした。豆腐のときのようにがっかりしましたが、いつも失敗から学んでいきました。最初は「材料と時間を無駄にした！」と悔やみましたが、仕事のプロセスを振り返っていくと、どの段階で失敗したかがわかるようになり、次には別のやり方で取り組んでいきました。

一九八七年の五月のこと、タンミンというシスターがやってきました。彼女はタイとシスター・チャンコンが東南アジアの難民キャンプ・ツアーで出会って、フランスに呼び寄せた難民でした。シスター・チャンヴィ（真味）〔タンミン〕は毎日二四時間一緒に過ごした最初のサンガ仲間です。もちろんシスター・チャンコンも最初のサンガ仲間でしたが、彼女と四六時中いっしょにいることはありませんでした。インド時代から異文化の人たちと一緒に暮らすことを学んできたので、自分には当たり前と思われることが別の文化から来た人を不快にすることがあるのを知っていました。異文化の環境の中では、体の使い方や話し方に注意するマインドフルネスの練修が不可欠です。そんなつもりがなくても、すぐに相手を不快にしてしまうのです。インドの生活で忘れられない体験がありました。土台柱の上にある高床式の小屋で生活していたときのことです。下は米などの収納庫になっていて、尼僧が何かを取りに小屋の下を通ることがありました。そのとき、もし自分が小屋のなかにいたら、そこを出て、尼僧が下を通れるように、外に出て立っていなければなりませんでした。下を通る尼僧の上に座ることは失礼なことだったからです。英国にはそんな習慣はありません。篠突く雨やモンスーンのさなかに、尼僧が下を通るから小屋を出るようにといわれたら、最初はいたたまれない気持ちになりましたが、これも礼儀の一つで、人を不快にしないで喜ばせる方法だとわかると、しばらくするとこの行動が抵抗なくできるようになったのです。シスター・チャンヴィと一緒に、私もベトナム文化でよしとされていることを一所懸命学んでいこうと心がけました。

私たちの共通点は二人とも園芸が好きなことでした。彼女が畑が好きなのは、ベトナム時代に山寺に住んで寺の畑を作っていたからです。小さな畑でいろいろなベトナム野菜を育てました。私たちの野菜は地植えでは育たないので、ビニールハウスで育てていました。畑に行くとハーブのいい香りがしました。毎朝早起きして一目散に畑に駆け出します。油断するとナメクジがたかってハーブを食いつくしてしまうのです。ナメクジをつまみ上げてはバケツに入れて森まで捨てにいきました。雑草もひきました。少しだけ畑の世話をしてから、ふたりで禅堂に坐るのも楽しい日課でした。

四年ほど前に働いていたチェシャー州[11]の有機農園とはずいぶん違っていました。こちらのプラクテイス・センターでは、作務の時間はそれ自体が瞑想なのです。菜園は修行にはもってこいの場所です。温室が禅堂で、コリアンダーの葉やミントやセロリの香りがお香です。そして植物の緑が心で、その緑色が雑草と野菜を識別してくれるのです――心に肯定的な考えと否定的な考えを区別する働きがあるように。

夏になると、紅蝋堂によく通うようになりましたが、冬にはこのホールは寒すぎるし、おまけに暖をとるものが何もないので隣の小部屋を使っていました。幸運なことに、修行のために使いなさいといって屋根の修理費を寄付してくれた親切な人がいました。おかげで雪や雨が降り込まないでたすかりました。大きな寄付をいただいたのは、あのときが初めてでした。以前は本当に貧しかったのです。冬には薪ストーブで部屋を暖めましたが、薪を作るためには外へ出て朝のうちにノコギリで薪を切らなければなりません。両端にハンドルのついたノコギリがありました。シスター・チャンヴィと私の二人がそれぞれ端を握って一緒に木切れを引くのです。昔はベトナムでも同じようにしていたようです。彼女は森の木をノコギリで切って薪にして売りに行き、家族を養っていたといいます。

シスター・チャンヴィが来てくれて、どんなに楽しかったことでしょう。たった一人の仲間でも、毎日二四時間一緒に過ごせるサンガがあるのは、それだけですばらしいことです。いっしょに修行したいと思うシスターがいたら、たくさんのエネルギーをもらいます。修行のエネルギーは単純に倍になるのではなく、一〇倍、いや一〇〇倍にも増えるのです。彼女は私をしっかりと支えてくれました。ベトナムにいた頃からずっと尼僧を目指していて、心底、修行を愛していました。坐禅や一四のマインドフルネス・トレーニングを楽しみ、経典のベトナム語での朗唱に憧れていました。彼女の朗唱は逸品でした。私にも経典の朗唱の仕方を教えてくれました。料理も上手で、ベトナムの素材を使った色々な料理のつくり方をたくさん教えてくれたのも彼女でした。

シスター・チャンコンにも支えられ、タイも忍耐強く私を見てくださいました——若い頃の私は、決して御しやすい妹分ではなかったのです。あの頃から見ると、自分でもずいぶん変われたと思うのですが、全てを変容できたわけではありません。私がかつて持っていた弱点のいくつかを今も持っていることがわかると思います。シスター・チャンコンも我慢強くオープンな人でした。一切、差別をしないのです。強い民族差別意識をあらわにする人はいないとしても、やはり同じ文化を共有する人と過ごすほうが楽だと思うことがあります。しかしシスター・チャンコンに限ってそうではないのです。別の文化圏の人にも、自分と同じ文化圏の人と同じように気安いのです。「あら、ミューズリーが食べたいのね。それとも全粒粉のパン〔黒パン〕のほうがいいかしら」と、こんな調子です。

プラム園の世話もありました。ロアー・ハムレットに植えられた一二五〇本のプラムの木がこのセンターの名前の由来です。フランスのこの地域はプリュノー・アジャン[12]のプラムが有名です。このプラムを干してプルーンをつくります。在家の修行者の寄付でプラムの木が植えられましたが、その多くが子どもたちの寄付でした。彼らはプラムが収穫されたら、プラムを売った収入がベトナムに送られて、極貧の家族の支援に使われることを知っていたのです。一九八七年にプラムヴィレッジにやって来た在家のドゥックは、今は僧侶になっていますが、彼と二人で地域の農家の講習に通って梅の木の剪定の仕方や木の根元の周りから伸びて上の枝の栄養を吸い取ってしまう吸枝の伐採の仕方を学びました。

またシスター・チャンコンはみんなが喜んで取り組める仕事を見つけてくれました。ベトナムに医薬品の小包を送る仕事です。彼女はいつも困窮した祖国の人々の援助の方法を考えていました。最初は、ソーシャルワーカーや資金が必要な人たちに寄付金を送ろうとしましたが、お金は彼らの手もとに届かなかったのです。それで一計をめぐらして、医薬品の小包を送ることになりました。受取り手がそれを売って、米を買うお金を手に入れるのです——当時のベトナムでは西洋の医薬品はとても貴重でしたから。私たち一人ひとりが受取り人を数人ずつ担当して送りました。私はチャン・ドックと称して受取り人の親戚を装うのです。受取り人から感謝の手紙が届くこともありました。私がフランス在住のベトナム人だと信じ込んで、自分たちの苦境や小包を受け取った喜びを書き連ねた手紙は、私を感動させました。医薬品が本当に届いたかどうかは、このような礼状がくれば確認できるのですが、手紙は届くときもあり、届かないときもありました。切手代はとても高価だったので、切手を買って礼状を出すためには、その前に薬を売らなければならないのです。私は彼らに会ったこともないし、彼らも私がどこの誰とも知らないのに、なぜか親密な感情がわいてきました。もっとも現在では、このような活動は必要なくなりました。こちらの僧院に、貧困に苦しむベトナムの人々のための援助基金「愛と理解のプログラム」が発足したからです。シスター・チャンコンとベトナム在住のソーシャルワーカー、そしてこちらの僧院の僧や尼僧たちが協力して、資源を適材適所に配分する、はるかに信頼性のある体制ができたのです。

タンミン到着から数か月して、タイはプラムヴィレッジを滞在型のマインドフルネス・プラクティス・センターに発展させる事業に着手されました。私にはプラムヴィレッジの「根本規約」の草稿を作成する仕事がまわってきました。これは修行を前提として規定される約束事です。これで今後プラムヴィレッジの住人は、肉食、飲酒、喫煙が禁止されることになります。この条件を守れない人はここを去ることになるのですが、今後の仕事や行き先については、プラムヴィレッジが手だすけすることになりました。わだかまりを残さず、四人の若者が同意して、村を去って行きました。

こののち、プラム園を有機栽培の果樹園にする準備に取りかかりました。まず、有機肥料が必要となります。セールスマンが骨粉と乾血の話を持ち込んできたのですが、この肥料をどこで調達するのかたずねると、地域の屠場から買えるとの説明でした。私たちは動物を殺すことには加担したくないので、窒素固定作物[13]をプラムの木の列のあいだに植え、同時に、腐葉土と牛糞を使うことになりました。こうして現在に至るまで、プラムヴィレッジは有機栽培のプラムを育て続けているのです。

意識の上では気づかなかったのですが、意識のもっと深いところにタネが蒔かれたのです。ロアー・ハムレットで暮らすようになってまもなく、この私自身がホームだと悟りました。子どものころ以来ついぞ感じたことがない、我が家にいるという感覚が蘇ったのです。北のドルドーニュの丘を見上げながら、私は我が家に戻っていたのです。紅蝋堂の壁に埋め込まれた、白い瘤のような石を静かに観想しながら、我が家についたのです。ここが私であり、私はいつもここと一体なのです。

私がホームについて語るとき、スピリチュアルな意味での我が家だけではありません——あらゆるものが我が家なのです。私に我が家を感じさせてくれるものは、プラムヴィレッジの家族になったという感覚です。タイとシスター・チャンコンはほんとうに優しく、まるで血が繋がった家族、娘であり姫のように私に接してくださいました。ここに来たばかりの頃のことを思い出します。アッパー・

ハムレットのキッチンにいたとき、タイとシスター・チャンコンが、ベトナムの農夫がよく着る、茶色のゆったりしたアオババというシャツを着て現れました。そして、タイがこういわれたのです。「君も着てみなさい！　さあ、さあ！」そして私もそれを着たのです。この地に降り立ったときから、このプレゼントはずっとプラムヴィレッジの家族を感じさせました。

タイは私のインドの我が家への憧れをそのままにしておいてくださったのです。おそらく、インドはタイの夢でもあったからでしょう。タイはこんなことも語られました。「インドに住めなくても、インドを夢見ることはできるでしょう。バナナの葉で葺いた竹の小屋も、カラシ菜を植える小さな菜園もあるのですよ」。またこんな質問もありました。「インドがロンドンにあると感じたことがありますか」。私ははっきりと「いいえ」と答えました。インドは地図上の場所ではないことが分かっていたのです。インドは私の心の場所なのです。

第3部

師とともに歩む

第13章　タイとインドへ……………ブッダの足跡を訪ねて

一九八八年、タイのインド旅行が発表されて私は飛びあがって喜びました。一〇月のある夜にロアー・ハムレットの道を歩きながら満月の瞑想をしていたときのことです。タイがこう言われたのです。

「来月はインドで満月が観られるでしょう」

タイのインド行きの理由の一つは、ブッダの生涯を描いた『いにしえの道、白い雲』[1]を脱稿されたばかりで、この本の中の地図についていくつかの点を確認することでした。

タイにはシャンタム・セツというインド人の弟子がいて、私もプラムヴィレッジで彼に会ったことがありました。シャンタムはブッダの足跡をたどる巡礼の旅を企画していました。ブッダの生涯の重要な出来事と関係する土地を歩く旅です。タイ、シスター・チャンコン、タンミン、そして私の四人は一九八八年一一月のはじめにデリーに飛びました。ホテルに一泊して、翌日私はタクシーでホテルから空港に向かい、この巡礼に参加する人たちと合流しました。世界各国から集合した仲間を含めて、少なくとも三五人が巡礼の旅に出ました。心踊るインド再訪でした――英語とヒンディー語まじりの叫び声が飛び交い、街路樹の花咲く木々、楽しい思い出の中から漂いでるさまざまな匂い――。

デリーからラクナウーまで汽車に乗り、バスでヴァーラーナシーに向かいました。かなり切り詰めた予算で、一番安い施設に止まり、ときにはネズミと一緒に眠ることもありました。ヴァーラーナシーに到着してから先はバスの旅です。バスの旅はとても楽しくて、インドの風景を満喫しました。ときにはタイの隣に座ることもありました。最近「イン、アウト、ディープ、スロー」の詩を英語やベトナム語の歌にしてくれた人がいて、バスのなかでよくこの歌を歌いました。ときどき鐘が招かれて、今この瞬間に戻ります。私はいつも鐘を持ち歩いていて、仲間をバスに呼び戻す合図に使いました。みんなすっかり鐘を招いて叫ぶ私の決まり文句を覚えてしまいました。「タイはバスに乗っていますよ！」

ヴァーラーナシーとサールナートを訪れたあと、ブッダガヤ〔現ボードガヤー〕のベトナム寺院に宿泊しました。まだ建物が建築中でしたが快適なお寺でした。そこから菩提樹の木の下まで歩いて、二日間、歩く瞑想と坐る瞑想をして過ごしました。私は太陽の直射を防ぐためにタイの後ろから傘をかざして歩きました。菩提樹の根元に座って、タイのご指名で、巡礼に参加していたベトナムの有名な歌手ハ・タインが「チャン・フーン・ドット」（白檀の香を焚いて）という歌を披露してくれました。

それからウルヴェーラーまで進み、足指の間に砂を感じながらネーランジャラー川（尼連禅河）を歩いて渡り、シッダールタ王子（のちのブッダ）がひとり苦行を積んだ山まで足を延ばしました。ウルヴェーラーでは子どもたちにミカンの瞑想をすることになっていました。何人かの子どもたちが招かれたのですが、これが他の子どもたちにも知られて、予定の人数をはるかに超える子どもが押し寄せてきました。木の下に座って、タイが子どもたちにマインドフルにミカンを食べる方法を教えられました。初めての体験でじっと座れない子どももいましたが、きっと忘れられない思い出になったことでしょう。

旅の間中、子どもたちが仲間入りしてきました。ラージャグリハ〔王舎城、ラージギル〕の近くの竹林では子どもたちと一緒に朝食をとりました[5]。修行など何も知らない子どもたちが、静かにタイのそばで座ったり歩いたりしているのです！　この光景を見て嬉しくなりました。私たちは物乞いをする子どもにも大人にもお金をわたさないで、義援金を集めて貧しい子どもの施設（慈善団体）に送ることにしました。

　ウルヴェーラー付近のシッダールタが苦行した山は感動的でした。ブッダがいかにひとりの人間だったかを明かしてくれたからです。数人のチベット僧が住む洞窟では、他に訪ねる人もいなかったので、そこにマットを敷いて座って、瞑想や詠唱することが許されました。最近タイが曲をつけられた帰依の詠唱（Refuge Chant）を歌ったのはこのときが初めてでした。

　デリーに到着する直前に、シスター・チャンコンとタンミンが受戒して尼僧になる話を知りました。即座に思ったのは、「なぜわたしはしないの？」という思いでした。私は九歳のときからずっと尼僧（修道女）になりたかったし、学校で尼僧の暮らしぶりも見てきたのに、これまで願いが叶えられなかったのです。尼僧への道は一筋縄では行きませんでした。シスター・チャンコンとロアー・ハムレットのシスター・タンミンがインドで得度するなんて！　居ても立ってもいられませんでした。もう三九歳になっていてこれ以上待てなかった！　シスター・チャンコンとシスター・チャンヴィ（タンミンの法名、真味）と一緒に尼僧になれないと思うと、とても悲しくなりました。プラムヴィレッジに戻って、二人が尼僧で私だけがとり残されていたら、ああ、なんてことでしょう！　とても耐えられないかもしれない。タイには「そんな理由ではだめだね」と言われたけれど、尼僧になりたいのはそれだけではありませんでした。一番大きな理由は、心の目覚めを求める菩提心《ボーディチッタ》——愛と奉仕への深い渇望でした。確かにこの願いがここにあり、二次的ですがシスター・チャンコンの存在もありました。タイの同意が得られたのは、彼女が得度の口添えをしてくれたおかげでした。

ブッダガヤでタイに自分から得度の希望を述べると、タイは在家の修行で充分だと答えられました。もしも二人の仲間が出家するからといって、自分も尼僧にならなければならないと感じてはいけない。もしもシスター・チャンコンの助けがなかったら、私はその時点で諦めて、最終的な返事として「ノー」を受け入れていたかもしれません。彼女がもう一度タイに尋ねてみるように言ってくれたのです。返事は「まだ納得できない」といった感じのものでした。これはタイのいつもの癖で、弟子が得度の準備ができているか、「本当にそうか?」という問いかけをしっかりと受けとめているか確認する時間がもう少し欲しいという意味なのでした。

三度目にタイに得度を求めたとき、とうとう「シスター・チャンコンに得度式の僧衣の着方を教えてもらいなさい」と言われたのです。シスター・チャンコンのブレない支援がなかったら、尼僧にはなれなかったでしょう——私はつい最近タイに出会ったばかりなのです。長年タイに仕えてきたもっとも忠実な弟子の彼女と肩を並べて尼僧になることだけを考えても、シスターの友情は深くありがたいものでした。

一九八八年一一月一五日、シスター・チャンコン、シスター・タンミン、そして私の三人はラージャグリハの町[6]から少し離れた霊鷲山(グリドラクータ)の山頂で受戒しました。タイはブッダの臨在が感じられるこのいただきをことのほか愛され、「いにしえの托鉢僧」という詩にその思いを詠っておられます。「いにしえの托鉢僧は今もこの霊鷲山の頂にいる。あの見事な日没を観想しながら」。かつてタイがマハー・ゴサナンダ師[2]とともにこの山を訪れたとき、自分がブッダの目で日没を観ていると感じられたといいます。私たちも同じように観ることができると諭されました。

日の出が見られるように、早朝、山に到着しました。僧、尼僧、在家の男女がバスでブッダガヤからこの山にやってきました。登山道には盗賊が出るとのことで、危険を避けるために警察の警護を受けながら登りました。月はすでに沈み、暗い空に星がキラキラと輝いていました。美しい眺めでした。乾いた泥や砂の道、山から落下してきた石の小道を歩いて行き、ときどき止まって腰をおろしては、呼吸と静かな景色を楽しみました。冷たい空気のなかを歩く瞑想で進みました。時間通り山頂に到着したので、美しい日の出まで坐る瞑想をして待つことになりました。

左から、著者、チャンコン、チャンヴィ（タンミン）
インドにて得度直前の三人

フランスを発つ前に、二人のシスターは得度の申し出が受諾されていたので、僧衣の準備をしてインドに来ていました。私は滑りこみでやっと認められたので準備などなくて、シスター・チャンコンが持参していた予備の僧衣を借りて臨みました。

霊鷲山のブッダの庵がある場所で得度式の時間が来ました。ただその場にいる以外何もできないので、タイに全幅の信頼を寄せてただ導かれるように受戒するだけでした。胃腸の不調がまだ残っていたので少し不安で、儀式の間に何事も起こらないことを祈るばかりでしたが、儀式が始まると心が軽くなり、落ち着いて今この瞬間に集中していきました。マットを敷いて跪きましたが、下に硬い岩があって立ちあがろうとした途端に足が痺れていきました。危うく転びそうになりながら、なんとか立ちあがることができたのです。

あの美しい朝、私たち三人は四部衆[3]の見守るなか、最も簡素な得度式を終えました。証人にはブッダガヤのベトナム寺の僧院長、インド在住の年配のベトナム人尼僧、そして巡礼中のスイス人の尼僧が列席されました。シスター・チャンコンと私は得度して比丘尼〔ビクシュニー。具足戒を受けた尼僧〕となり、タイから比丘尼の戒律について短い説明を受けました。シスター・タンミンはチャンヴィ（真味）という法名を頂いて沙弥尼の十戒を授けられました。タイにはシスター・タンミンと一緒に沙弥戒を受戒したいと申し出たのですが、シスター・チャンコンとともに具足戒を受戒するようにと言われたのです。タイに尋ねると、私がプラムヴィレッジで過ごした年月はすでに沙弥尼の修行に当たると説明され、比丘尼になる資格があると認められたのです。

得度式が終わると、巡礼たちが山頂礼拝に到着しはじめたので、低い壁を巡らせたブッダの庵を出て人気のない奥まった場所まで降りて剃髪式を行いました。頭を剃った自分はどんな姿になったのでしょうか。以前は大して美しいとも思わなかった自分の顔ですが、もう髪で顔を隠すことはできません。もう隠れるところがないのです。

得度にのぞむと気持ちが軽くなってきました。もうこだわるものがないのです。自分を縛っていたものが——過去もしがらみもすべて——すっかり消えていました。翌朝、目を覚まして剃髪した頭に手をあててみたら、とても軽くて幸福で自由なのです。これです、すべての執着ともおさらばだ！　しかしプラムヴィレッジに戻ると、悩みも束縛もすべてが取り除かれたわけではないことに気づきました。まだ腹が立ったり悲しくなる自分がいました。変容していかなければならないものはごまんとありましたが、この志が揺らぐことはなく、生涯、全力を尽くして自己の変容を実現し、人々を変容していきたいと願う決意に変わりはありませんでした。三九歳という歳は得度には少し遅く、俗世の習気《じっけ》をたくさん積みあげていました。きっと自分の変容は他の人のようにはいかないでしょう。時間はかかっても、今、私は確かにこの道を歩き始めたのです。のちに昼食をとるためにジーヴァカのマンゴー[7]園で坐っていたとき、尼僧になったあなたは、在家のときよりもはるかに美しいですよ、とタイが言われました。これを聞いてホッとしました。自分を映す鏡がなかったのです。

霊鷲山での得度
インドにて（1988年11月）

　得度式の後、日暮れ前にラージャグリハに戻りました。以前の訪問で体験されたように、タイは私たちにもブッダのように坐り、ブッダの目で日没を楽しんでほしかったのです。こうしてみなでこの頂にふたたび戻ったのです。一九八八年には霊鷲山に登る人の数は今よりもはるかに少なかったので、混雑しないで静かな雰囲気を味わうことができました。シャンタムが手配してくれた警護のおかげで、私たちは開門時間の前に山に入り、閉門時間のあとに山を下りました。山をゆっくり下っているとき、月が昇ってきました。次の二日間は、もう一度この山に戻って、すばらしい雰囲気を満喫しながら修行を続けました。タイはまた霊鷲山で五つのマインドフルネス・トレーニング（5MT）と一四のマインドフルネス・トレーニング（14MT）を参加者に伝授されました。

この数日は心が軽く穏やかで、まるで浄土か天国に送りこまれたように幸せいっぱいでした。得度式によって、過去の苦しみがすべて取り除かれたような、澄み清まったような感覚が私のなかに刻みこまれた気がしました。数日が過ぎると、朝目を覚まして、いつものように顔にかぶさった髪の毛をかきあげようとして、髪はもうないと気づいて、尼僧になったことを思いだすような日が続きました。髪の毛も僧衣も戒律も以前とは違っていたけれど、在家のときと同じ修行を続けていきました。在家が練修するマインドフルな呼吸やマインドフルな歩行は、尼僧となってもまったく変わりません。中国の潙山霊祐禅師[4]の言葉があります。「善者に親近すれば霧露の中に行くが如し。衣湿さずと雖も時々に潤い有り」。僧服をまとうとマインドフルに歩き、坐り、立つことに気づきやすくなる。法衣を着ると走るのが滑稽に思えてきます。タイがよくいわれたことですが、得度して僧や尼僧になるのはたやすいが、修行を続けることは思ったほど容易なことではないのです。

ラージャグリハからナーランダーの仏教遺跡へ向かいました。私は古典の教育を受けているので、いつも考古学的な遺跡の現場に行くのが楽しみでした。遺跡は世の無常に気づかせ、遠い昔の出来事に触れる手助けをしてくれるのです。何千人もの僧侶がかつてこの地で学び修行をしました。ブッダの第一弟子のサーリプッタはここで生まれ、この地で遷化しました。壮大な僧院と（インド随一の）学問寺があった建物の遺跡をあちこちと歩きまわり、瓦礫によじ登りながら、（戒賢、陳那、玄奘、そのほか）[5]多くの巨匠たちや、この学問寺で文献を読み研究を重ねた先師たちすべてに感謝の祈りを捧げました。

ナーランダーからヴァイシャーリーへとバスは走ります。ここはブッダの叔母にして継母マハーパジャーパティー[6]をはじめとして、釈迦族の多くの女性たちに授戒して尼僧にした場所です。ヴァイシャーリーの近くに快適なホテルが予約してありましたが、二日目になると疲れが出てきたのか、もう少しここで休憩したいという人が出てきました。タイはもっと仏教の古代遺跡に近い簡素な宿泊施設に泊まることを希望され、一緒に行きたいものは同行することになりました。私はもう一泊ホテルに泊まることにしました。

ヴァイシャーリーの滞在中にタイの法話がありました。マハーパジャーパティーと釈迦族の女性たちが尼僧として受け入れられた話でした。法話のあと質問の時間があり、ある女性が、仏教はなぜ女性に対してひどく差別的なのかと尋ねました。タイは答えられました。「私は女性に差別的ではありませんよ。シスター・トゥルー・ヴァーチュー（真徳、つまり私）をよきダルマティーチャー（法師）に育てたいのです」。実際に、タイが西洋で最初に授戒したのは三人の女性でした。ヴァイシャーリーでは土地をいくつか見に行きました。タイは、いつかインドにもプラムヴィレッジを立てるかもしれないと考えていたからです。

クシナガラでは、お茶の瞑想のために座布（クッション）を広げておいてから、タイについて歩く瞑想が始まりましたが、誰かが振り返ると、猿が座布を取って一目散に走り去っていくところでした！座布の持ち主たちは驚いて猿を追いかけましたが、とうとう逃げられてしまいました。しばらくすると、幸運にも猿のほうも座布を抱えて逃げまわるのに疲れたらしく、無事みんなの座布が戻ってきました。それからタイに先導されて涅槃寺（ニルヴァーナ・テンプル）の巡行を行い、ゆっくりと歩く瞑想で、寺の周りを三回まわりました。一度の入息と出息で一、二歩あゆみを進めますが、一歩一歩を深く味わえば、どこにもいかず、ただこの今を生きる喜びに気づくのです。沙羅の木々にも出会いましたが、これはブッダ入滅当時の沙羅双樹の子孫とのことでした。その日は一か月前にタイがプラムヴィレッジで満月を見ながら私に話された、あの満月の日でした。インドに来てからあまりにめまぐるしく過ぎていったので、もう二週間以上ここにいるような感じがしました。クシナガラには尼僧が建立した中国の寺があり、現在はベトナム人の僧侶が管理していました。この寺の冷たいタイル張りの床に坐ってタイの法話を聞き、ブッダが荼毘に付された場所に作られた巨大な塚墓を訪れました。

ネパール国境を越えてルンビニーにたどり着きました。仏教の伝承によると、紀元前五六三年[7]にこの地で王妃マハーマーヤー[8]がゴータマ・シッダールタを出産し、幼少のシッダールタ王子は、今は住む人もないカピラヴァストゥの町（カピラ城）で育てられました。

ルンビニーは北方のひどく寒い町で、遠くに雪を頂いたヒマラヤ山脈が望めました。朝に宿舎を出て、おびただしい数の鳥のさえずりが聞こえるあたりまで歩きました。シッダールタ王子が産湯を使ったと伝えられる水源の正確な場所を探すのにかなりの時間がかかりました。当時、ルンビニーはまだ世界遺産に指定されておらず、古く小さな摩耶寺があるだけでした。それから一行は近くの二つの寺院を訪ねました。最初の寺はネパールの上座部仏教寺院で、寺の僧院長がシャカという苗字を名乗っていたので、今も釈迦牟尼仏陀の血統がたどれる子孫がいることに驚きを隠せませんでした。ほかの釈迦族を私たちに紹介してくれたとき、そのなかに僧になりたい少年がいたので、タイは然るべき年齢になったらプラムヴィレッジに来て修行しないかと誘っておられました。

得度して数日後のこと、剃髪して茶色の僧衣を着た私を見て、ネパールの在家の女性が足元に伏礼をしました。不意をつかれてどうしてよいかわからず、見当違いの卑下から私も彼女の足にひれ伏してしまったのです。タイからお叱りを受けました。私の行為は在家女性の伏礼の功徳を台無しにしてしまったのです。彼女は私個人ではなく、ブッダのサンガ全体に敬意を評して伏礼したのです。私は単にその代表に過ぎなかったのです。伏礼を受けたときには端座して静かな呼吸に戻っていればよかったのです。

アジアの国々では、在家の女性が祝福を受けるためによく尼僧に伏礼をすることがあります。しっかり覚えておくことは、その人は私個人に伏礼をしているのではなく、ブッダのサンガに対してそうしているということです。自分がその人の礼賛の対象ではないということを忘れないために、すぐに呼吸に戻って、礼拝する人と自分が一つであることに気づくのです。

ルンビニーを発ってカピラヴァストゥに向かいました。考古学者のガイドで一〇〇〇年以上前に燃えた穀物の種を見せてもらいました。カピラヴァストゥの都は数回焼失しており、現在は無住の考古学の発掘現場となっています。シッダールタが住んでいた場所は二説あって、一つはインド、もう一つはネパールにあります。私たちはネパール説の方に信憑性を感じています。

広大なガンジス川流域をめぐる旅の最後は、アワドにあるシュラーヴァースティー（舎衛城、サヘート・マヘート遺跡）で、ジェータの森（祇園精舎）を訪れてブッダの偉業を称えました。ブッダはこの地で幾多の雨安居のリトリートを催して、僧、尼僧、在家の男女（四部衆）に教えを授けていきました。ブッダがシュラーヴァースティーから行脚の旅にでると、地元の人々があまりにブッダの旅立ちを惜しんだので、人々が集って瞑想できるように、アーナンダがブッダガヤから菩提樹の苗木を持ってきてこの地に植えました。この木の子孫が今もこの地にあって往時をしのばせています。

かつてこの場所に中国式の仏塔がある僧院がありましたが、今は中国人の僧侶が去って英国人の僧侶がたった一人で寺を守っていました。ここで嬉しいことが起こりました。タイともう一人のベトナム人僧侶が般若波羅蜜行の太鼓と鐘を招かれたのです。鐘と太鼓の響きあう音色を聴いていると、思いのすべてが鎮まり、空の智慧が深く心にしみこんできました。この巡礼の旅でどれだけたくさんの光明の瞬間に出会ったことでしょう。タイの法話を聞きながら、地底深く埋もれた古代の僧院の発掘遺跡をめぐる旅でした。

それからボンベイ（現ムンバイ）に飛んで、プーナでアンベードカル派[9]の仏教徒のためのリトリートが行われました。彼らは不可触民と呼ばれる人たちで、インドのカースト制度からの解放を求めてアンベードカル博士の教導に従って、仏教の三宝に帰依した人たちです。宿舎でタイが水を求められたので、私がキッチンに煮沸された水をもらいにいきました。しかし水が煮沸されているわけがなかったのです。後でわかったのですが、その場に立ってお湯を沸騰させるのを見張っていなければならなかったのです。タイは具合が悪くなり食事も喉を通らなくなったのですが、翌日はなんとか丘を横切る山道をリトリート会場まで歩かれ、無事リトリートを導かれたのです。会場には電気がなく、真っ暗闇のなかの一風変わった茶会が行われました。中国の僧院で行われるように、お茶の配り手が列のあいだを歩きながら一人一人に配っていったのです。プラムヴィレッジではお茶の瞑想はみんな座って行います。キリスト教の斬新なミサの進め方に倣って、車座になって座り、茶碗を並べたお盆を自分たちのあいだで次々と手渡していくやり方です。司祭がパンとワインを祝福した後、参列者がパンとワインを手に持って、自分たちで次にまわしていくあのやり方です。リトリートはうまくいき、参加者は満足げに帰途につきました。

　それからアジャンタの洞窟を訪れました。ここは自然にできた洞窟ではなく、修行僧たちが岩をくりぬいてつくったもので、紀元前二世紀から一世紀くらいに掘られたもののようです。この「洞窟」を見て私は目を見張りました。いったいどのようにしてこのように美しい寺院を掘ることができたのか、想像を絶する美しさでした。内部は漆喰の壁画や岩に掘りこんだ彫像で飾られていました。タイは特に蓮華手観音《パドマパーニ》——観世音菩薩《アヴァローキテーシュヴァラ》が蓮華の花を掲げている漆喰画——が気に入られました。誰でも好きな洞窟に入って瞑想することが許されていたので、私は死の床で右脇を下にして横たわるブッダとその足元に立つ侍者アーナンダを描いた涅槃像がある洞窟を選んで、ブッダの足元に立つ侍者の下に坐りました。それから僧侶の独居室にも坐ってみました。各々の大きな洞窟は瞑想や経典の朗唱のための場所として使われましたが、その入り口にいくつかの僧の独居室がありました。各室には石のベンチが置かれていて、僧とその侍者の寝床になっており、壁には托鉢椀をさし出す穴が開いていました。洞窟の入り口は日没に閉門されるので、夕方にはみんな洞窟から出ることになっていました。

前回の訪問のときのタイの武勇談が飛び出しました。タイは警備をすり抜けて一週間洞窟のなかに止まってバナナだけで生き延びたという逸話を話してくださいました。洞窟の下に美しい谷川が流れていました。みなで川の丸石の上に坐って、タイ国の僧がタイに捧げるパーリ語の詠唱の声と流れゆく水音にふかく聞き入りました。

第14章　尼僧となって……修行のはじまり

フランスのプラムヴィレッジに戻るとすぐに、初めての冬安居[1]が開かれ、タイが一九八八年一二月から一九八九年二月にかけての三か月のリトリートの陣頭指揮をとられました。これ以降、毎年冬安居が開催されています。主題は、大乗仏教の意識の本質を説く世親《ヴァスバンドゥ》菩薩の唯識三十頌[2]でした。あの冬、タイはロアー・ハムレットにある「柿の家《パーシモン・ハウス》」の寒くて小さな部屋で法話をされました。フランス語がわかる二～三人のヨーロッパ人が参加していたので、シスター・チャンコンがベトナム語からフランス語への同時通訳を担当しました。そのほかには得度したばかりの三人の尼僧と、長年ヴィレッジに住んでいる六～七人の在家だけの小さな法話でした。部屋の隅に薪ストーブと小さな白板がありました。このとき、タイは私に、三十頌をサンスクリット版で説明するように指示されたのです。これはたいへんなテキストで、タイの言葉を追いかけながら、単語の逐次訳をするだけで精いっぱいでした。私自身が格闘している経典を、サンスクリットを学んだことがない初心者がどれだけ理解できるというのでしょうか。このなかには本気でサンスクリットを学びたい人はいないし、学びたくない人に教えるのは無理です、とタイに苦言を呈しました。この頃には私は自分の悩みや苦しみを、ためらわずにはっきりと口に出して言えるようになっていました。サンスクリットの一行を正確に翻訳できた人にはチョコレートをあげましょう、などと、タイはなんとも巧妙な励まし方をされるのです。

タイにベトナム語でお香を捧げてみなさいと励まされて、やってみるとみんなが吹きだして笑うのです。イントネーションが違うので、真反対の意味になってしまったのです。笑われて私はカッとなりました！

冬安居のあいだ、タイはブッダや祖師たちの生涯を抜粋して、一〇人かそこらの弟子たちに演じさせました。この寸劇は法話の後の出しものになりました。また弟子にも即興の短い法話が課されました。タイがトピックを出すと、誰かが前に出て数分間そのトピックで話をするといった趣向です。聞き手である弟子を話題に取りこむタイの絶妙な教え方でした。初めて出会った日からずっと感じていたのですが、タイは私の菩提心を見抜いておられたので、タイの世界に私を引きつけようとされていたのです。

一五年の後、プラムヴィレッジが大きな僧・尼僧のサンガに成長したとき、タイは現在まで続いている新しいスタイルを考案されました。仏法を分かち与えるのは、師である自分一人ではないことを伝えるために、法話の前に僧や尼僧も壇上に上がって会衆の前で詠唱するのです。これはタイのユニークな弟子の育て方で、私たちに大衆の前に立つことに慣れる機会が与えられたのです。

得度してまだ一年生の私たちに、タイはもう法話の心構えを教え始めたのです。まず、話す内容をすべて書きだし、何度も読みこんだあと、ノートを閉じて記憶をたどりながらそれを復唱します。それを録音して聞いたり、鏡の前に座って自分の話す姿を見るのです。私の部屋には等身大の鏡が置いてあるので、その前に座って自分の姿を見ながら話の練修をしました。

これに続いて、タイの指示で「ダルマ・フェスティバル」（仏法祭）が始まりました。僧、尼僧、在家の男性と女性からなるヴィレッジの住人全員が順番に指名されてサンガの前に出て、鐘に入れてあ

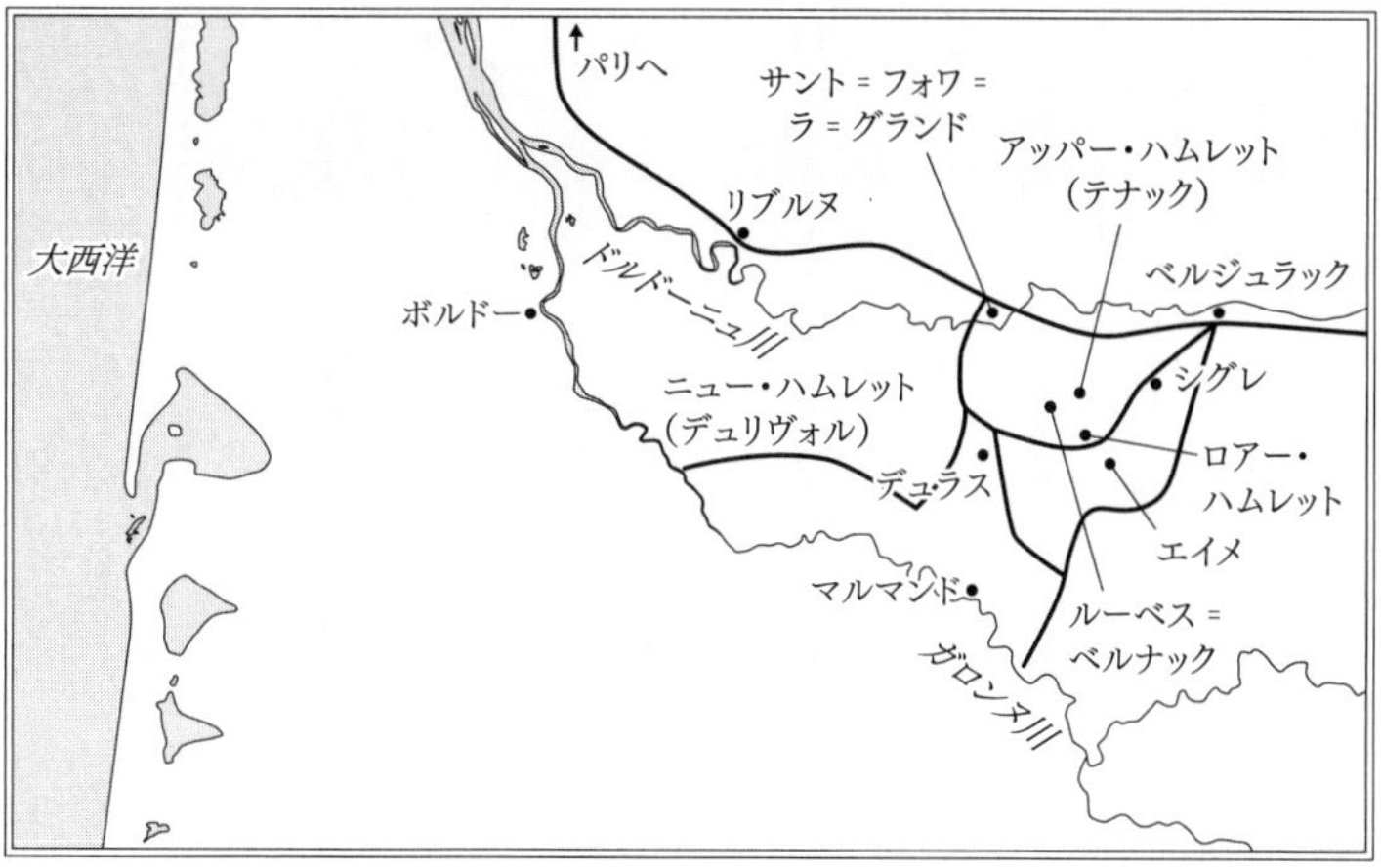

地図14　プラムヴィレッジ

るトピックの短冊をくじ引きして一〇分間の話をするのです。もちろん前もって準備をする時間などありません。

タイは法話という手段だけでなく、身体を使って教えられました。タイの一挙手一投足が教えだったのです。知的な教授法とは言えませんが、ちょうど気づかぬうちに霧が衣服に染みこんでくるように、意識の深いレベルで受けとめられるのです。ある日タイの寓居に呼び出されて、プラムヴィレッジの年報のニュースレターの印刷を手伝ってほしいと頼まれたことがありました。はやる気持ちで駆けつけると——丸一日かかる作業とわかっていたのですが——印刷室のストーブがまだ温まらないのでもう少し待ちましょうと言われました（セントラルヒーティングなどない時代でした）。タイの提案で、すぐに印刷作業を始めないで、歩く瞑想のプラクティスをすることになり、二人で寓居の外の美しい丘に散歩に出かけました。散歩から戻ってくると、またもや印刷室に直行しないで、お茶を飲もうと誘われるのです。師が弟子にお茶を入れるなど、伝統的な仏教寺院では決して起こらないことです。タイの動きにはことごとくマインドフルネス、集中、洞察が働いています。これだけのことをした後でやっと印刷が始まりました。

まず印刷のために機械をセットする仕方から習います。農夫が畑を耕すのに水牛が必要なように、印刷機は私の水牛だよ、とタイが言われます。水牛一頭一頭には性格があって、一緒に働くためには農夫はそれを熟知しておかなければならないね。タイの水牛には三つのスピードレベルがあって、早く働くもの、普通のもの、そしてゆっくりと動くものがありました。普通のスピードで試してみると、不具合が起きた時に気づかなくて、プリンターを止められず紙とインクが無駄になったことがありました。それからというもの、タイはスローモードだけを使われました。こうすると、プリンターから紙が送りだされるときに、一枚ずつしっかり確かめることができるのです。この日タイと一緒にした仕事は生涯忘れられない教えになりました。これまで一度も外の世界で経験したことがない教えで、私の今後の仕事の取り組み方の規範となりました。早く終えようと焦ったり、仕上がりのことばかり考えなければ、仕事はスムースに効率的に進むのです。あの日はあと二頁だけ印刷が残りましたが、タイは明日の朝一人でできるから大丈夫だよと言ってくださいました。

ページ揃え（丁合い）はみんなを呼んできて一緒に作業をします。タイがテーブルの上にページ順に並べていかれ、みんなで歩きながらページを一枚ずつとって、最後のページまで順番に重ねていくと、一冊の冊子が仕上がります。

一九八九年にビデオ・カメラが寄贈されました。タイの撮影のおかげで自分の姿がはっきりと確認できるようになりました。歩く、食べる、話す、歌う、さまざまなスポットが撮影されると、自分の姿が客観的に認識できるようになり、マインドフルネスの修行の深さまでわかるようになりました。

一九八九年の五月に、私はアメリカ巡回ツアーに同行することが許されました。アメリカではタイとともにヴァージニア州に住むにタイの姪であるアンフーンさんの家に滞在しました。彼女はタイの長兄の娘さんです。このツアーに同伴できて幸運だったはずでしたが、私はなぜかわけのわからない惨めさを感じていました。とうとうタイのお兄さん（アンフーンさんの父親）が私のことを話題にするほどふさぎこんでいたのです。タイは私に寛容でした。私の気持ちをそのままにして、暖かいお湯にでも浸かったらどうか、と言われたのです。

なんだかはじきだされたように感じていたのです。言葉もよくわからず、自分がこんなところにいていいのかどうかもわからなくなったのです。ここではベトナム人向けのリトリートが行われていました。ベトナム語が飛び交っていました。ベトナム人参加者、難民、そして合衆国に定住した人たちが四〇人くらい集まっていたので、これが高じてひどく苦しくなってきたのです。当然ながら、私には話の重要な細部が全く理解できないので、ここになっていたのですが、私はみながリトリートに向かっていることを知らなかったのです。タイの姪の家からリトリート・センターに移動することになっていたのです。そして二段ベッドが並んだ宿舎を見せられたときに初めて、数時間の滞在ではなくて、四〜五日の泊まりこみだということがわかったのです。出発前にはっきりと尋ねる勇気がなかったのです。さらにこの外出が泊まりだということを知らなかったので、お袈裟[3]もありません。五つのマインドフルネス・トレーニングの授戒用の服がないので、仕方なく在家の列の端に隠れるように座っていましたが、まだ新入りだったので座った場所は大して気にならず、さらに、だんだんとこの場の雰囲気にも慣れてきて、リトリートが始まる頃にはずっと気持ちが楽になっていました。それでも、自分への失望感は否めませんでした。

タイが初めて私たち全員を床に横にならせてトータル・リラクゼーション瞑想（完全なる手放し・弛緩）を指導されたのはこのときが初めてでした。タイが推奨されるこのすべてを投げだす「手放し」の練修が、私のいちばんのお気に入りになりました。テープから海辺の波の音まで聞こえてきて、みんなすっかりくつろいでしまいました。

タイ・ヤックタンという深い悟りに達したタイの弟子がおられました。彼が逝去されたとき、タイは彼の死を悼んで「彼はなすべきことは成し遂げた」という偈を捧げられました。

あなたはまことの修行僧　みんな知っている
あなたがなすべきことすべてやり遂げたことを
あの山の端《は》に卒塔婆《ストゥーパ》を建てよう
子らの笑い声が鳴り響くように

タイ・ヤックタンは私など足下にも及ばない、深く悟られた修行僧だったのですが、私は彼のことを法兄《ダルマ・ブラザー》のように思っていました。ちょうどシスター・チャンコンが法姉《ダルマ・シスター》であるように。プラムヴィレッジのアッパー・ハムレットで、グリーンマウンテン・ダルマセンターで、そしてバーモントのメイプルフォレスト僧院で、私は彼のそばで修行に打ちこみました。会えばいつも彼のユーモアに笑い転げました。タイとシスター・チャンコンと私をワシントンDCにある自分の寺まで車を走らせてくれたのも彼でした。高速道路でもすいすい車を飛ばすのですが、まわりからはすごい警笛の嵐で、私は気が気ではなくて、まわりの車に目を凝らし続けていました。

リトリートの後、ヴァージニアにあるベトナム寺院に行きました。蚊がうようよいたので線香を焚いて、暗くなって戸外に座ってアイスクリームを食べながら、僧侶が歌う「タン」(Tan)という歌〔鐘とシンバルを鳴らして歌う独特な朗唱《チャンティング》〕を聞きました。タンを聞いたのはこのときが初めてだったのですが、とても心を動かされる響きでした。翌日、在家の人たちの到着を待って、シスター・チャンコンが庭の高木の下で歩く瞑想を指導しました。このとき初めて前《まえ》身頃《みごろ》が閉じているグレーの沙弥用の僧衣を受けとりました。ベトナムでは得度したばかりの尼僧がブラウンの僧衣を着るのは身分不相応だったのです。ブラウンの僧衣は高位の尼僧だけが身につけるものだったからです。

今になって振り返ると、タイやサンガと過ごせたすばらしい時間をもっと楽しんでおけばよかったと悔やまれます。自分が惨めに見えて、不平を漏らしていたことが残念です。今でもどうしてあんなに悲しい気持ちになったのか、その理由がどうにも理解できないのです。除け者にされたと思いこんでいたのです。大した人間でもないのに人の注目を浴びたいと本気で思っていたのです。ぶざまなことをしでかすのも怖かったのですが、結局、着ている衣服が人を決めるのではないことがわかっていなかったのです。今、思いだすのは愛とくつろぎがいっぱいの和やかな雰囲気ばかりでした。もっと役に立つことができていたら、少なくとも、あの頃のすばらしさをもっと味わえていたら、と、今はしきりに悔やまれます。

ニューヨーク州北部にあるヨーガ・瞑想センターのオメガ学院に向かいました。毎日雨が続き、あたりは鮮やかな緑一色でした。タイに雨がかからないように後ろから傘を掲げてゆっくりと朝の瞑想会場へと歩くとき、自分がタイの役に立っていると感じるとても幸せな瞬間でした。また怒りをコントロールする練修が必要なときもありました。例えば、タイの朝食にオート麦の粥やライスミルクなど、お体によいと思うものをトレーに並べて用意しました。オメガ学院が提供してくれている食べものの種類に私は驚いていました。簡素な食事のために、こんなにもいろいろな料理が並べられているのを今まで見たことがなかったのです。ところがシスター・チャンコンから見ると、私が用意した食事も不合格でした。私が選んだ食事のどれもタイが食べられなかったので、別のトレーを用意して、シスターに選んでもらうことになったのです。波のような怒りに打ちのめされて、木のカウンターに手をおいて体を支えて、黙って呼吸をしました。それから外に出て「息を吸いながら、私は怒っていると知る。息を吐きながら、まだ怒りがあると知る」と、呼吸を続けました。心が静まると、こんなことは取るに足らないこと、腹を立てる価値もない、とわかったのです。

プラムヴィレッジに来てはじめの一か月は、タイから怒りのコントロールの仕方を学びました。腹が立ったときに、他人や自分自身を傷つけるような怒りの表現を避けるために、タイは皆に四行詩を書くことを勧められました。鍵となるのは、目を閉じて呼吸に戻り、あなたを怒らせた人を見たり、声を聞いたり、あるいはその人のことを考えないようにすることです。その場から離れて、気持ちが十分に落ち着いて怒りの根を見つめることができるまで、歩く瞑想の練修をするのです。

このリトリートにジョアン・ハリファックス[4]も参加していました。彼女は三年前に一緒に受戒した在家で、インタービーイング教団の在家の中心人物でした。元気がないように見えたのか、私を山歩きに連れていきたいとタイに申し出てくれました。タイは「さあ、どちらが先に頂上にたどり着くかな」と返事をされましたが、私たちは黙っていました。オメガ学院でのリトリートが終わると、私たちはカナダに移動することになっていたので、二人で山を歩くチャンスなどなかったのです——一九九二年にベトナムで一緒にイェントゥ山に登れるはずだったのですが、あのときはジョアンが体調を崩していました。

リトリートが終わるとボストンに車で移動して、シスター・チャンコンはここからフランスに発ったので、私がタイの正式な侍者になりました。タイに申しわけないことになりました！ タイの食事の作り方はシスター・チャンコンからしっかりと教えてもらったのですが、味つけがどうしても彼女のようにうまくいかないのです。ベトナム人の在家からタイの特別食をつくりたいとの申し出があったのですが、タイが召しあがれない食材が含まれていたので、結局、私の料理で我慢していただくことになりました。

ボストンからモントリオールに飛び、そこから東に車で一時間半走ったところにあるメープル村に向かいました。メープル村は、カナダ在住のタイのベトナム人の弟子たちによって創設されました。弟子のなかの何人かは、私より先に受戒して、インタービーイング教団のメンバーになっていました。メープル村ではすぐに打ち解けて、このの後毎年この村でリトリートを主催することになりました。

この村はモンテレジー山系の森のなかにあって、すばらしい空気とおいしい地下水に恵まれていました。湖につづく森にタイのために建てられた寓居に住んで、瞑想したり書きものをしたりして過ごしたいと、よく空想を募らせていました。

メープル村では、私が用意した食事をタイに出せないことがもっとはっきりしてきて、ここには古くからの住みこみの在家、アン・チャンコーさんがいたので、彼女にタイに出すビスケットを買いに行ってもらうことにしました。そこで思いついたのが、ベトナム人の在家の女性にタイの食事を頼めば彼らは大喜びで引き受けるだろうし、私はシスター・チャンコンに指示された食事の内容を伝えればいいということでした。タイの食事には、食べられるものと食べられないものがあったのです。

メープル村のフランス語を話すベトナム人サンガはとても和やかで、カナダ在住のベトナム人修行者たちはカナダを母国のように思って暮らしていました。ベトナムの遺産を守りながらカナダ社会に調和しているのです。彼らもタイとシスター・チャンコンのように、二つの文化を自由に行き来できる人たちでした。流暢にフランス語が喋れる人がたくさんいて、リトリートではいつも誰かが話されたことをすべてベトナム語に訳したり訳されたりして、カナダへの感謝の気持ちを表すのです。合衆国やフランスでは、こんなにぴったりと二つの文化に馴染んでいるベトナム移民を探すのは難しいでしょう。

長着の下に着る上下のそろいがなかったので、在家の時代から持っていたベトナム風のブラウンのパンツとブラウスで間に合わせていました。在家のインタービーイング教団メンバーのチャンラックのお母さんがふた揃えも縫ってくれました。新調してもらったこの服がとても気に入ってしまって、トロントから飛行機に乗るときなども、このままでいいと思って外出していました。ベトナムでは尼僧は長着を着ないで公衆の面前に出てはいけないことを知らなかったのです。

モントリオールからトロントに発つ寸前に気がついて、長着をスーツケースに詰めて空港でチェックインをしました。飛行機がトロントに近づくと、タイから長着を着るようにいわれましたが、できませんでした。チェックインのときに貨物室に入れてしまっていたのです。それでカバンを受け取る前に、トロントの歓迎団が迎えに来てしまって、またもや普段着のような格好で人前に出ることになったのです。タイにどれだけ申しわけないことをしたことか。お叱りは受けなかったのですが、きちんと着衣できない弟子をもって、どんなに情けない思いをされたことでしょう。空港からリトリートのセンターに向かうとき、バンの後部座席に一人で座ったので、横になってうとうと眠ってしまいました。さすがにそのときは、尼僧は公衆の面前で横になってはいけないと注意されました。尼僧としての礼儀はなかなか身につかず、そばで教えてくださるのはタイだけでした。あれやこれやの失敗を重ねながら、実地のなかから学んでいかなければなりませんでした。

トロントは寒く、体を温める衣服が十分ありません。歩く瞑想では在家の修行者が自分のコートを貸してくれました。明るい青色のコートでした。ブラウンの長着の上に着ているとタイがご覧になって、思わず声を上げられました。「キレイなコートですね！」

この言葉が意味することはすぐにわかりました――尼僧は明るい色彩の着衣を身につけてはいけないのです。すぐにコートを返して、寒くても恥ずかしい色の服を脱いでホッとしました。のちに、尼僧の「五つの威儀」を学ぶ機会がありましたが、タイが私の過ちを正すときには、いつも忍耐強く優しく注意されるのです。細やかな配慮や身のこなしを学ぶのは、心の内や外に平和な静けさを生みだすためのもので、外から押しつけられる規則ではありません。誰もが心地よく感じられるように行動するための助言のようなものです。

トロントでの仕事は、リトリートに参加した在家の子どもたちの世話係でした。タイはいつも子どもたちに短い法話《ダルマ・トーク》をされて、これが終わると私が子どもたちを外に連れだして、大人向けの法話のあいだ一緒に遊びながら仏教のお勉強を続けます。あるとき「尼僧さんたちはどうして頭を剃ってブラウンの服を着るの？」と子どもに質問されて、こんな風に答えてみました――尼僧は看護婦さんみたいなものなのよ。制服を着ていたら、すぐに看護婦さんとわかってお世話してもらえるでしょ。こんな返事でよかったのかと心配になってタイに尋ねると、「うまく答えましたね」と言ってくださいました。タイから伝統的な木魚の招き方を教わっていたので、私はベトナム語の読経に合わせて木魚を鳴らして子どもたちと楽しく遊びました。

トロントからカリフォルニアに飛び、サンタクルーズ山系にあるベトナム仏教の僧院、金山《キムソン》修院がリトリートの会場となりました。ここでは在家のリトリートと僧侶のためのリトリートが別々に開催されます。私は得度してからまだ一年も経っていなかったので、出家得度した順番に座るなんてこともぜんぜん知りませんでした。食堂では、得度して何十年もたつ年上の尼僧たちはとても控えめで、いつも私を尼僧たちのそばの上席に座らせてくれたのです。僧院の儀礼からすると明らかな違反です。タイがやってこられて、先輩の尼僧たちの席に座るとはどうしたことか、と新参の比丘尼の席に移動させられました。長年西洋で暮らしてきた二人のベトナム人尼僧、シスター・ユーゴック（妙玉）とシスター・フエハオ（豪慧）との出会いは、彼らの翼の下に守られてとても幸運でした。シスター・ユーゴックとは同室で、いろいろな尼僧心得を学ぶことができたのです。

私室を出る時には必ず長着を着なければいけないことを教えてくれたのは、シスター・ユーゴックでした。私もやっと尼僧として正しい着衣の仕方を覚えたのです！ 彼らが言うには、ベトナムでは若い尼僧がブラウンの法衣を身につけられるのは北部だけで、南部と中央では、ブラウンの法衣は最年長の尼僧にしか許されていません。このリトリートに集まった尼僧たちはすべて南部と中央の出身だったので、私のブラウンの法衣は彼らにたいへんな違和感を与えたようです。私は駆けだしの沙弥尼でありながら、実は上位の修行者の身なりをしていたのです。ヴァージニア州でいただいた沙弥尼の衣装、グレーのアオ・ナット・ビン（日平衣）のことを思いだして、これを着ることができて嬉しくなりました。金山《キムソン》修院での在家リトリートでも、キッズ・プログラムの担当になりました。私たちのリトリートのすばらしさは、両親が子どもを連れて参加できることです。リトリートは必ず子ども向けの法話から始まります。大人にも楽しいお話です。法話が終わると、子どもたちは部屋から退出してキッズ・プログラムに向かいます。私は子どもたちと一緒に座って話をしたり、歩いたり、ゲームをして遊びました。人数はあまり多くなかったので予定を立てる必要がなく、たいていは子どもの顔を見てその場で遊びを決めました。

西海岸のリトリートが終わると、サンフランシスコ空港から一〇時間のフライトでパリに戻りました。深夜の空港の出発ロビーは人気がなく、搭乗案内がなかったので危うく飛行機に乗り遅れるところでした！　運よく、タイが出発の時刻に気づかれたのでたすかりましたが、危機一髪でした。機内ではタイの隣の席に座ったので、タイがずっと目を閉じておられたことに気づきました。一〇時間の間、完璧に静まって瞑想状態で座っておられたのです。パリに着くと、シャルルドゴール空港とオルリー空港を往復するシャトルバスに乗ったときに、私が気になっていたことをタイに打ち明けるチャンスがありました。タイは深く聞いておられましたが、返事はされませんでした。

一九八九年の六月になると、サマー・オープニング（夏のリトリートの開催）の準備をする時期になっていました。一九八七年の終わり以降、プラムヴィレッジは本格的な修行センターに変貌していました。私たちの夢が実現したのです。当時ロアー・ハムレットには、シスター・チャンコン、チャンヴィ、長年の在家の友人たち、フエン・チャウ（現在タイ国プラムヴィレッジ在住）、ドック（現在フランスのプラムヴィレッジ僧侶）、ドアン（同じくフランスのプラムヴィレッジ尼僧）、そして、家族連れリトリートの責任者であるエヴェリン（現在アムステルダムのダルマティーチャー）たちが住んでいて、みんな家族リトリートの担当をしていました。ドックはとても内気で大人数が苦手でした。それで夏のリトリートの人気がでてくると、彼はいつもムッシュー・モネの家に引きこもるようになっていました。

当時の家族向けの夏のリトリートは、今ほどきちんと計画が行き届いていなかったので、最後の最後まで決めなければならないことが山積していました。それでもいつもよい気が流れていて、退屈どころかみんな朗らかで、家族のような雰囲気でした。

修行についてはタイが両方のハムレットを受け持たれて、定住組やリトリート参加者のなかにマインドフルネスが欠けていることを察知されると、すぐに定住組をロアー・ハムレットの図書館に招集して、穏やかではあるが厳しく注意されました。リトリートの運営に責任があるインタービーイング教団の得度者の会合も毎週行われました。リトリート中のタイはフル稼働で、参加者に交じって坐る瞑想や車座になって練修の体験を分かちあうダルマ・シェアリングに顔を出されました。それぞれのハムレットには、フランス語、英語、ベトナム語の三つのシェアリング・グループがありました。

朝一番の坐る瞑想には、子どもたちも一緒に座ることになっていましたが、子どもはじっと座っていられないので、私たちが交互に大人と子どものあいだに入って、子どもが二人の大人に挟まれるように座りました。ある朝の瞑想の時、年配の女性のお腹がグーグーと鳴り始めたのです。子どもたちは音が聞こえてくるたびに大笑いを始めました。するとタイのベトナム語が聞こえてきました――「お腹を鳴らしている方は退出してもらえますか」。在家の女性が素直にその場を去ると、やっと子どもたちが静まりました。はじめの一〇分が過ぎると小さな鐘の音が響いて、子どもたちは静かに立ちあがって外に出ていきました。

一九八六年の時点では、タイは西洋人の得度は時期尚早と考えておられましたが、一九八八年頃になると、西洋人の僧や尼僧への授戒の準備が整っていました。私はこの宗派で得度した最初の西洋人として、どれだけの優遇を受けたか計り知れません。西洋にもマインドフルネスのトレーニングが必要であることにタイが気づかれたのです。仏教がヨーロッパ、オーストラリア、北アメリカに広がっていくにつれて、修行方法に少なからず混乱が起きていて、彼らに適した修行方法が見えなくなっていたのです。西洋の実践者のなかには、倫理と瞑想は無関係という人もいましたが、倫理的なガイドラインを遵守できないことからくる苦しみがいかに大きいかをタイは痛感しておられたのです。文化や教育の側面からも倫理的なガイドラインには反対がありました。仏教的な倫理は、習慣、宗教、権威によって押しつけられるものではありません。私たちが求める倫理的トレーニングは、苦しみに気づいて、その苦しみを避けるにはどうしたらよいかという視点から生みだされたものです。タイは在家実修者を導く指標として、「五つのマインドフルネス・トレーニング」（5MT）のプラクティスを考案されました。

尼僧になって一年目はなかなかたいへんで、私は腹を立てたり、寂しかったり、疎外感を感じたりで、僧院の規則やベトナムの文化や言語に馴染めませんでした。私自身が学ぶと同時に、タイもまた弟子の導き方を学ぶという新しい状況に直面しておられました。正確に言うと、出家の弟子、特に尼僧の導き方についてで、その一人がヨーロッパ人の私でした。ベトナム語の語学クラスができて、このクラスがとても楽しかったのは、ベトナム語の歌のレッスンがあったからでした。これはなかなかうまい方法で、ベトナム語は声調言語なので、曲に乗せて覚えるほうが遥かに覚えやすいのです。このクラスは当時ロアー・ハムレットのキッチンで行われていました。現在はダイニングホールの一部になっていますが、仲間内の打ち解けた集会のほとんどがこのキッチンで行われていました。タイの古典中国語クラスは図書館が使われました。中国語の勉強はとても難しかったのですが、ある日、タイがこのクラスは楽しいですかと尋ねられたときに、すかさず皆の前で「いいえ」と答えて、爆笑がおきました。あのときの気のきかない返事を思いだすと、今でも身が縮みます。中国語とベトナム語はともに声調言語であり、ベトナム語の語彙の多くも中国語からの借用語なので、ベトナム人には自然で馴染みやすいことばでも、私はまったくお手上げで、仲間についていけませんでした。テキストには『懺帰命』（人生の懺悔と慰め）という本が使われ、声に出して読みながら学びました。この詠唱はとても美しくて覚えるのも楽だったのですが、読解や作文となるとまったく別物でした。

得度して尼僧になったとき、タイの提案で両親には伝えませんでした。娘が、仏教徒の尼僧になることがどんなものかわからない両親に尼僧になっていいかどうか尋ねて、親がどちらの返事をするにせよ、あまり意味のないことです。タイのアドバイスは、数年待って修行が身についてきたら、タイと一緒に英国のリトリートに出かけて、両親を招いて参加してもらいなさいというものでした。

両親に手紙を書いてタイが主催するリトリートに招待する時がやってきました。しかし尼僧になったことは一言も書きませんでした。母は参加の登録をしてくれました。彼女は前にプラムヴィレッジに来たことがあり、修行のことも少しは知っていたのですが、父は多忙を理由に来てくれませんでした。到着の日、玄関ホールの端に母の姿を見つけたあの瞬間のことが忘れられません。私はいち早く母を見つけて、たがいに近づいていくと、母が「アニー！」と私を呼んだのです。子どもの頃から呼ばれていた名前でした。かわいそうなお母さん！ ブラウンのローブに身を包んだ剃髪姿のわたしを見て、母は不意を打たれてどんなにびっくりしたことか。とっさに母が言ったことは、「まあ、パパがいなくてよかったわ。頭を丸めたあなたを見たらきっとショックを受けるわ」。自分のショックも隠しきれないようでした。のちになって、母にプラムヴィレッジの写真を送るときには、よく撮れていて頭部が隠れている写真だけを送っていました。母はその写真を私のきょうだいの写真と並べて飾っているようでした。

リトリートが進むと、母はだんだんとくつろいできました。母はじっと私を見ていました。私がどのようにリトリート参加者たちと交流するか、どのようにダルマシェアリング（仏法の分かちあい）をリードするか、五つのマインドフルネス・トレーニングをどのように説明をするかなどを観察していて、参加者の尼僧への敬意を理解し始めたようです。母は私のダルマシェアリングの導き方を褒めてくれました。一度も体験したことがなくて、どれもこれも生まれて初めてのことばかりなのに、母はすべての実践活動に参加してくれました。タイに母を紹介すると、すぐに気が合って、気楽につきあえる人だと言ってくださいました。その後、母はときどきマーマレードジャムをタイに送ってくるようになりました。タイは箸でマーマレードをつまんで、とても美味しいと言いながら、私の前で食べてみせられました。

歩く瞑想では、母の手を取って歩きました。母が一つだけわが家に持ち帰った練修はトータル・リラクゼーションだといいました。朝目覚めたらベッドのなかでよくこの練修をしていたようです。

英国ツアーが終わってプラムヴィレッジに戻ると、タイは私に休暇をくださって、国の両親や家族に会いに行くように言われたのです。尼僧になった私の姿を初めて見たときの母の言葉をよく覚えていたので、父にショックを与えるのが怖くて、帰省中はずっと頭のかぶりものをとる勇気がありませんでした。

私の人生の最大の幸運はタイに出会ったことと、タイから直に五歳のときの両親の瞑想の仕方を学んだことでした。両親をよりよく理解してその苦しみを深く見つめる練修です。五歳のときの父親を深く見つめることができるようになると、両親への深い感謝と愛が感じられるようになり、彼らへの話し方にも、前よりももっと深い尊敬と理解の心が表せるようになりました。この瞑想の進め方はこうです。まず五歳のときの自分を思い浮かべます。当時の自分がいかにひ弱で傷つきやすかったかを見つめてから、今も自分のなかに生きている五歳の子を優しく思いやります。それから五歳のときの母と父をイメージして、彼らもまたひ弱で傷つきやすかったことを見つめます。これによって彼らへの慈しみの気持ちが育ちます。あなたのなかにいる両親が認識できると、彼らの苦しみがあなたの苦しみだったことに気づきます。ここまできたら、両親とあなた自身を苦しみから解放するために、マインドフルネスと集中と洞察への志を立てるのです。

一九八九年に、尼僧となった私に会いに両親が連れ立ってプラムヴィレッジにやってきました。父に歩く瞑想を教えたかったのですが、あまりうまくいきませんでした。この経験で、知らない他人に教えるよりも、家族に教えるほうがはるかに難しいことを教えられました。父はプラムヴィレッジに二度もやってきて、こちらの雰囲気や共同体での暮らしを楽しんでくれました。修行には興味がありませんでしたが、サンガの暮らしぶりや仕事は面白かったようです。梅の木に関心を示したり、ミルクが飲めるように乳牛を一頭送りたいと申し出たりしました（当時、私たちはまだヴィーガン（完全菜食主義）ではなく、ミルクは近所の農場から買っていました）。タイはこの申し出に感謝しましたが、こちらでは牛の世話や乳搾りをする時間がないと思うので、と言って辞退しました。一方母は堂々と練修していました。彼女の歩く瞑想はとても自然で力みがないので、母の歩く姿を見ているだけで嬉しくなる、とよく言われたものです。

尼僧になることを「出家する」〔つまり「家を出る」〕といいますが、実際には、私たちが自分の父親であり母親なのです。二年間に数日しか両親に会えなくても、彼らはいつも私たちのなかにいるのです。タイはこういわれました。「お父さんや母さんに腹を立てたら、自分自身に腹を立てているのと同じことですよ。あなた自身があなたの父であり、母だからです。科学的に見ても、両親から染色体を半分ずつ受け継いでいるので、両親が自分のなかにいるのは明白です。だからあなたが変容と癒しのスピリチュアルな道を進んでいくと、両親もあなたと一緒に変わっていくのです――物理的に遠く離れて暮らしていても、内面的には両親の生活の中に平和と理解が育ち始めるのです」。

一九九〇年になると、私はタイの指示でアッパー・ハムレットに移って修行のまとめ役を務めるようになりました。あちらには得度したばかりの沙弥と在家の男性が数人住んでいました。私は男性僧が住むハムレットのほうに移動したので、援助者として「もう一人《セカンドボディ》」の尼僧が必要となりました――身を守るために行動をともにする尼僧です。体力的にも、事故や病気になったときに備えて、セカンドボディの存在は欠かせません。「(五つの)威儀」(尼僧心得)の点から見ても、誰かと一緒にいると修行のあるべき姿を思いださせてくれるし、尼僧にふさわしくない行動をとることも避けられます。また、在家の人も町で二人の尼僧が一緒にいるのを見ると安心するようです。キリスト教の修道院でも修道女が一人で外出しない決まりになっているのと同じ考えです。尼僧たちが順番に私のサポート役にまわってくれたので、常時二人でアッパー・ハムレットにいて、ほかの尼僧はみなロアー・ハムレットに住むことになりました。私は生真面目に修行のまとめ役に取り組んだのですが、これが若い男性僧たちにはよく受けとられなかったようです。

早朝の瞑想には特に力を入れていて、全員の出席を求めました。全員で揃っても一〇人にも足りない人数なのに、瞑想ホールの鐘の前に私ひとりで座っているととても悲しくなりました。坐る瞑想の時間なのに誰も現れないときには、沙弥の部屋に行ってドアをノックします。返事がなければドアを開けて大声で瞑想の時間を告げるし、それでも起きてこなければ、眠りこけている沙弥を寝袋から引きずりだしたこともありました。

冬安居になると、アメリカの金山《キムソン》修院からビジターとして沙弥がプラムにやってきましたが、中に一〜二名は尼僧から指示を受けることをひどく嫌う者がいました。伝統仏教では尼僧は男性僧の妹といった立場であって、尼僧が僧に指示を与えるのは論外で、つねに指示を受ける立場だったのです。伝統的なベトナム寺院から来た僧にとって、これは完全な逆転だったのです。

しばらくしてアッパー・ハムレットにタイ・ヤックタンが合流して、二人ともアッパー・ハムレットのストーン・ハウス〔という建物〕の屋根裏に部屋を持つことになりました。タイ・ヤックタンは、稀に見るおっとりした僧侶でしたが、鋭い目をしていて、修行の誤りを突きとめるや、その人のために迷わず口に出して正してくるのです。彼は自然やいのちの不思議を深く味わう詩人でした。沙弥たちはなかなかタイ・ヤックタンに馴染めませんでしたが、彼はだんだんと最高位の僧にふさわしい風格が出てきて、のちにパリのフルール・デ・カクタス瞑想センター（現在のメゾン・デ・リンスピール、呼吸の家）僧院長に抜擢されました。タイはアッパー・ハムレットのご自分の寓居からさほど遠くないところにタイ・ヤックタンの小屋を建て、彼はここに戻って来客を迎えたり、お茶を振る舞ったりしました。彼は最初で最高の茶人でしたが、糖尿病を患ってふつうの食事が楽しめなくなると、その代わりに、お茶を点てて味わうようになったとのことでした。彼はたくさんの僧や尼僧たち、辛い体験をしてきた在家の人たちに茶を入れてねぎらいました。一杯のお茶が彼らに安らぎを与えていました。タイ・ヤックタンの糖尿病はかなり重症で、二〇〇一年に私がタイのお供で中国旅行をしているところに危篤の知らせが飛びこみました。当時、僧院長をしていたディアパーク僧院の近くのエスコンディードでの出来事でした。僧や尼僧たちが付き添って心のケアをしました。彼が亡くなったとき、医療チームは何時間も遺体を動かさず便宜をはかってくれたといいます。訃報を聞いたとき、私たちはタイとバスに揺られていました。タイは小さな鐘を取りだしてブッダとボサツの名を呼ぶ詠唱を導かれました。皆の目に涙がにじんでいました。訪問中の中国の寺々では、タイ・ヤックタンとともに歩く瞑想をしました。

アッパー・ハムレットでの楽しみの一つは母が来て滞在してくれたことでした。母はとても開放的でみんなが彼女を受け入れてくれました。当時の私のサポート役（セカンドボディ）のシスター・チャントゥ（真修）は、母と大の仲良しで、一緒にケーキを焼くこともありました。シスター・チャントゥは母のほうが私よりずっと扱いやすいといったそうです。そのわけは、私がいつも彼女にあれをやれとか、これをやってはいけないなどと口うるさいからだそうです。

もう一つ感激したことは、タイの寓居での一週間の一人リトリートが許されたことでした。タイの庵はアッパー・ハムレットにあって、引きこもり修行には絶好の場所でした。タイの修行の平和なエネルギーが室内にもまわりにも充満しているのです。東のほうの山々の向こうにすばらしい景色が広がっていて、毎朝、ベランダに座ると朝日が昇ってきます。翻訳やリトリートで教える準備など、いつも何かをしていないと気がすまない私の性格をタイはよくご存じでした。この一人リトリートではいつでも好きなときに坐る瞑想や歩く瞑想に専念して、ただそれだけを楽しめばよいのです。もちろん何か問題が起きたら、それに向き合うのもひとりで、深く見つめて自分で解決していかなければなりませんでした。

ときにはこんなふうに勘ぐることもありました。私の態度が悪いし、修行も進まないので、もしかしたらタイは私をみんなから引き離そうとされているのかもしれない、と。そんなある日、タイがシスター・チャンコンと私にダルマ・ティーチャーの資格を授けようと考えておられるとシスターから聞いたときには、心底驚いてしまいました。

正式な法灯式が一九九〇年八月に執り行われました。このような儀式がプラムヴィレッジで行われたのは初めてのことでした。とはいえ非公式な伝授式が五月に行われ、六月には初めての二一日間リトリートも企画されていました。シスター・ジーナ（シスター・ユーニェム（妙厳））がプラムヴィレッジにやってきたのはこのときです。彼女はアイルランドとオランダの二つの国籍を持ち、日本で得度して修行してきた尼僧でした。タイは「シスター・ジーナも愛している（loved Sister Jina too）」と言われたのです。この表現は英語としては奇妙な響きがあったのですが、ベトナムでは自然な表現らしく、シスター・ジーナは家族の一員だという意味だったようです。二一日リトリートの期間中は、ロアー・ハムレットで彼女と同室となりました。シスター・ジーナを尼僧としてプラムヴィレッジの伝統に受け入れるとき、タイは彼女の法名を「真妙厳」とするか「真喜厳」とするか悩まれていて、結局前者を選ばれましたが、彼女はプラムのサンガとうまく調和して、いつも幸せそうに見えました。

二一日間リトリートはプラムヴィレッジの特別行事になりました。当初はインタービーイング教団のメンバーのために企画されたものでしたが、この二一日間には、五日間の短いリトリートよりも深く踏みこんだ教えが伝えられました。正式な法灯伝授は八月に行なわれたので、サマー・オープニング・リトリートの参加者全員がこの儀式を経験して、誰に法灯が授けられるか皆の周知するところとなりました。儀式の一部として私たちは見解偈《インサイト・ガーター》を書くように指示されました。私は書きだすほどの気づきの洞察が浮かびませんでした。儀式の日が近づくと、ガンを患っている在家の人が、自分が病を持ちながら修行しているガーターを私に書いてほしいと頼んできたのです。自分のガーターが書けなかったので、在家の女性のために書いたガーターを受け入れてもらえるかどうかタイに尋ねてみると、タイは寛大にもこれを受け入れてくださいました。

わたしは　この身に巣くうガンではありません
このガンは　わたしではありません
ガンと手を取りあって　ともに修行し　ともにたわむれ遊びましょう
すべてのものがガンの苦しみから　解き放たれるように

タイからはこの伝灯偈をいただきました。

満月のごとく　真如《あるがまま》は冴え輝く
徳が熟せば　先祖代々の法灯が輝きだす
変容の実践が　真実在をあらわにし

妙なるダルマは　とわに解き明かされ続けるであろう

タイの偈は私の能力とそれを伸ばしていく道を見事に表現していました。タイがいかに私の心と精神を見抜いておられたかを目の当たりにして、今更ながら驚嘆を隠せませんでした。同じときに法灯を受けた僧がいただいたダルマ・ティーチャーへの偈は心穏やかに身を安らげよというもので、私には変容への刻苦勉励を求める偈が贈られました。その通りだと納得しました。

最初の年に法灯を伝授されたのは、二人の尼僧と七人の在家修行者の九人で、新任のダルマ・ティーチャーは各々八分の法話が課されました。タイの台座の隣に一段低い台座が置かれ、そこで短い法話をするのです。私の見解偈と法話を聞いた聴衆は私がガンを患っていると勘違いして、話が終わるやみなが近づいてきて慰めの言葉をかけてくれました。シスター・チャンコンは私の短い法話に感激したと言ってくれました。

著者（左）とロアー・ハムレットの友だちの少年

一九九一年の終わりになると、私は元のロアー・ハムレットに戻ることになりました。タイ・ヤックタンがアッパー・ハムレットで若い僧たちの面倒を見てくれることになったからです。私が不在の一年半のあいだにロアー・ハムレットはずいぶんと発展して、尼僧と在家の女性による運営母体が稼働しはじめたり、プラムヒルの建物に集中暖房がついたりしていました。

タイはシスター・ジーナと私をリトリート指導要員として北米ツアーに同伴され、各地で瞑想の集いが行われました。シカゴ、バリー（バーモント北部の都市）、マサチューセッツ、ニューヨーク・シティ、カナダ、ロサンゼルス、バークレー、北カリフォルニアの金山《キムソン》修院、テキサス、モンタナなどのツアーです。リトリートがないときには休暇が与えられ、カリフォルニア丘陵やマサチューセッツの森を歩きました。当時タイの英語の書籍の出版を担当していたアーニー・コトラーとテレーズ・フィッツジェラルドがこのツアーの企画運営をしていました。在家の家でホームステイなどもあり、北アメリカでの知己を深めるチャンスにも恵まれました。

私たちの伝統では、尼僧になっても必ずしも僧院暮らしをする必要がなく、三か月間はサンガ（僧伽）にとどまって修行の地固めをしますが、残りの九か月はいろいろな国に旅をして過ごすことができるのです。私に関しては、外国に出かけてリトリートで指導するのがとても新鮮だったので、責任を持って法話を引き受ける役割を担いました。シスター・ジーナはリトリート参加者と気持ちを通じさせたり話をするのが得意だったので、リトリートが私たちの絶好の修行の場になりました。僧や尼僧のグループがリトリート実施のために僧院を出る許可を申し出るとき、タイが必ず確認されることがありました。私たちはタイとプラムヴィレッジからの捧げもの（供物）として赴くというミッションです。修行はリトリートの期間中だけではなく、いついかなる場所でもマインドフルネスを実践しなければなりません（空港でも鉄道の駅でも、在家の自宅でも、観光中でさえです）。今回の北米ツアーは、リトリートの組み立てから法話の仕方に至るまで、またとない実践体験を積む場となりました。

第15章　ベトナム……西洋人の弟子、ベトナムを歩く

一九六六年、タイはベトナムの平和を求めて北アメリカに旅立ちました。その後ベトナム政府の帰国拒否を受けて長い亡命生活が始まりました。国外追放は二〇〇五年まで続きましたが、この年にビジター（短期滞在者）としての帰国が許されたのは、おそらくベトナムの世界貿易への進出となんらかの関係があったのかもしれません。共産国での仏道修行は容易なものではありませんでした。共産党政権は人民によって擁立されたものではなかったので、常に転覆される恐れがあったのです。共産党指導者にとって仏教は一つの脅威でした。仏教は非暴力主義とはいえ、この国を動かす大きな力になりうるものだったからです。政府は自らの存続のために、安全弁として、仏教に制約を課して手の内に取りこむ必要がありました。私がタイの弟子であるだけでなく、タイの教えは若者や知識層に絶大な説得力を持っていました。これだけでも共産主義者への十分な脅威となったのです。タイは時代に即した仏教改革の旗手でした。ベトナムの伝統仏教の基幹は浄土教で、アミターバ・ブッダ（阿弥陀仏）の称名念仏と信心を主体としていますが、短い坐る瞑想を入れた坐禅の要素もあったかもしれません。タイの仏教は基本的にはマインドフルネスの教えで、毎日の生活の中で、坐る瞑想、歩く瞑想、および、マインドフルな対話と分かちあい（シェアリング）を実践するものです。

仏法を広めるための弟子の外遊にはタイはなんの躊躇もされませんでした。私自身についていえば、まだ修行を始めたばかりの若輩でしたが、是非ともこの目で師の祖国を見聞したいと思っていました。

そして一九九二年の秋、タイは私を最初の西洋人の弟子としてベトナムに送りこまれたのです。北部と中央ベトナムの仏教聖地をめぐる西洋人の在家の巡礼に同伴する旅でした。ベトナム各地をめぐって瞑想修行を行い、請われればわずかながら歴史の一端を説明することもありました。タイとシスター・チャンコンが細心の注意を払って計画を練ったのはタイが未だ亡命者だったからです。初めてのベトナム旅行でしたが、私のベトナム語会話もだんだんと上達してきた頃でした。私はタイの著書『ベトナム仏教史』（*The History of Vietnamese Buddhism*）を翻訳していたので、ベトナム仏教についてはわずかながらわかるようになっていました。

ベトナム北部の首都ハノイに到着しました。プラムヴィレッジを訪問したことがある数人のベトナム人のなかにチューフンがいて、彼とその妻が一行の世話役でした。到着早々、フンさんの奥さんからお手製のベトナムの餅がふるまわれました。共産国を訪問する外国人には政府派遣のツアーガイドがつきましたが、少しは一人で歩きまわることができました。ハノイの街を歩いていて驚いたのは、ほとんどみんな同じ服装をしているのです。ほとんどがカーキ色かモスグリーンの服にモルタル帽〔すり鉢のような形をした帽子〕をかぶり、女子学生は伝統的な白いチュニック〔長い女性用の上着〕にノンラー〔竹で作った円錐形の帽子〕といういでたちでした。一番よく使われる交通手段は自転車で、人でごった返す通りもありましたが、この季節はさほど暑くはなく、床屋の髪切りや客相手のタイプ打ち〔代行業〕など、人々のなりわいの多くが戸外の歩道で行われていました。

ホテルに入ると、私がベトナム語を話すのでスタッフに驚かれました。旅行中は菜食の食事を摂るようにタイに申しわたされていたのですが、いざ街に出てみると菜食料理になかなか出会えないので

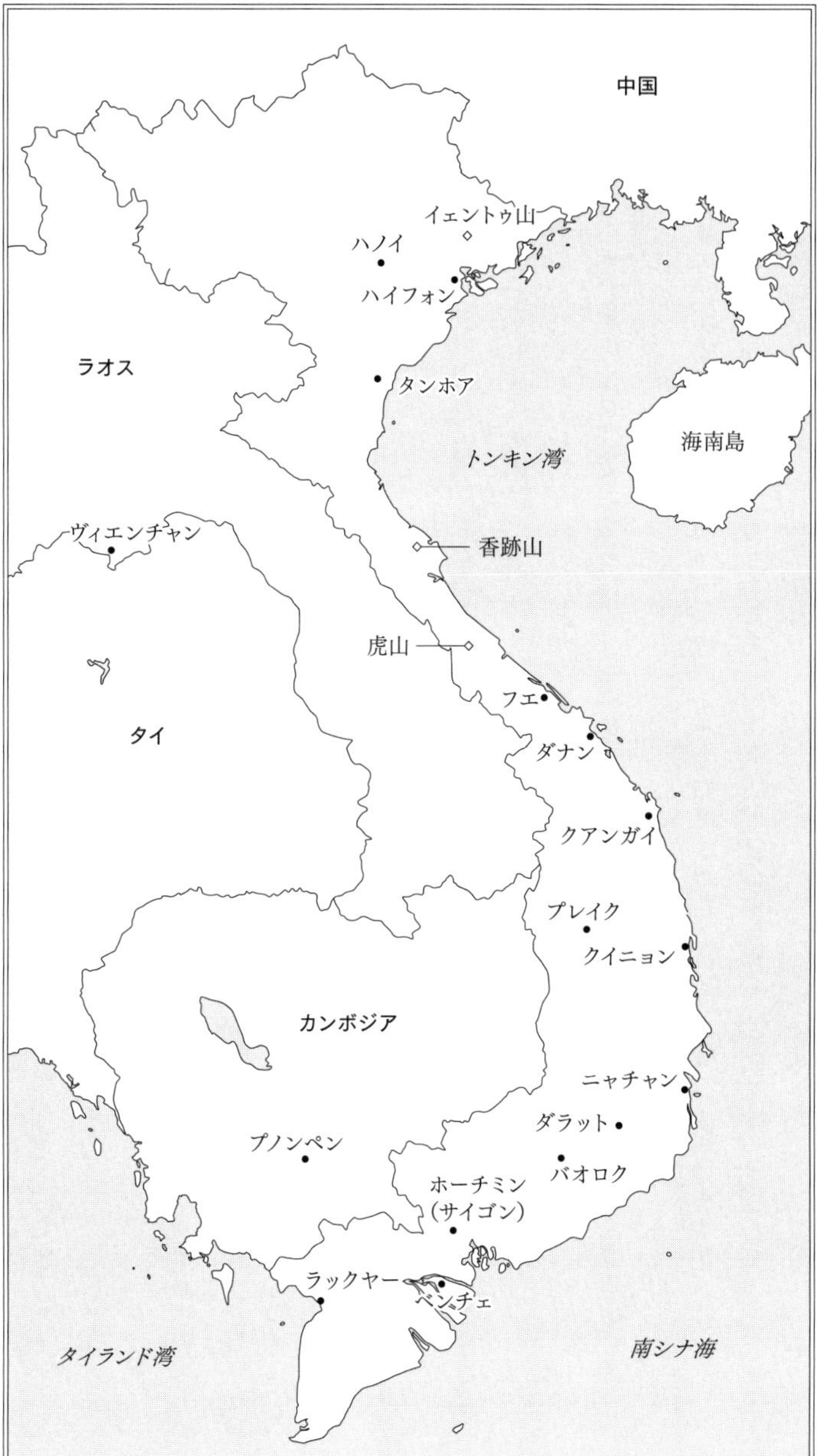
中国
イェントゥ山
ハノイ
ハイフォン
ラオス
タンホア
トンキン湾
海南島
ヴィエンチャン
香跡山
虎山
フエ
タイ
ダナン
クアンガイ
プレイク
クイニョン
カンボジア
ニャチャン
ダラット
プノンペン
バオロク
ホーチミン
(サイゴン)
ラックヤー
ベンチェ
タイランド湾
南シナ海
地図15　ベトナム

す。北ベトナムが共産主義国になって長い時間が経って仏教徒の伝統が忘れられたのか、菜食主義はほんとうに少数派でした。ホテルのシェフに菜食の食事を注文すると、自分は菜食料理の作り方がわからないから、館使寺《クァンスー》までいかなければならないと言うのです。

あとになってわかったことですが、この寺でも僧が肉食をしていました。私はホテルのシェフに簡単な菜食料理の作り方を教えました。豆腐を買ってきて煮ればよく、あとはご飯とカラシ菜か、何でも手に入る葉物野菜があればそれで十分なのです。それからベトナム北部製の醤油を出してくれました。濃厚で発酵した匂いがしました。結局、毎日その料理を食べることになったのですが、米は今まで食べたことがないような香り高い美味しい米で、ちょうど白米と玄米の中間のような色をしていました。この食事は他のメンバーの口に合わなかったようで、彼らは西洋人が泊まるホテルを探して食事をとっていました。

シスター・チャンコンからベトナムの著名な詩人ホアンカム[1]に渡すギフトを預かっていて、彼のほうからホテルに会いに来てくれました。タイとシスター・チャンコンはベトナムの作家やアーティストの支援に力を入れていました。彼らは共産主義政権によって虐待され、投獄され、詩作は当局の検閲を受けていました。ホアンカムもそのような芸術家の一人で、当時七〇歳くらいだったと思います。後になって、シスター・チャンコンに、私がバクニン（北寧[2]）から来た女性のようだったと話したそうです。今まで彼が出会ってきた西洋の女性のようではなかったという意味だと思いますが、私にはバクニン訛りなどなかったので、もしかしたらベトナム北部の僧服をきた西洋人の尼僧に会ったことがないという意味だったのかもしれません。

ひとりで果物と靴を買いに出かけました。履いていた靴がきつくて歩きにくかったのです。私は不思議な異邦人に見えたに違いありません。西洋人の顔をして僧服を着ていたからです。子どもたちは私がそばを通るといつも、西洋人の尼僧を見てびっくりして、「スータイ！」[3]（西洋のお坊さまだ！）と叫び声を上げました。

列に並んで待っていると、物売りと買物客が商品の値段の話をしているのが聞こえてきました。私の番になると二倍の値段になっていました。きっと高く吹っかけられていると思い、前の人が払った値段で買いたいと言ったのです。物売りは言葉がわかると知ってとても驚いた様子でしたが、ベトナム人ではないから高くなると言い返してきました。あのときは腹が立ちましたが、今振り返ると彼らなりの道理もある気がしました。ヨーロッパではもっと高い値段になっているはずだから、ベトナムであの値段を払って貧しい人たちのたすけになるなら、それもいいのではないかと溜飲を下げました。

ハノイから香跡山《フーンティック》——香しき山という意味ですが——の麓にある寺を訪れ、そこで二日間リトリートを行いました。香跡山に登るには水路しかありません。見事な景観で、まさに絶景でした。水面から山々が垂直にそそり立っています。現在はモーターボートが普及していますが、当時は、行き交う舟はすべて手漕ぎで、おおかた女の船頭さんでした。聞こえてくる音は自然の音ばかりでとても平和でした。一時間以上かかったでしょうか、かなり長い船旅でしたが、のどかな旅を満喫しました。渡し舟の女船頭さんの重労働だけが唯一の気がかりでした。

この山に古い寺院がいくつかありましたがどの寺も荒れ寺でした。あちこちに美しい洞窟や泉が湧いています。この山には四～五泊したので、寺めぐりと散策の時間が持てました。一番有名な寺は、南海の観世音菩薩《アヴァローキテーシュヴァラ》〔4〕が悟りをひらいたといわれる洞窟でした。

南海の観世音菩薩は、観世音菩薩の女性形の化身なのです。ベトナムの民間伝承によると、彼女の父が命じた処刑人の手から救出されて、この洞窟に修行に来たというのです。のちにその父親が重篤な病に倒れたとき、父を癒しに駆けつけて、自らの両目をえぐりだし、腕を切り落として薬をつくりました。のちに老親や妹たちがこの洞窟を訪れて、父の病気治癒に感謝をささげました。巡礼は一年のはじめの三か月にこの山に詣で、暴力と憎しみの変容を導く大いなる慈悲の観音菩薩に礼拝を捧げるのです。最近では、この寺に関係した子授け石の迷信が広まって、寺の岩に触れると子を授かると信じられているようですが、人々が参拝するほんとうの理由は、心に宿る慈悲に触れるためなのです。

洞窟に入ると、うら若い沙弥が鐘のそばに立って、ときどき参拝者のために鐘を招いていました。私にも鐘を招かせてくださいと頼んでみました。鐘を招くことはプラムヴィレッジで学んだ美しい修行の一つだったからです。特に、鐘を招きながら口ずさむ偈頌が(中国語ではなくて)ベトナム語だったので――私はこの偈頌をベトナム語で覚えていました――ともにこの響を味わう喜びを分かち合えるかもしれないと思ったのです。

その後、イェントゥ山に登って数日間過ごしました。この山は長いあいだ仏道修行の聖地でした。一三世紀初期にはすでにこの山に隠者として住み着いて悟りを開いた修行僧がいました。ハノイから一〇〇キロの距離なのに、車で行くと五時間かかります。ところどころ劣悪な道があるので、川や小川がある所ではロープでトラックに引いてもらうこともありました。トラックでバンを牽引するときには、乗客は歩いて川や小川を渡るのです。山頂には小さな寺や隠者の庵がたくさんありましたが、考古学者によれば、眠雲庵《スリーピング・クラウズ》は、この山とは別の山系の山腹に建っていて、到底たどり着けないようでした。フランスを発つ前にタイに地図を見せてもらいました。有名な華安寺《ホアイエン》は巡礼や旅行者が山頂に登るルートにある寺の一つです。一九九二年まで狩猟や養豚で生計を立てる原住民がこの高山に住んでいました。この山は自分たちの所有物で、山に入るには許可が必要だというのです。彼らは解冤寺《ザイオアン》（不正義を糺す寺）に住む尼僧たちを悩ませていたという話を聞きました。

一行は楽な登山道をえらんで登りはじめて、最初に着いた寺が解冤寺《ザイオアン》でした。どうしてこんな名前がつけられたのでしょうか。一三世紀の王・陳仁宗《チャン・ナントン》[5]が王位を捨て仏門に帰依したとき、修行のために登ったのがイェントゥ山でした。妃たちが追いかけてきて帰還を懇願しましたが、王に頑なに拒絶されて、数名の妃が山の麓の小さな湖に身を投げて命を絶ちました。王はこの地に寺を建立して、残されたものたちが感じたやるせなさを消し去ろうと決意したのです。瞑想行、経典の詠唱、戒律の実践が妃たちの魂の安らかな眠りのたすけになるでしょう。この不正義を糺す寺はイェントゥ山への登り口にあって、世俗の煩いごとを捨てて、聖なる山の神域に入る覚悟を促す場所なのです。この寺から、華安寺《ホアイエン》への緩やかな登り道が続きます（一九九二年にはイェントゥ山にはまだ現在のようにケーブルカーがなかったのです）。一日で山頂に登って戻ってくる巡礼もいましたが、私たちは少しずつ楽しんで登ることにしました。夜は華安寺《ホアイエン》に泊まるということで、ゆっくりと歩きながら美しい山路を味わいました。

華安寺《ホアイエン》へとさらに登っていくと、下の方から山腹のあちこちに炭鉱の堀跡が見えてきて、さらに登ると煙霧が雲のように湧きあがってきました。その晩は華安寺《ホアイエン》に泊まり、私は二人の寺守（寺住）の一人である年長の尼僧と暗い部屋で眠りにつきました。もう一人は若い沙弥でした。おそらく山に住む原住民から身を守るために、尼僧は寺の境内で豚を飼うのを許したのでしょう。彼女は自室の引き出しにタバコ入れの箱を忍ばせていました。自分の部屋にいるときだけタバコを吸うのです――マインドフルに吸うのです！ ちょうどお茶を飲むときのように。感謝の合掌をしてからカップを手にとり、一口すすってはカップを下ろして合掌するのです。タバコを吸うときも、両手を合わせてからタバコを手にとり、煙を飲みこんでから、またゆっくりとタバコを灰皿に戻します。そして次の一服のときにも、両手を合わせてからタバコをもちあげるのです。私はこの所作にすっかり心を奪われてしまって、タバコの煙が気にならなかったほどでした。一緒にマインドフルにお茶を飲みました。心を今ここに戻してお茶を飲むことに専念しました。ベトナムの尼僧とともにお茶を味わったこの静かな出会いは、初めてのベトナムへの旅の忘れがたいひとときとなりました。

夜は早く床につき、翌朝午前三時に起きだしてお茶を飲みました。あたりが明るくなると、すぐに山頂に登り始めました。グループにいたインドネシアから来た若者に知らせておいて、一人で出発しました。道はあっても、狭くて急峻な道で、所々にある岩場もよじ登って進みました。二〇〇五年にタイに同伴してベトナムに戻ったとき、この道は階段になっていて、はるかに登りやすくなっていました。山頂近くには、軍の屯所の数人の兵士以外は、誰とも会いませんでした。荒々しく美しい山を堪能しました。今登っている山道はかつて禅僧たちが歩いた道だと想像をたくましくしながら登りました。山頂に着くと鐘の音を招く習わしがありましたが、この山の鐘は壊れて音が出ませんでした。見下ろすと近くの大きな平石に腰を下ろして、誰にも邪魔されずにひとときの休息を楽しみました。

森の梢がそよ風に揺れていました。体が浮き立つように軽くなってこの国の美しさに感じ入りました。ベトナムの人々が自然を芸術家（造化の主）と見るその理由がわかったような気がしました。

北ベトナムを後にして、一行は中央ベトナムのフエ（順化）に向かいました。フエもまた仏教の中心地で、プラムヴィレッジの親寺で、了観《リエウクアン》禅師の仏塔があるところです。タイとその弟子たちもこの系譜に所属しています。ベトナム人の友人チューフンが、仏教徒が経営するホテルを予約していました。ここならば菜食主義の食事が出してもらえるからです。ところがこのホテルを好まないメンバーもいて、自分たちで気に入ったホテルを予約してしまったので、仏教徒のホストとちょっとしたいざこざを引き起こしてしまいました。ホテル側が一行のために特別に菜食の食事を用意していたからです。チューフンがタイリン寺の僧院長である年長のニューミン尼に私たちの到着を知らせていたので、彼女は飛んできて激怒したホテルのオーナーをなだめてくれました。私はプラムヴィレッジでこの尼僧に会ったことがありました。彼女は伝統的な浄土宗のもち寺の住職でしたが、タイの教えを学修して弟子たちにもその教えを伝えていました。いつも詩を書き続ける詩人で、一日に何編もの詩を書くことがありました。タイがベトナムで政府の敵対にあったときも、怯むことなくタイを支援し続けた人でした

ホテルの朝食はパンとピーナッツバターとバナナでしたが、ニューミン尼がホテル側の朝食を断って、毎朝、自分が茹でたバナナと米と緑豆の粥を在家のスクーターでホテルまで運ばせたのです。私は子どもの頃からバナナが食べられなかったのですが、ベトナムのバナナは特別でした。あれからバナナが食べられるようになったのです。

フエに到着した最初の日に、郵便局に直行して、タイとシスター・チャンコンに到着を知らせる電話をかけました。郵便局に入ろうとしたとき、男性が近づいてきて、ティク・ナット・ハンの弟子かと尋ねるのです。このことは誰にも明かしてはならないとかたく言い渡されていました。タイは共産党政権によって国外に追放されたからです。黙って言葉がわからないふりをすることにしました。シスター・チャンコンからも、フエで電話をかけるときは、盗聴の恐れがあるので英語で話すように言われていました。家族に電話をしているような調子で、シスター・チャンコンは姉、タイは叔父さんのつもりで話したのです。シスター・チャンコンの返事は「叔父さんが今すぐに慈孝寺《トウヒエウ》に行ってくれって」。この寺は私たちの教団の親寺で、タイはこの寺の法灯の継承者です。この寺で得度し、沙弥として最初の五年の修行生活を送られ、今もこの寺の不在僧院長なのです。「今すぐ」と言われたのは、すぐに公安が追いついて、拘束される恐れがあるからです。

リクシャーで行きたかったのですが、リクシャーの漕ぎ手が寺への行き方を知らなかったので、別の寺までは行けるから、そこで道を聞いてみよう、ということになりました。フエに僧や尼僧が多いのは、一七世紀初頭からフエは仏教の中心地だったからです。阮朝《グエン》がフエを王都として、一九世紀に仏教を擁護して以来、この地で仏教が栄えました。少しばかり進んだところで一人の尼僧に出会い、私を自分の嬌曇寺《キウダム》に連れて行こうというのです。その寺に向かっていると、低い丘に出たので、リクシャーの漕ぎ手が疲れるからここからは歩きましょうと尼僧にいわれて――彼女の提案はもっともでした――もし私だけだったら、自転車に客を乗せて坂を登るのがたいへんな重労働とは気づきもしなかったでしょう。尼僧の寺に着いた頃には、遅い午後の食事の時間になっていました。尼僧からリクシャーの漕ぎ手に食事を出そうといわれて、この人たちの貧しさに気づきました。私にもサツマイモの汁などがふるまわれました。

老齢の尼寺の住職を筆頭に、寺の尼僧たちに自己紹介するように求められました。住職は精神の乱れがあるものの、この地位を認められて僧伽《サンガ》に慕われていることに胸を打たれました。ここから東禅《ドンテゥエン》寺に連れて行かれて、やっと慈孝《トゥヒエウ》寺にたどりつきました。気づかなかったのですが、私はすでに公安に尾行されていたのです。タイが最も深く繋がっておられる慈孝《トゥヒエウ》寺に早く行きたくて気ばかりが急いていました。何度タイからこの寺での沙弥の時代の話を聞いたことでしょう。私たちは山門の外側の赤い泥道を回って半月池に出ました（正面の山門から入る人は誰もいません）。広い庭を抜け、赤土の小道を登って本殿の間に着いて、ブッダとボサツに礼拝しました。それから祭壇の後ろの建物に入って、在りし日のタイの先師が食事や茶を飲まれた部屋に腰をおろしました。主のいない空の席に一礼して部屋を抜けると、中庭にタイの話に出てきたスターフルーツと柿の木が見えました。住職のティク・チ・マウ禅師が親しげに声をかけてくださいましたが、フエの訛りに慣れない私には、お話の全てを理解することはできませんでした。次の日にもう一度寺に戻ってきて、シスター・チャンコンが企画した「愛と理解のプログラム」活動の手伝いをしている在家の人たちに会うよういわれました。マインドフルネスの練修について熱弁をふるい、彼らと語り合いましたが、慈孝《トゥヒエウ》寺に宿泊することはできませんでした。この寺が僧院（男性僧の寺）であることと、外国人のホテル以外での宿泊は公安に禁止されていたからです。

東禅《ドンテゥエン》寺は茅葺き屋根が美しい尼僧院でした。この尼寺も一八世紀初期にタイの法統の創始者、了観《リュウクアン》禅師に建立された尼寺です。了観《リュウクアン》禅師は臨済宗の寺にベトナム風の建築様式、礼拝音楽、教学的特色を添えられました。東禅《ドンテゥエン》寺の高齢の僧院長・ユーダット（妙達）老師は、故ユーコン（妙空）老師の弟子にあたる人でした。何日もホテルとの間を往復してこの寺で過ごしました。またタイの代行として五つのマインドフルネス・トレーニング（五戒）の授戒式を行いましたが、誰かがこの儀式を録音したことを公安が聞きつけて、録音は押収されてしまいました。

龍寿《ロントー》寺からマインドフルネスの日の依頼が来ました。マインドルネスの日は、一日リトリートのようなものです。朝の九時ちょうどに集合して、マインドフルネスの練修が始まります。行法の説明の後、ガイド付きの坐る瞑想をして、戸外の歩く瞑想に続きます。沈黙の昼食が終わると、シエスタ（昼寝）の代わりにトータル・リラクゼーション（完全なるくつろぎの瞑想）の時間になります。床の上に横になって心と体のすべての緊張を緩めて手放していきます。これが終わると小グループに分かれて互いの生活やスピリチュアルな実践について分かち合います。心から分かち合いを体験してもらいたかったのですが、公安の介入があって会の中止を命じられました。公安の指示に従う人もいれば、そのままマインドフルネスの日を続けたい人もいました。最終的には三〇〇人が三〇人に減って、少人数で会を続けることになりました。龍寿《ロントー》寺の尼僧たちは失望を隠せませんでした。プラムヴィレッジのタイの教えを受ける貴重なチャンスを失ったからです。彼らにとってタイはタントゥ（清慈）禅師[6]と並ぶベトナム人が最も誇りに思う禅僧だったからです。

紅恩《ホンアン》寺を訪れました。一九四九年にユーコン老師が創建したこの寺は親寺の慈孝《トゥヒエウ》寺と同じ村にありました。ユーコン老師はフエでは知る人ぞ知る高名な尼僧で、高貴な家の生まれで嫁して子どもが巣立ったあとに尼僧になりました。在家の時代から始められた慈善活動は尼僧になってからも続けられました。一九三〇年代から次々と尼僧院を創建していき、情熱を傾けた尼僧を育てる仕事は一九七〇年代まで続きました。私が訪問したとき体調を壊しておられましたが、お供を従えてボックス・ベッド〔台座の部分が箱型のベッド〕の上に横座りに腰かけ、私に会うために長い僧衣を身につけておられました。それが、亡命の身ながら遠路弟子を送られた我が師ティク・ナット・ハンへの敬意の表明であり、けじめのつけ方でした。私は彼女の存在と謙虚さに心を打たれ、瞬時に彼女との心のつながりを感じました。私にたくさんのことを語られ、今は健康を害しているがもっともっと長生きしたいと言われたのです。ぜひとももう一度彼女に会いにきたいと思っていたので、この言葉は大きな励みになりました。しかし私が二〇〇一年にフエに戻ってくるよりずっと前、一九九七年に遷化されてしまいました。

この尼寺の隣には、人々に敬愛されたカットゥーン（吉祥）老師の庵がありました。彼女との出会いも印象深いものでした。小柄で元気のよい尼僧で、タイとシスター・チャンコンとの繋がりがあり、シスター・チャンコンがベトナムに帰国できないときには彼女がその仕事を代行して、プラムヴィレッジからの基金で貧しい人たちの救援活動をしていました。バンセオ（ベトナム風お好み焼き）を頂きながら彼女の話を聞きました。仏教研究院の戒律クラスに招いてくださったのですが、ブラウンの僧衣を着てクラスには入れないので、グレーの法衣を貸してくださいました。私には小さすぎましたが、托着ないよりはましでした。講義はとても面白く、ブッダの時代の僧の厳しい修行生活――例えば、托鉢にでても何もお布施がなかった話や、石ころだらけの道を裸足で歩かなければならなかったことなど――が話されました。彼女はタイから学んだマインドフルネスの修行を純粋で正しい本来の修行と述べ、この修行に励むようにと言ってくださいました。

故テータン（体静）老師の遷化の記念日（一九八八年没）に、妙徳《ユードゥック》尼僧院を訪れました。この寺はフエでもっとも有名な尼寺で、尼僧の教学のための仏教研究院がこの寺に併置されていました。私はここで慈孝《トゥヒエゥ》寺のすぐ隣の寺の住職をしておられたユーニエム（妙厳）老師に会いました。弟子を持たれる前は一人でこの寺の住職をしておられたようですが、しばらくのあいだ、慈孝《トゥヒエゥ》寺で若い修行者たちと過ごされたことがあったとのこと（タイもその一人）でした。姉が弟たちの世話をするように彼らの面倒を見ておられたので、タイと尼僧は互いに姉弟と呼びあう仲でした。

ユーニエム老師はテータン老師の供養塔に案内してくださいました。このテータン老師が、法蔵部の四分律比丘尼分別[7]を中国語からベトナム語に翻訳し注釈をつけられたのです。

テータン老師とプラムヴィレッジの関わりは深く、プラムヴィレッジの法門、つまりタイの教えを勤勉に修行したいと望んでおられました。タイとシスター・チャンコンとはいつも連絡を取りあう仲でした。彼女は飽くなき慈善活動家で、フランスから送られてくる基金を貧しい人々に届ける仕事に取り組んでおられたのです。公安との軋轢のために苦労が多い仕事でしたが、微笑みを浮かべて安らかに生涯を終えられました。死の床においてもタイに教えられた微笑みの修行を続けられました。「息を吸いながら、わたしは心を鎮める。息を吐きながら、わたしは微笑む」。死んだ後までも微笑んでいたことをタイに知らせるために、写真を撮ってフランスに送るように弟子に頼まれたといいます。肉体の衣を脱いだら、航空券を買わなくてもいつでも自由にプラムヴィレッジに行けると固く信じておられたのでしょう。ロアー・ハムレットの竹林とアッパー・ハムレットの庭にそれぞれ彼女の祭壇がつくられました。

ユーニェム老師についてゆっくりと供養塔をめぐり、続いて読経が始まりました。たくさんの僧侶が法要に参列していました。昼食の時間になると、僧侶たちは三方に壁があるホールの壇上のテーブルにつきました。ユーニェム老師の指示で、私は各々のテーブルの僧侶に伏礼をしました。到着したばかりの尼僧は、僧衣を身につけてこの礼をすることになっているのです。各々のテーブルの端から端まで僧の足元に伏礼をしていると、僧の席にタバコやビールが供されているのを見て少し不快な気持ちになりました。しかし伏礼は自分の謙虚な心を育てるためにするのだと理解できてからは、僧の修行の成功と変容のために心から祈れるようになりました。このあとやっと尼僧の食事が始まります。食堂はたいへんな混雑でした。僧のために行われた儀式はここでは一切行われず、ぎゅうぎゅうに詰めこまれて、みんなで楽しく食事をとりました。

せっかくフエの寺院に来たのだから、冗談交じりに「政府御用達・お抱え僧侶」と呼ばれている僧や尼僧にも会ってみないかと、ユーダット老師が話をきりだしてきました。彼らは政府から賃金をもらって僧や尼僧を監視している政府のスパイなのです。このような僧や尼僧がいることに不快感を覚えましたが、実際に彼らに会ってみると、むしろかわいそうな気がしました。彼らは決して悪い人ではなく、ただ苦しみ、恐れているだけなのです。ヨーロッパにいて、政府に敵対されないで仏道修行ができるのは、ほんとうに幸せなことだと気づかされました。慈雲寺《トゥダム》〔8〕に行くと――フエの仏教史の中心的な大伽藍ですが――お抱え僧侶たちに会えました。彼らはタイの本『ザ・サン・マイ・ハート（太陽はわが心)』(*The Sun My Heart*)を見せて私が翻訳者の一人かと尋ねてきました。こちらではアナベル・レイティという名前ではなくて、ベトナム語の法名チャンドック(真徳)という名前が通っているようです。

滞在中のある日、シスター・ニューミンが心に響く法話をされました。まず居並ぶ僧の前で伏礼をしてから、簡素で明晰な話が始まりました。シスター・ニューミンは寺の境内に集まる物乞いに何やかやと施しものをされる方でした。慈雲寺《トゥダム》で、ティク・ティエンシエウ(釈善超)師に出会いました。彼は有名な学僧で、漢文の長阿含経《ディールガ・アーガマ》やその他たくさんの経典をベトナム語に翻訳し、仏教の論説を書いておられました。タイもプラムヴィレッジの法話で彼の論文をよく引用しておられました。ひどい近視で、ほとんど目が見えないほどでした。紹介されたときにタイと呼んでしまいましたが、これは正しくありません。「タイ」は僧侶一般に使う言葉ですが、ここにおられるのは高僧なので、「ホア・トゥオン」(和尚)とか少なくとも「オン」とお呼びしなければならないのです。これからは、僧侶の名前にもっと気を使わなければなりません。

自宅療養中のバクシウを訪ねました。フエではボサツと呼ばれて人々から敬愛されています。バクシウは支持者たちのグループと連れ立って救援品を持って遠方の地域に出向き、洪水で家屋が被害を受けると修理するための棕櫚竹を届けます。彼もシスター・チャンコンのようなプロジェクトを立ちあげていて、米を炊くたびに、一握りの米をポットに取り分けてもらう運動です。毎月末にたまった米を集めて、仲間と一緒に貧しい人々に配ります。彼もまた、タイとシスター・チャンコンと連携して働くフエの貴重な社会活動家です。自転車で貧しい人を訪ねまわります。今回の訪問では、プラムヴィレッジとシスター・チャンコンの名代に会えて喜んでもらえると期待していました。

滞在中のホテルでは、プラムヴィレッジとの関係やフエでの予定については固く口を閉ざさなければなりません。公安が耳をそばだてて監視しているからです。東禅寺《ドンテゥエン》に公安が来るといつも身を隠していましたが、今回は公安が五つのマインドフルネス・トレーニングの受戒式の情報を入手していたので、公安局に連行されてしまいました。長いあいだ待たされたあげく、私は警官に尋問されることになったのですが、その警察官の英語ではとても尋問にならないのです。仕方なくベトナム語で尋問に応じることになりました。この手続きがくどくどと長ったらしくて、煩わしさとイライラが募るばかりでしたが、まったく筋の通らない状況にいながら、無力な自分がそこにいました。この地で五つのマインドフルネス・トレーニングの伝授を行うこと自体が法律違反だったようでした。私は外国人で、外国人が宗教儀式を行うことは許されないからです。結局、罰金が課せられて二四時間以内の国外退去が命じられました。腹痛を申し立てて、回復まで二日の猶予が認められました。

私はベトナムを去らないで、カトリックのホテルに一緒に滞在していたユーダット老師と一緒に南のサイゴンへ飛びました。というのもサイゴンはほとんど嫌疑がかからない場所で、公安に追い回されることもないからです。昼間はよくパン屋さんに行って、店の裏手にあるオーナーの家で過ごしていました。店のオーナーがヴィエンミン（円明）老師の在家の弟子で、食事の世話もしてくれました。ヴィエンミン老師もまた、フエの紅恩寺《ホンアン》と縁つづきの年長の尼僧で、タイやシスター・チャンコンの知り合いでした。ここによく訪ねてくる知り合いのひとりに中国語の読み書きを勧められました。この建物の最上階に小さな仏間があって、そこでタイの知り合いの在家の女性数名に、タイの名代として五つのマインドフルネス・トレーニングを伝授することになりました。彼らは地下で流通していたタイの本の愛読者でした。当時、タイの本（ペンネームで出版された『ベトナム仏教史』の抄録）は国内で発禁だったので、シスター・チャンコンがコツコツと縮小コピーしてＡ４の紙の上に何ページも収まるように貼りつけた海賊版が、ひそかに持ちこまれていたのです。

公安から身を隠すには、フエよりもサイゴンの方が断然楽でした。覚林《ヤックラム》寺で二〇〇人の参加者に「マインドフルネスの日」の指導をすることだけでなく、集まってきた得度した若い学徒に法話をすることさえうまくいったのです。この寺で尼僧がひとりで教えを説くのは前代未聞でした。その後覚林《ヤックラム》寺では住職が指導する「マインドフルネスの日」が定期的に開かれることになったので、人集めが不要となりました。公示をすれば公安の注意を引くことになったはずですが、タイの教えに親しんできたベトナムの会衆は、機会があれば熱心にタイの教えを実践したいと願っていたし、またこの教えに初めて触れて興味を持つ人たちもいました。

サイゴンの古刹・覚林《ヤックラム》寺を後にして、慈厳《トゥニエム》寺を訪れました。この寺にはたくさんの尼僧が住んでいて、到着したとき尼僧たちが法衣を縫っていました。尼僧院長から話を聞いて、自分の修行の大切さを再認識しました。一九六七年にナット・チ・マイ（一枝梅）が戦争を防ぐために焼身供養を遂げたのはこの寺だったのです。慈厳《トゥニエム》寺は社会福祉青年学校（ＳＹＳＳ）に関わった寺だったのです。この学校はタイとシスター・チャンコンが創設者で、ナット・チ・マイはこの学校の生徒でした。彼女は一九六六年にシスター・チャンコンとともにインタービーイング教団（ティエプ・ヒエン＝接現）で受戒した最初の六人の弟子の一人だったのです。彼女はインタービーイング教団の一二番目のマインドフルネス・トレーニング[9]に深く心を動かされたのです。それは戦争終結のために、私たち一人ひとりがなしうることをなすことでした。焼身供養は彼女の自国の平和への深い願いを示す一つの手段でした。当時、あれほど多くの人々が平和を求めたのに、平和を求める記事を書けば犯罪となりました。この深奥の願望を人々に知らせるためには思い切った方法が必要だったのです。ナット・チ・マイは一〇通の手紙と詩を残しました。そのなかで、自分の行動は憎しみを捨てた純粋な心から湧きあがったと書き綴っています。彼女が火を放ったその場に佇んで、戦争をなくして平和を築きたいという彼女の深い願いを引き継いでいこうと心に誓いました。

サイゴンでもっとも親しみを感じた寺は妙覚《ユーヤック》尼僧院で、数日この寺に滞在しました。フエで出会ったユーコン老師が創建した寺です。この寺の住職は比較的若い方で、私を暖かく迎えてくださいました。寺のサンガは住職を母親とした家族のようでした。フエから分派された寺なので、尼僧たちも中央ベトナムの出身者が多く南部のサイゴン訛りとは随分違っていました。この寺の副住職は学校に行けない貧しい子どもたちの支援活動をしていました。ビニール袋や空き缶を漁って家族の生計をたすけている子どもたちは、夕方になるとこの寺に集まってきて、食べものをもらい、尼僧から読み書きを教わっていました。

毎週一度、仏教青年協会の子どもたちが寺にやって来ました。八歳から一二歳くらいの子どもたちに話をするように頼まれました。私のベトナム語はひどくて、わかりにくかったはずなのに、子どもたちは非の打ちどころがないほどお行儀がよく、静かに話を聞いてくれました。

ベトナムの旅行中、我ながら驚いたのは、教えたり法話を求められても、まったく上がったり、ドキドキせず、いつも落ち着いていて、試練どころかとても楽しかったのです。ユーダット老師によれば、法雲寺《ファップヴァン》での私の法話が最高だったそうです。ベトナム戦争中にタイがこの寺に住まれたことがあり、この地にはタイ・タンヴァンと五人の社会奉仕団の仲間の記念碑がありました。彼らは社会福祉青年学校のメンバーであったためにベトコンに殺害されたタイの弟子たちでした。戦争中はこの寺が社会奉仕団の基地となり、隣に社会福祉青年学校の本部がありました。この寺は茅葺でした。タイは茅葺の寺をこよなく愛されていたので、フエの妙厳《ユーニエム》寺の屋根が茅葺から瓦に吹き替えられたとき、ひどくがっかりされました。法雲寺《ファップヴァン》では、在家の仲間たちと外のベンチに座って修行のことを語り合いました。彼らは戦争中にタイのもとで受戒して、インタービーイング教団の中心的メンバーとして社会福祉青年学校の奉仕活動に携わった人たちでした。(8) この場にいるだけで心が高鳴りました。タイがよく話されていたように、この地には「ダルマ（法の教え）が満ち溢れて」いました。マインドフルネスの修行や日々の社会活動への応用の仕方を語るのであれば、私は余裕を持ってベトナム語で語れるようになっていました。

タイの庵が残っている竹林《テュックラム》寺にも足を伸ばしました。一九六一年から一九六二年にかけて、タイは志を同じくする三人の僧侶とこの寺に滞在して、仏法を説かれたことがありました。タイはこの小屋で「知覚の抱擁」（Perception's Embrace）(9) という詩を書かれました。

此あるがゆえに　彼あり
彼なきがゆえに　此れなし

眠れぬ長き夜が明けて　梵鐘が鳴り響く
庭の花や木の葉が　すがたを顕すのを待つ
まだ　夜は明けないが
この深き夜のただなかに
確かにあなたは　そこにいた……

タイは私にこの詩のことを話してくださいました。夜中の三時に鐘の音が聞こえてきて、眠れぬ夜から身を起こし、裸足で冷たい土間を歩いて窓辺にたどり着いた。戸を開けて暗闇を見つめながら、花々や木の葉の姿が顕れるのを待っていたそのとき、これらは自分の心にいだかれてすでにここにあったと気づいた。タイがそこにいたから、花咲く木がそこにあったのだと。

この二つの寺には僧伽《サンガ》がなく、寺にはたったひとりの僧侶しかおらず、二人とも心身ともに弱り切っていました。法雲《ファップヴァン》寺はタイのベトナム時代のゆかりの寺で、政治の動向に敏感だったので、共産党政府は精神のバランスを欠いた僧を住職につけて寺の発展や成長の道を閉ざしていたのです。

ベトナムを去ってオーストラリアに向かおうとしたとき、サイゴンのタンソンナット国際空港ビルの外で待ち受けていた一群の人々に取り囲まれました。みんなでダルマソングを歌いました。西洋人の尼僧見たさに集まってきた群衆もいたので、彼らにベトナム語で歌を教えました。「息を吸って、息を吐く、私は花のように咲きいでる……」空港の職員に旅行鞄の隅々まで調べられて、書物とカセットテープを全て――空っぽのカセットまで――没収され、日記さえ読まれました。ベトナムを出て何か月もの間、公安に追われる夢を見るほどでした。

通算六週間ベトナムに滞在しましたが、この国は今も昔も共産主義国家ではあるけれど、私には仏教国という思いのほうが強かったのです。結局のところ、ベトナム人は二〇〇〇年以上のあいだ仏教徒であり続けたのです。中部、南部どこに行っても、多くの人々が仏法《ダルマ》を熱心に学びたがっていました（スピリチュアルな修行への渇望は、今やベトナム北部にまで達しているのです）。現在のタイも、ベトナム時代のタイも多くの人々に知られた存在なのです。まるで私がタイの特命全権大使であるかのように、親切に、大切にもてなされました。

色々な点でもっと長くベトナムにとどまりたいという思いを残しながら、ベトナムの地で、ベトナム仏教にじかに触れる機会を得たことに深く感謝します。北の古い寺院には、創建が李朝時代（一一世紀から一二世紀）まで遡る古刹もあり、長きにわたる仏道修行の跡が深く染みこんでいました。底知れぬ修行や自己犠牲の精神、簡素な生きざま――たくさんの土地で見聞きしてきたことは、本当に一つの啓示でした。もうひとつの開眼は高齢の尼僧たちの存在でした。プラムヴィレッジではタイとシスター・チャンコンを年長者として敬愛し尊敬してきましたが、ベトナムに来てこんなに長いあいだ修行を続けてきた年長の尼僧たちに会えるとは想像もできませんでした。尼僧のなかには、過酷な戦争の時代から共産主義時代まで僧院にとどまって、五〇年、六〇年と、連綿と続く修行生活に帰依してきた人たちがいたのです。

タイとシスター・チャンコンの指示で、私はベトナムからオーストラリアに向かうことになりました。ベトナムからだと、フランスから行くよりも半分以上オーストラリアに近かったからです。タイは一九八六年から一九八七年のツアー以来オーストラリアに渡っておられなかったので、リトリートの開催を待つオーストラリアのインタービーイング教団は、プラムヴィレッジからダルマティーチャーを迎えて大いに喜びました。私はインタビーイング教団のベトナム人の在家の家に寝泊まりしました。今度のリトリートも、タイのベトナム人の弟子を対象とした企画だったので、引き続きベトナム語で話をすることになりました。

オーストラリアはよいところでした。これが初めての渡航であったこと、ほとんどのオーストラリア人が英国に祖先を持つ移民だったことからくる親近感だったのかも知れません。シドニーで、二つのベトナム寺院を訪ねてマインドフルネスの日の指導をしました。一方の寺院の僧侶たちは、仏教の研究に日本に行ったことがある僧侶たちで、日本の寺では急いで食事をする習慣があったようですが、プラムヴィレッジでは、三〇分から四〇分かけてつねにゆっくりと食事を味わう練修をするのです。一口食べて五〇回噛んで、食べているものに気づいていくのです。畑で育つ食物が太陽や雨に育まれる様子を目に浮かべたり、一緒に食事をしているシスターやブラザーたちを見まわして、共に食事をいただくことに感謝します。このようにゆっくりと食事をとると、くつろぎが生まれ、心と体が癒されていきます。私が二回ほどスプーンを口に運んでいるあいだに、僧たちはもう食べ終えていて、甘いゼリーのようなデザートが運ばれてくるのです。私はお腹が空いていたので、彼らに追いつこうと必死で掻きこみました。ブリスベンでは尼僧院で法話をしましたが、前列にはずらりとベトナム女性が並んでいました。ベトナム語の法話のときにはいつもそうなのですが、聴衆は集中しないと私の言葉が理解できないのです。ベトナム語は声調言語なので、言葉の意味を理解するには音楽のような声調をしっかり聞きとらなければならないのに、私のベトナム語はなんとか話せるレベルにすぎなくて、よくこの声調を間違えてしまうのです。取り巻きのように前列に座っている女性たちが、私が声調を間違うたびに、他の聴衆にもわかるように発音を直してくれました。そのたびにニッコリと微笑むのですが、ときどき話の筋が飛んでしまって困ることがありました。

　プラムヴィレッジで生活したことがあるベトナム人の在家家族が、タスマニア島の自宅に私たちを招いて、リトリートの企画をしてくれました。彼は仲間内では愛称でバック・トゥ、つまり、おじ《アンクル・》4号《フォー》と呼ばれていました。つまりこの呼び方によると、彼の上には、おじ2号《アンクル・ツー》とか、おじ3号《アンクル・スリー》と呼ばれる二人の兄弟（あるいは姉妹）がいるという意味なのです。彼は孤児で、幼いころからたいへんな苦労をしていました。結婚して自分の子どもが二人できると、かつて自分が扱われたように我が子をひどく扱ってしまったのです。彼には音楽の才能がありました。なんとかプラムヴィレッジまでたどり着いて、マインドフルネスの練修を続けながら、先祖から伝わってきた苦しみを変容していったのです。最初は共同体の暮らしに馴染むだけでもたいへんな苦労でしたが、マインドフルな呼吸やマインドフルに歩くことを学んで、だんだんと人生が変わっていったのです。ついに歌もつくれるようになり、お茶の瞑想などの修行の喜びをマンドリンの伴奏でよく歌ってくれました。何年かのちにガンを患って入院しましたが、末期ガンでもう長くはもたないという医者の診断を受けながら、マインドフルな呼吸の練修を続けていきました。ところが医者を驚かすほどの回復を見せてきたのです。医学では説明できない奇跡だと医者は驚嘆しました。彼はタイに手紙を書きました——一息は一〇〇万オーストラリアドル以上の値打ちがありました！　と。その後の数年間、彼は生きて呼吸することの奇跡を生き続けました。海に近い彼の家で、岩に座ってウェリントン山を眺めました。今もタスマニアに渡れた喜びを想います。なんと美しい島だったことでしょう。深く青い海と緑なす山々のある浄土でした。

タスマニアからニュージーランドにも行きました。当時、ニュージーランドにはベトナム人の僧侶も尼僧も住んでいませんでしたが、在家の人たちが読経やマインドフルネスの日が実修できる小さな家を持っていたので、私とインタービーイング教団のメンバーであったチャンチュエン（真博）さんを歓迎してくれたのですが、結局そこには泊まらず、オランダ人の修行者とその奥さんと一緒にオークランド近くの田舎に宿をとって、そこで二回ほどリトリートを行いました。会場の一つはシダや木々が茂るブッシュ（亜熱帯の森）のなかにありました。子どもたちがたくさん参加してくれて、人にハグするのと同じように木を抱きしめるハギング・メディテーション（抱擁する瞑想）を練修しました。人にハグするのと同じように木を抱きしめる瞑想です。やり方はこうです。はじめに相手にハグしてもよいか訊ねてから、息に戻って相手を両腕に抱きしめます。息を吸って、吐いてと三呼吸しながら、相手の温かい体を感じ、生きている奇跡に気づきます。二人が今生きていること、それが奇跡です。相手と一緒に今ここを深く味わいます。木にハグするときには、人を抱きしめるときと同じように木を敬います。その木は全宇宙なのです。冬の寒さ、夏の暑さに耐え、根は深く大地に根づき、木々の梢は天高く届いています。田舎で行なったもう一つのリトリートでは、残念なことが起こりました。鳥が飲み水のタンクに落ちていたのです。多数のリトリート参加者のぐあいが悪くなったのです。元気な者は病人を介抱し、観世音《アヴァローキテーシュヴァラ》菩薩の名前を唱えながら部屋をめぐっては、彼らの回復と安らぎを祈りました。菩薩の名前を朗唱することは霊的なエネルギーを送る実践です。観世音菩薩は慈悲の菩薩です。菩薩の名前を唱えながら自分の心に慈悲のエネルギーを呼びだして、みんなでそのエネルギーを必要とする人に送っていると感じます。集中してこれを行うと心が散乱しないので、祈りの効果が出て、近くても離れていても距離にかかわらず、エネルギーを受けとっている側の人はすぐにそれを感じます。シドニーへの帰り道で、もう一つお寺でマインドフルネスの日の実践を頼まれたので、フランスへの帰国が遅れてしまいました。そのあと世話人からもう一つの企画が舞いこんできました。シスター・チャンコンに電話をしてもう一度帰国予定を変更してもよいかを訊ねると、返事は「ノー」でした。帰国のときがきました。

一九九三年二月、四か月にわたる長旅からプラムヴィレッジに戻りました。オーストラリアの旅はとても快適で、受け入れ側の人たちに少しばかり甘やかされたように思います。リトリートやマインドフルネスの日の実修を頼まれれば、必ず「はい、やりましょう」というのが正しいとばかり思っていたのですが、自分の修行や成長のためにプラムヴィレッジで暮すことの利益《りやく》を忘れていました。

プラムヴィレッジにはどんどんと人が集まるようになり、ロアー・ハムレットの紅蝋堂での全員の受け入れが手狭になって、新しい瞑想ホールが必要になりました。タイが鉄製の梁に波板のトタン屋根をつけた農家風の簡易建築を思い立たれたので、来年の（恒例の）夏のオープニングに間に合うように、梁と屋根が設置されて、この年は壁のない建物でタイの法話が行われました。これが甘露堂の前身の建物です。あまり暑くないときは、半戸外のホールで周囲の丘陵や木々を見ながら坐ることはとても爽やかで心地よかったのですが、太陽が中天に昇ると、トタン屋根が熱せられて、耐え難い暑さになりました。そこで、人を動員してホースで冷たい水を屋根にかける冷却作戦となりました。タイは寛大にもシスター・チャンコンと私のために、ロアー・ハムレットのそれぞれの地所に別棟を立ててくださいました。あとはせっせと床にワックスがけをするだけでした。これは静かな環境で瞑想をしたり、経典やタイの本の翻訳ができるようにとの配慮だったのです。ロアー・ハムレットはうねるような丘陵の谷間にあって、ベランダの木の床に座ると、日没を眺めながら丘やヒマワリ畑や森、はるかかなたの城館《シャトー》のあたりまで見晴らせるのです。ベランダには蛇口がついていて、お湯を沸かしてお茶も飲めました。ここは自然界の動植物に囲まれた世界です。小屋には薪ストーブが取りつけてあり、このストーブのおかげで暖かく過ごせました。一九八六年にこの地に落ち着いてこのかた、薪ストーブのデザインがどんどん進化して、以前よりもはるかに長く燃えるようになっていました。この小屋は木々や茂みに寄り添うように立っていて、仕事机の上の窓からはニワトコの木が見えました。

タイの教えの翻訳のために、わたしは個人用のコンピューターを持っていました。一九九三年から一九九四年にかけてタイからいただいたものです。得度した当時はプラムヴィレッジにコンピューターはありませんでしたが、一九九〇年になってやっと、アッパー・ハムレットに二台のコンピューターが登場しました。タイの二人の弟子、アーニーとテレーズがアメリカから持ってきたもので、彼らが使い方を教えてくれました。それ以前はデリート機能のないワープロを使っていました。ベトナム語のタイの本の多くは、シスター・チャンコンがこのワープロでタイプ打ちし、それからタイがご自分の寓居で印刷と製本をされていたのです。

僧院では講義、作務、瞑想などの日課があり、シスターたちはローテーションを組んで料理や洗濯をしました。一九九〇年代初頭のこと、タイが来られて、これからローテーションに入って仕事をしなくてよいと言われたのです。理由を訊ねると、タイは私のペンが鋤だと説明されました。翻訳に多くの時間を取られるという意味でした。それはまた私が少しばかり他のサンガメンバーから孤立してしまうという意味でもありました。坐禅、歩く瞑想、そのほかのサンガ活動に参加しても、一緒に働くときにシスターたちのあいだに生まれる連帯感は、私にはもてなかったのです。それでタイから寮に寝泊まりしてみてはどうかといわれていました。もちろん、リトリートの指導に出かける前の数日間と、戻ってきてからの休息のための数日間を除いてということでした。ある日翻訳で頭が疲れてしまったというと、さっそく翌日、息抜きに音楽が聞けるように、と大きなラジオを持ってこられて、フランスの音楽局を探して見なさいといわれました。尼僧になって一度も聞いたことがないクラシック音楽を聞いて、どんなに心が和んだことでしょう。

ロット・エ・ガロンヌ県の知事と設備局――公共事業省の一部門――が、ロアー・ハムレットとその建築物に目をつけ始めました。私たちの建築安全基準の遵守状況に懸念を持ち、ロアー・ハムレットを閉鎖するように圧力をかけてきたのです。タイは心配する様子もなくこう言われました。「彼らにも彼らの仕事があるのだから、こちらはこちらでできることをやりましょう。それで、もしロアー・ハムレットにとどまることが許可されなければ、こちらの仕事ができる土地をどこかほかに探してみましょう」。タイとシスター・チャンコンが新しい土地を探し始めた理由の一つがこの問題だったのです。一九九五年に一六キロ離れたところに土地を見つけて、慈厳寺と命名されました。現在ニュー・

ハムレットと呼ばれている土地です。

一九九四年の九月、タイのお供でロシアとポーランドに出かけました。日々の生活のなかでのマインドフルネスの教えを伝えるリトリートでした。一九九一年のソ連崩壊から、ロシアはまだ立ち直っていませんでした。長きにわたって共産主義のもとで暮らしてきた人々は、心の実践に飢えていました。たくさんの人々がリトリートに参加して道を模索していました。さまざまな指導者がやってきてスピリチュアルな道を提示していくなかで、自分たちに最適な指導者を見つけようと、比較しているように見えました。

観察していると、ロシア人のなかに深い霊性を感じました。ロシア正教会はロシアの外から入ってくる仏教やヒンドゥー教のような新しい競争相手に勝ち抜く必要に迫られていました。正教会を訪れて、大いなる献身を持って聖画像《イコン》を崇敬する信仰厚い人々に出会いました。聖歌隊の歌声を聞き、司祭の説教に耳を傾けていたとき、私はふと司祭の視線を感じました。在家の友人や世話人の通訳から、私の存在が仏教のような非キリスト教の宗教への彼の敵愾心を駆り立てていたのだと気づきました。

アッパー・ハムレットの水仙祭
（1993年）

モスクワでのリトリート中に、お茶の瞑想会を開きました。私たちの伝統では、リトリート参加者にお茶とビスケットを配り、喜びと集中とマインドフルネスをもって沈黙のうちに飲んだり食べたりします。この企画の主催者側は、お茶に使うハーブは簡単に探せると思っていましたが、さて、ビスケットはどうでしょう。ビスケットはいうまでもなく、パンを手に入れるのも難しかったのです。結局、田舎に親戚がいる人たちに頼んで、手に入るものを調達してもらうことになりました。こうして一瓶のジャムとパンを手に入れました。モスクワの食糧不足は深刻で、田舎に土地を持っている親戚があれば幸運でした。野菜やフルーツを栽培して、ピクルス（塩漬や酢漬）にして保存することができるからです。

モスクワから寝台夜行列車に乗って、サンクトペテルブルクに向かいました。まだ九月の終わりというのに雪が降っていました。寝台車はとても暖かくて、客室ごとに四つの寝台がついていましたが、そのうちの二台は男性が乗っていてロシア語で大声で話をしているのです。私は一人ぼっちで心細くなり、マインドフルネスの練修をする仲間のところに戻りたくなりました。サンクトペテルブルクに着くと、プラムヴィレッジを知る企画担当者が出迎えに来ていたので、ホッと胸をなでおろしました。二人は少し体調がよくなかった私を親切に介抱してくれました。最初は、何も食べられなく、それから少しよくなると、ソバの実の料理や野菜のピクルスという毎日の食事が食べられるようになりました。リトリートが開かれる場所に行くと、会場となる小さな家には大きな薪ストーブがあり、みんなをほっこりと温めてくれました。総勢二〇名ばかりでしたが、全員プラムヴィレッジの実践の初心者でした。家族のように小さな居間でつめあって座りました。薪ストーブが熱すぎて、シャツだけでもすごせるほどでした。それからマインドフルに坐り、歩き、食べる練修の説明を始めましたが、外はとても寒くて午後になるまでは誰も戸外に出る気にもなりませんでした。午後に雪道を森まで歩いて、歩く瞑想をすることになっていたのです。ふと昔のことを思いだして、ここはなんと安全な環境だろうと感じないではいられませんでした。

得度した後の最初の五年間、私は世界中を旅してまわり、異文化の人々に仏法を教える経験を積みました。マインドフルネスの練修がいかに世界中で受容され、人々の苦しみの変容に力を貸してきたかを知って驚くばかりです。小さなダルマシェアリングのグループとともに座り、彼らがこの実践をどのように応用してきたか、それがどれだけ彼らのたすけになってきたかを知るにつけ、タイが世界中に伝えてこられた仏法の智慧がだんだんと味わえるようになってきました。当時の私の教え方はまだ未熟でしたが、人々の変容の手助けができる洞察もいくつか身についてきました。私が二〇年以上も前に話したことを覚えている人もいました。当時話したことや、その言葉で救われたことへの彼らの感謝の気持ちを聞いてどれだけ驚き、喜びをかみしめたことでしょう。それだけでなく彼らはダルマティーチャーとしての私の成長と深まりを見つめてくれているのです。

一九九四年の終わりにもう一度ベトナムとオーストラリアを訪れることになりました。当時タイもベトナム北部、中部、南部の各地でリトリートを行うという考えを持っておられました。シスター・ドアンニェム（瑞厳）は私の介添え役《セカンドボディ》をしてくれた英国籍を持つベトナム人で、タイが一九八六年に初めて英国入りされたときからの知り合いでした。プラムヴィレッジの尼僧サンガの長老の一人で、毎年のツアーでタイ国、ヨーロッパ、合衆国の人々と交流して仏法を分かち合っていました。

私のベトナム行きには公認の許可が取れませんでした。二年前に公安と一悶着あったからです。それで旅行代理店で旅行者ビザを入手してハノイに飛んだのですが、公安にハノイに向かったことを察知されて、着陸して駐機場でタラップを降りようとしたところで、公安に押さえられてしまいました。その場でベトナムに歓迎されない旨の説明があって、到着便でそのままフランスへの帰国を命じられました。まず脳裏に浮かんだのは「困った！」という反応でした。ベトナムの仏教徒と交流するのを楽しみにしていたからです。タイとシスター・チャンコンのツアー企画の苦労が台無しになる。リトリートやマインドフルネスの日を待ち望んでいる人々がたくさんいるのに……。二人の警察官を説き伏せるのは私の能力をはるかに超えていました。同便への再搭乗を逃れるために考えうることは、シスター・チャンコンが持たせてくれたお金でした。もしかしたらこれで抱きこめるかもしれない！

一〇〇ドル紙幣を見せると、事務所に連行されて、数日間の休息のあとフランスに帰国することが許されました。それだけではすまず、次は荷物の検閲です。カバン中を調べてタイの法話のビデオテープが押収されました。シスター・チャンコンによれば、公安はよく取りあげたものを見たり読んだりするので、それもまた、タイの教えに預かるチャンスに恵まれるというのです。これがせめてもの慰めになると教えてくれたのです。

定光寺《ディンクアン》の住職のスータイ・ダムグェン（曇願）[10]が迎えに出てくださっていました。スータイとは、医者からあと三か月の命と診断されてプラムヴィレッジに来られたときからの顔見知りでした。タイの指導のもとで、今この瞬間に安住する修行に勤勉に取り組まれ、その後一九年間生き延びられたのです。

定光寺《ディンクアン》はハノイの中心部から一二キロ離れた小村にありました。スータイは警察に話をして、どういう塩梅《あんばい》か合意に至って、一か月この寺での滞在が許されたのです。公安が毎日のように確認に寺にやってきて、厳重に他所への移動を禁じました。宗教問題に関する政府委員会の公安警官もよくやってきて、ヨーロッパやアメリカ合衆国のベトナム仏教の信徒集団などについて訊ねられました。北アメリカのベトナム人僧侶たちの活動についても訊ねられましたが、私は何も知りませんでした。彼らはアメリカの組織が発行する刊行物を入手したがっていて、資料を送ってくれたら、自由にベトナムに入れるようになるなどと持ちかけてきました。

今回の旅では、期待したほどベトナム中部と南部には足を延ばせませんでしたが、それでもスータイ・ダムグェンが寺への軟禁を解いて北ベトナムの聖地訪問を手配してくださったので、以前の旅で訪問したイェントゥ山と香跡山への再訪が叶いました。今回の旅ではイェントゥ山への道は修復されており、公安の監視もなかったので、ハノイからそう遠くないナムディン（南定）省の虎山へもドライバーつきの車の旅ができました。

プラムヴィレッジを発つ前に、タイはすでに嫩山《ノンソン》寺の住所を調べておいてくださいました。ここはフエンチャン王女（玄珍公主[11]）が得度して尼僧として修行に入られた寺でした。ここはタイからぜひ訪ねるようにと勧められたお寺でした。フエンチャン王女はチャン・ナントン（陳仁宗）王の娘です。一三世紀にこの国王も得度して仏門に帰依しました。私は王女から尼僧になった女性をテーマにしたタイの歴史小説『雲の中のいおり』（*Hermitage among the Clouds*）の翻訳を手伝っていました。[10] スータイ・ダムグェンが車を手配してくださり、ハノイからこの寺に向かいました。三部屋だけの石造りの庵には、今も地域の人たちに使われている祭壇を祀った部屋がありました。ここには警備がなく、一部の村人たちからはよそよそしく扱われましたが、ひとりの老人が庵まで案内してくれました。老人はこの寺の古文書をもっていましたが、私には内容の理解ができませんでした。

この庵の小ささは驚くばかりです。祭壇の部屋が一番大きくて、他にはほんの数メートル四方の台所と寝室があるだけなのです。理解と慈悲の修行が実現した場所を訪れるのは何よりの喜びだったし、特にここが女性の修行の場であったことが嬉しいことでした。

庵から戻ってくると、男が道に立って車に石を投げて脅そうとしていました。村人が何とかこの男をなだめてくれるまでその場で立ち往生していましたが、男はこの道を通すにはお金を払えと言っていたのかもしれません。

次に訪れた香海庵《フーンハイ》は、一一世紀に悟りを開いたユーニャン（妙因）尼が住んでいた庵で、彼女はベトナム禅の一派である毘尼多流支《びにたるし》派〔12〕第一七代の正統後継者でした。この一派は六世紀にインドの禅師によって創立されて一三世紀まで存続しました。この寺もまた女性修行者の能力と可能性への開眼となりました。

定光《ディンクアン》寺では広々とした庭で歩く瞑想をし、寺で実った美味しいグレープフルーツを賞味しました。スータイ・ダムグェンはこの寺を訪れる人たちにプラムヴィレッジの教えやマインドフルネスの練修を紹介するために、時折マインドフルネスの日を実践しておられました。

二度目のベトナム訪問では、限られた時間のなかではありましたが、プラムヴィレッジの修行方法を教える機会に恵まれ、村をぬけて表通りまで歩く瞑想をしたり、子どもたちにお話をしたりしました。寺にやってくる小柄な老婆たちが、無償で寺の仕事の手伝いをする姿も見ました。小さなおばあちゃんたちが建材を運んでいるのです。私は彼女たちがどんな人生を歩んできたのか考えこむことがありました。仏教文化と仏道修行という環境のなかで育ち、フランスの占領時代をへて、一九四四年から一九四五年まで続いた飢饉も体験したはずです。そして気がついたら突然共産主義支配のもとで、かつて彼らが見聞きしてきた修行は、弾圧とまではいかないまでも、反動の矢面に立たされたのです。今やっと、かつてのような脅威が去って、地域のお寺に戻って信仰するチャンスがめぐってきたのです。みなでお茶の瞑想をし、かつて子どもたちに唄って聞かせた子守唄を歌ってくれました。

　未知の文化が体験できるのは一つの特権です。村の老婆たちが実践してきた仏教は、私がプラムヴィレッジで修行したものとは違っていました。それはもっと信仰に重きを置いた、真心のこもったものでした。早朝に年老いた夫人が懺悔にやってくるのをよく目にしました。祭壇の前に跪き、読経して礼拝するのです。二回目のベトナム旅行では、二か月間寺院に滞在しました。二年前の体験とはまったく異なるもので、スータイ・ダムグェンの指導のもと、定光《ディンクアン》寺で行なった修行には、プラムヴィレッジの修行の要素がたくさんありました。スータイは自らをタイの弟子と自認し、タイの教えを北ベトナムに持ち帰って実践しておられたのです。一緒に坐る瞑想をしたり、プラムヴィレッジ・スタイルで朗唱もしました（中国語ではなくベトナム語での朗唱です。ベトナムでは伝統的に読経には中国語が使われてきたのですが）。

　二年前と同じように、ベトナムからオーストラリアに渡りましたが、その後は二〇〇一年までベトナムに戻ることはありませんでした。今年の夏は一か月だけオーストラリアに滞在し、アイヤ・ケーマ[13]が開設したワット・ブッダダルマでリトリートを実施しました。アイヤ・ケーマ（一九二三年生まれ）はユダヤ系ドイツ人の血を引く尼僧です。スリランカで得度ののち、女性たちに授戒して尼僧として育てあげながら最初の女性仏教者国際会議を組織しました。サッキヤデータ協会（国際女性仏教者協会）の母体となった組織です。ワット・ブッダダルマは美しいダーラッグ国立公園の中にあり、何棟かの小屋と瞑想ホールがあるだけの簡素な施設でした。私はアイヤ・ケーマが岩の上に建てた自宅に泊めてもらいました。岩肌をそのまま床にしたつくりで、岩の上まで登って家に入るようになっていました。あのときも今回のようにワットに住みこみの僧がいなかったので、私たちの世話役がこの場所をリトリートのために借り受けてくれたのです。人の手が入らない美しい自然のなかでの歩く瞑想は格別でした。このリトリートでは六要素（六大）の瞑想を基本にしました。六要素とは、土（硬いものを象徴）、水（流動するものを象徴）、火（熱の象徴）、風、空間、意識を表します。これらの六大要素が一つにまとまって私たちの体や心を形成しています。これらは体内にあるだけでなく、私たちのまわりにある岩、小川、ユーカリの木などの自然のなかにも存在しています。私たちが死んでも、肉体と心が無になるのではないのです。生きているあいだも同じで、体と心は常に周囲の六大要素と相互に混ざり合っているのです。

中国の入国ビザはオーストラリアで取ることになりました。中国でタイと仲間の僧団と合流して、初めてのアジアツアーの幕あきです。

第16章 タイとアジアを歩く……地球仏教、アジアに戻る

プラムヴィレッジの伝統で僧や尼僧になった最も大きな役得や喜びは、タイと一緒にツアーに出られることです。三か月の雨安居[11]を別にすると、タイはほとんどアジア、ヨーロッパ、北アメリカのいずれかのツアーに出ておられます。タイに同伴してツアーに出ることは喜びであり、また特権でした。ツアー中の学びの大きさと、同時に、遠くの国々の山、海、そして森に触れるチャンスをいただくからです。タイとともに仏法《ダルマ》の目で世界を見るのです。どんな異文化の中に身をおいてもタイはいつもくつろいでおられる。タイはどこに行かれようと威厳と思いやりがあり、どんなときにも人との接し方が手厚く見事なのです。タイは身を挺して訪れる国々に最も適したやり方で仏法《ダルマ》を説かれるのです。ご自身の健康状態がすぐれないときにも、瑞々しく喜びに満ちた法話に身を捧げられました。

一九九五年の春、タイの最初のアジアツアーが始まりました。台湾（中華民国）の在家信者、游《ヨー》博士[1]は、台湾だけでなく中国本土へもタイの招聘を願っていました。彼は中国（中華人民共和国）の仏教再興を祈念して、中国本土に残るたくさんの古寺の復興に経済的支援をした多くの台湾人の一人でした。中国と台湾以外にも、韓国と日本にも招聘を求める弟子たちがおり、タイとともに訪れるツアーは東アジア四か国に及びました。まず手始めに、こちらからの代表団は次のメンバーで結成されました。五人の僧と五人の尼僧（タイの海外ツアーには必ず同伴するシスター・チャンコンを含めて）、一二人弱の在家信者。タイ・ドージ（道治）は日本で禅の修行をして得度したフランス人の僧侶。タイ・シャー

リプトラはスリランカの上座部仏教で得度したフランス人僧侶。アメリカからはブラザー・ファップタン（法蔵）とベトナム人で通訳のタイ・ティエンソン（善山）。尼僧では、シスター・ユーニェム（妙厳）（シスター・ジーナ）、シスター・トゥニェム（慈厳）（シスター・エレーニ）、そしてシスター・ヴィエンクァン（円光）（プラムヴィレッジと親しい関係にあった高齢の尼僧の弟子）は、中国系で中国語が話せるベトナム育ちの尼僧です。そして訪れたそれぞれの国では、タイの教え子たちが代表団に加わってくれました。

台湾

私はオーストラリアから台湾に飛び、数日前に到着していた代表団に合流しました。台湾は仏教国で、寺院や僧院は在家信者による潤沢な基金で支援されていました。私たちは陽明山《ヤンミン》にある在家信者の自宅に滞在しました。そこには硫黄泉があって、ツツジが美しく咲き乱れていました。タイとともにツツジのなかで歩く瞑想をし、爽やかな天然の温泉に体を浸しました。最初、台湾には貧しい人がいないように思われました。会う人誰もが豊かで満ち足りているように見えたからです。游博士はタイとシスター・チャンコンに証《しょう》厳《ごん》法師[2]を紹介しました。彼女は貧民救済においては台湾仏教界のなかで最も精力的で影響力のある尼僧だったからです。証厳尼の救済活動の動機は、貧しい女性たちが今よりましな病院で治療を受けるにはどうしたらよいかという課題から始まりました。ある産院で貧しさのために治療費が払えない女性の惨状を目の当たりにしたのがきっかけでした。医師や看護師が足らないために床が血の海と化していたのです。彼女は慈善基金を発足させ、やがて貧しい人々のために大きな近代的病院を建てました。

台湾では在家と僧院の修行者の良好な関係を学びました。タクシーに乗っても運転手が料金を取らないのです。一度、焼き菓子を買いにお店に入ったとき、うっかりと菜食でないものを選んでしまったことがありました。すると、お店の売り子さんがそれは売らないというのです。台湾の僧侶や尼僧は命を守るという戒律のために菜食主義が当然のことだったのです。仏教が台湾の社会や文化と一体となっていること、人々が純粋に修行を続ける僧や尼僧を援助しようとしていることに感銘を受けました。

地図16　台湾

浄土教の実践がされている僧院で七日間リトリートを行いました。僧院長は私たち僧侶団の上着の色がそれぞれ違っていることに気づいて、皆が同じ上着を着るほうがよいでしょうと言われて、全員に（タイも含めて）黒い裏地がついたブラウンの外套を用意されたのです。こののち、私たちはこの外套を着てアジア各地を巡りました。フランスに帰国した後もしばらくはこの外套が離せませんでした。僧院長はまた、みんなに魔法瓶の水筒と水筒ホルダー、ステンレス製の托鉢椀と箸とスプーンを寄進されました。環境への配慮からでした。台湾中どこにでもおいてある使い捨ての椀や箸を使わなくてもいいようにしてくださったのです。

台湾では初めて、たくさんの小さな小僧さんや小尼さん（五歳かそれ以上の子どもたち）が回廊で笑ったり遊んだりしている光景に出会いました。お母さんやお父さんが僧院生活に入りたいときに、子どもたちも一緒に受戒することが、ときどきあるのです。子どもたちが生涯僧や尼僧にとどまることがあるのかと、タイが訊ねられました。尼僧の多くはそのまま僧籍にとどまるが、〔男性の〕若い僧は一八歳になると兵役の義務があるので、僧籍を離れなければならないということでした。好きなことができる自由に触れて、いったんその方向に足を踏みだしてしまうと、僧院の生活に戻れなくなる人が大半のようです。一方、少数ながら、軍隊での体験から僧院の生活がいかに貴重なものかを悟って、兵役が終わると僧院に戻るものもいるようです。

七世紀の中国の仏教僧、玄奘（三蔵法師）についてよく耳にしました。玄奘は、中国からインドへと命がけの旅をして、危険な陸路――現在シルクロード（絹の道）として知られているルート――を通って、仏典を中国に持ち帰って翻訳した僧侶です。プラムヴィレッジでは三蔵法師が持ち帰った仏教心理学の経典（玄奘訳）を研究してきました。三蔵法師その人がナーランダー大学で研鑽したテキストです。台湾で玄奘寺[3]を訪れることができると聞いて、一体どうして玄奘がこんなところに来ることになったのだろうと訝しく思って、寺に帰って聞いてみると、ほんの三〇年前に法師の遺骨がこの地に祀られたとのことでした。この地で、艱難辛苦を乗り越えて仏法護持に命をかけた僧に敬意を表するチャンスに恵まれました。

韓国

私たちの韓国（大韓民国）訪問の背景には、この国の宗教風土が関係ありました。到着早々に、タイがこの説明をされたのです。七世紀以来、何度か途絶を挟みつつも、韓国は伝統的に仏教国でした。現在、国勢調査によると、韓国で仏教徒と表明する人口は二五％にとどまっています。社会的身分が低いとみられるのがいやなので、仏教徒と名乗るのを嫌がるようです。しかし大半がキリスト教徒と名乗りながら、内実は仏教寺院に通っているのです。特に仏教のお祭りが行われる日にはそのようです。キリスト教は進歩と同義語で、仏教は時代遅れと考えられがちで、近年の経済的成長に一致しないのです。また韓国内の仏教徒とキリスト教徒のあいだには軋轢があります。多くの公然、非公然の仏教徒にとって、タイの著書や存在が大きな癒しとなっています。韓国語に翻訳されたタイの著作が今度の韓国ツアーの引き手となりました。これらの書籍の出版社がタイを韓国に招聘したからです。

地図17　韓国

　タイご自身に関するかぎり、〔宗教の〕二重所属は何の問題もありません。二重所属とは仏教に帰依しながら、同時に別の宗教を信仰することを意味します。個人的にはありがたいことと感謝しています。キリスト教徒としてのルーツはまだ私のなかに生きているからです。クリスチャンであることをやめる必要はないのです。タイはただ彼らが自らの仏教徒のルーツに気づき、韓国文化のなかでいかに重要な役割を担っているかに気づいてほしかったのです。キリスト教徒もマインドフルネスのような仏教に根をもつ練修を活用することができるのです。タイはたくみにイエスの教えに言及されました。「その供え物を祭壇の前に置き、まず行って兄弟と仲直りをし、それから帰って来て、供え物を献げなさい」（マタイによる福音書5：24、新共同訳）。ニューヨークのユニオン神学校で神学を教えているチョン博士[4]は、今回のツアーに大いに貢献されました。タイへのインタビューのなかで、いかに仏教がキリスト教と補完的であるかを私たちに気づかせてくださいました。

韓国ではソウル近郊にあるマグノリア（木蓮）の花咲くキリスト教会の施設に滞在しました。タイは花咲くマグノリアに瞑想する偈をつくられました。「わたしはあなたのためにここにいます」そして、「あなたがそこにいるから、わたしは幸せです」。木の下で青空を背に花を見上げながら、花のおかげで私たちは完全に今ここに立ち戻ることができるのです。私たちは木のためにここに在るがゆえに、木は私たちのためにここに在る、とはっきりとわかったのです。

私は知らなかったのですが、韓国にはベトナムの李朝[5]の王族の子孫がいたのです。一三世紀のベトナムで李朝は没落しました。自分の一族を新しい王朝の王位に就かせたいと目論んだ廷臣が、李朝一族の虐殺を命じ、あるいは、遠くの山岳地帯に追放したのです。李龍祥《リ・ロントゥオン》親王は家族と近臣を連れて海に逃れて韓国に上陸しました。その子孫が今も韓国に生きていると知ったタイは、彼らとの会見を望まれました。ベトナムの李朝のこと、仏弟子であった代々の国王がいかに慈悲と理解の実践を通してベトナムを堅固な国につくりあげていったか……、この面会はタイにとって貴重な出会いとなりました。一方、彼らは真剣にタイの話に耳を傾け、家族に受け継がれた李朝王族の徳を守り続ける決意をしました。

韓国では、古い僧院は山岳部に多く存在しています。僧院のなかでは、韓国の三蔵が収蔵されている海印寺《ヘインサ》〔6〕を訪れました。韓国仏教は独自の三蔵と仏教聖典を所蔵していますが、これらは一三世紀に書写されたもので、そのなかの一巻に僧が自らの血で書き写した経典があります。また尼僧への法話に招待されて、雲門寺の巨大な尼僧院を訪ねました。尼僧は僧の顔を見ないで教えを受けるように指導されていたので、みんな俯いたり目を閉じて話を聴いていました。プラムヴィレッジではタイのお顔を見ながら教えを受けるのですが。

韓国では料理も修行のうちだということを学びました。料理長（典座）でレシピ本を書いた僧に会いました。彼は料理の健康面を力説していて、ご馳走になった松の実粥がとても美味しかったので、ヨーロッパに帰ってから自分でつくってみることにしました。ある寺では、松の針葉から作った飲みものが肺臓によく効くとのことで、さっそくいただいてみると、偶然に発酵していたのか、頭が少しクラクラしてきたので、丁寧に二杯目はお断りしました。韓国のほとんどの寺に松の木が植えられていますが、松は空気を浄化するので、修行者の肺臓に良能があるといいます。

日本

日本の僧や尼僧の立場は台湾とはたいへん違っていました。ほとんどの仏教国で定められている僧侶の戒律が日本にはありません。日本滞在中に僧侶の戒律（波羅提木叉）について調べてみると、八世紀以来、日本の僧は戒の実践をやめて、妻帯や財産の所持を許されて、在家と変わらない生活をしているようです[7]。禅師には敬意を表しても、そのほかの僧や尼僧には礼を欠くこともあるようです。タイは現職の僧や尼僧との会合をもって、修行の道について助言や励ましをおくられました。

京都郊外の比叡山にある居士林に数日滞在して、マインドフルネスの日を行いました。居士林は木立のなかにあって、ずっと霧が立ちこめ、小糠雨が降っていたので、いっそう美しさがきわだっていました。木立のなかを歩くと、谷川を流れる水音に混じって、木々の枝から滴る雫の音が聞こえてきます。木々の梢はしっとりと細かな霧につつまれていました。木立のなかでの歩く瞑想は忘れがたい修行の一コマとなりました。

また、浄土宗の寺でマインドフルネスの日を行いました。季節は春で、椿や桜が美しく咲いていました。境内には、妊娠中絶によって子を失った親の苦しみと罪を懺悔する水子供養として、千体をこえる地蔵菩薩の小さな像が置かれていました。浄土宗の寺はキリスト教会を思い起こさせたので、私はくつろいだ気持ちで基本的な練修の説明をすることができました。

次に清里のフォレスト・キャンプで、四日間のリトリートを行いました。タイは「三回の大地礼拝」を紹介されました。これまでは「五回の大地礼拝」を実修するのが普通でした。これは地面に体を預けて大地に礼拝する瞑想です。五回の大地礼拝の最初は、大地に触れて、あなたのなかに生き続けている母、父、そしてすべての血族の先祖に想いを馳せます。二回目は、大地に触れて、あなたのなかに生き続けている先師やすべての霊的先祖を見つめます。三回目は、大地に触れて、あなたがいかに人々や動物（過去も現在も含めて）、植物や鉱物のエネルギーの継続体であるかを感じます。四回目は大地に触れて、あなたの先祖の力を愛する人に送り、あなたの愛する人たちと一つであることを感じます。最後に大地に触れて、あなたを苦しめてきた人たちを理解し愛するために深く祈ります。三回の大地礼拝はこれらの教えをもっと深めた練修です。最初に大地に触れて、あなたの血族や霊的先祖だけでなく、血族や霊的な子孫との結びつきを感じて、彼らすべてを無条件に受けいれます。二回目に大地に触れて、苦しみ恐れているものも怖れから解き放たれて自由になったものも一切の分け隔てをせず、今この惑星に生きるすべての生き物と一つになると感じます。最後に大地に触れて、生まれることも、死ぬこともない自分を見つめます。私たちは大海に浮かぶ波のようなもので、盛りあがってはまた海に戻っていきます。大海の水に始まりも終わりもありません。

地図18　日本

このリトリートには一〇〇人以上の参加者が集まって、大きな会議センターで行われました。リトリートの最終日は、昼食をとるとすぐに電車に乗って移動する予定になっていました。タイはセンターの敷地で最後の歩く瞑想を先導されました。ところが歩く瞑想が一時間以上のびて昼食の時間がとれなくなり、僧団は昼食をとらずにバスに飛び乗って駅に向かいました。ところが昼食を食べた参加者が病院に搬送されるという事態が起きたのです。野草を見誤って料理に使ったことが食中毒の原因でした。タイの第六感が働いたのかもしれません。あの日、いつになく長い歩く瞑想を導かれたのは、虫の知らせだったのでしょうか。

日本に一度だけしか行けなかったのがとても残念です。一九九五年の一度だけの訪問でしたが、あの訪問以降、ブラザーやシスターたちが定期的に日本に戻って仏法を説き、リトリートを導いています。タイは一九六〇年代に日本に行かれたことがあり、食事をした東京の中華料理店のことまでよく覚えておられました。ある日、タイは私たち数人を連れて昼食に出られました。日本の人たちのさっぱりした几帳面さもさることながら、狭い空間をうまく利用して生きていく知恵にも驚きを隠せませんでした。たくさんの在家の人々が世話をしてくれて、いただく食事も美しくアレンジされていました。木々や茂みには春の花々が美しく咲き、忘れがたい日本の思い出になりました。この自然の美しさが、すべてを美しく表現する人々の感性を創りだしたに違いありません。

中国

游博士なしにはタイの中国本土ツアーは実現しませんでした。タイにとって、中国本土の訪問は積年の夢でした。中国仏教のルーツに触れ、偉大なる先師たちを表敬訪問したいという願いが叶ったのです。これがまさにタイの最初の訪問になりました。游博士は遠い台湾の地から中国本土の寺院復興に尽力し、中国の若い僧や尼僧にタイの教えを届けたいと熱望されていました。タイの弟子として、私もまたこの国の訪問を待ち望んでいました。この国から計り知れない恩恵を受けて、今の仏道修行が続けられているのです。

地図19　中国

こうして一九九五年にタイの最初の中国訪問が実現しました。表向きは旅行者としての訪問でしたが、仏教の寺院や施設の訪問プログラムは游博士によって手配されたので、次々と予定外の法話が可能になっていきました。三世紀に起源を発するといわれる中国仏教[8]の長い歴史は今も健在で、共産党政権のもとではいえ、この国から仏教の存在を消し去ることはできません。山々の美しい景観に触れて感じるのは、この国の山河が仏道修行者や禅僧たちの修行を支えてきたということです。多くの人々に出会いましたが、彼らのなかには今も祖先から受け継いできた仏教の種子が生きているのです。なお、この旅のあとのタイの中国訪問は、中国政府の国家宗教事務局が統括することになっていました。しかし二〇〇八年にタイはイタリアでチベットについて発言し、タイのベトナムへの帰還が許されたように、中国はダライ・ラマが仏法を教えにチベットへ帰還するのを許可すべきだ、ダライ・ラマを支持するために自らもチベットに赴く意思がある、と表明したため、タイの再訪は立ち消えになりました。中国政府はタイのチベットに関する公式表明に遺憾の書簡を送ったのです。

この旅には専属のツアーガイドが割り当てられました。彼らの主な仕事は私たちを監視して共産党政府の方針に違反していないかどうか確認することでした。ガイドは若い男女数人で、外国人に接触できるこの仕事を楽しんでいるように見えました。彼らは毎日、私たちの言動を上司に報告する義務を帯びていました。北京では政府が認める公式ガイドに観光地を案内されましたが、しばらくして、タイが仏教寺院の訪問を希望されました。仏教僧としては当たり前のリクエストで、どこに行くにもまず仏壇に礼拝し、次に土地の祖霊を拝礼するのが順当です。このリクエストはガイドにとってディレンマだったのか、彼らはこのリクエストには応じませんでした。双方にとって少しばかり無理な注文だったのかもしれません。彼らは私たちのような旅行者を扱ったことがなかったし、また仏教寺院への案内を求める客にも出会ったことがなかったのでしょう。ところがここでいつものようにちょっとばかりウイットのきいた策が飛び出したのです。タイは落ち着き払って、寺院に行かないならバスから降りませんよ、と平然といわれたのです。面白いことになってきました。紫禁城の外でバスのなかでの座りこみです。みなが呼吸と微笑みの練修をしながら沈黙で座ったのです。すると効果てきめんで、バスは仏教寺院に方向を変えて、香山公園（フラグラントヒルズ・パーク）にある碧雲寺《ビーユン・スー》に向かったのです。公園はレジャーを楽しむ地元の人で混み合っていました。タイは線香に火をつけて祭壇に進まれましたが、火災防止の理由で学芸員の許可が得られませんでした（当時この寺は博物館（展示施設）として扱われていたのです）。やむをえずタイは、持参した火のつかない線香を手にもって、ベトナムの伝統的な発音の漢文（漢越語）で「香を捧げる偈」を朗唱して鐘を招かれました。一同埃っぽい床に深々と伏礼しました（中国では寺に入るとき靴を脱ぎません）。中国の霊的先師がたに礼拝したいという私たちの願いはこうして叶えられたのです。

中国本土訪問の初めに、タイはみなを集めて話をされました。この旅行では法話では修行を共有できないかもしれないので、歩き方で私たちの実践を分かち合いましょう。一歩進むごとに、マインドフル・ウォーキングに戻らなければなりません。香を焚き礼拝をして公園に入ろうとすると、何人かの人たちがやってきて、英語で話しかけてきたので、タイが作詞してベッツィ・ローズ[9]が曲をつけた歌を歌いました。まず英語で、次に中国語で歌いました。歌声を聞きつけてどんどん人が集まってきて人だかりができました。タイの深い修行と、おそらく私たちの歩く瞑想のおかげで、マインドフルネスと心を通わす関わり合いの教えを分かち合うことができたのです。人々が感動している様子が、手に取るように伝わってきました。

きっと中国の先師たちに守られたのでしょう――観光客ではなく真正の仏教徒として、ブッダの教えを語って分かち合うことが許されたからです。きっとガイドのおかげもあったのでしょう。私たちの仏道への思いが人々によい影響を与えたことが上司に伝わったのだと思います。タイは招かれて、仏教研究所の僧侶や、中国仏教協会本部の僧、尼僧、在家の人々に法話をされました。いにしえの仏祖たちに感謝を捧げたいというタイの深い願いが、現代という時代に即した仏法を語ることによって、実践的で心を奮い立たせる教えとして受け入れられたのです。この初めての訪問が、これ以降の中国政府の企画による中国ツアーの礎になりました。中国仏教のすばらしい遺産を賞賛するタイの法話を聞いた政府の官吏がこう言いました。「タイ、私たちは素晴らしい国の宝をゴミ箱に捨ててしまっていたのですね」。

北京から南に移動し、まずは河北省の石家荘市に向かいました。私たちが歩いていたときに、こちらをじっと見つめている子どもと目が合って、タイはこういわれました。子どもと深くつながったと感じるときがあるものです、と。

河北省では、柏林《バイリン》禅寺と〔正定〕臨済寺を訪れる機会を持ちました。一九九五年というと、共産主義国家が誕生してすでに四六年の年月が流れていましたが、名の知れた多くの古刹にはわずかに年老いた僧侶が住んでいるだけで、寺は荒れ放題でした。もっと近年になると、有名な寺院は再建されてきましたが、残念なことにほとんどが観光寺に変わっていました。僧が観光客の相手をするようになると、何世紀にもわたって実践されてきた仏道修行の精神が失われてくるのです。

古代の中国の寺院を歩いて目についたのは、その規模の大きさでした。いっときに相当な数の僧が住んでいた事もあったでしょう。ベトナムの古寺は比べ物にならないほど小規模です。柏林寺は、趙州和尚[10]の寺として有名ですが、タイはこの寺での法話の中で、寺にまつわる有名な話をされました。ある日、若い僧が師家に尋ねました。

「如何なるか是れ祖師西来の意」(菩提達磨《ボーディダルマ》はなぜ中国に来たのですか)

「庭前の柏樹子」(庭の柏の木じゃ)

と師家が答えました。この話は聴衆にすばらしい想像的刺激を与えました。青年僧は何年も僧院に暮らしながら、一度も柏の木に気づかなかったのです。知的な概念にとらわれるのではなくて、身のまわりの奇跡に目覚めて生きなければならないのです。マインドフルに中庭を横切れば、きっと命の奇跡としての柏の木に出会えるでしょう。

この寺で一夜を過ごし、僧の坐禅や読経に加わりました。私にはところどころ読経の意味がわかるところがありました。漢越語の発音は中国語の発音にかなり近かったからです。

柏林寺からあまり離れていないところに臨済寺がありました。臨済は寺からさして離れていないところにある川（浅瀬）の名前で、当時、禅師はその寺と川の名前で呼ばれていたのです。臨済は九世紀の前半にこの寺にやってきて法を説きました。タイとその弟子がつながる禅の血統は臨済禅師によって創始されたものです[12]。この寺で、秘蔵の青銅の銘板を見せてもらいました。そこには、臨済宗の歴代の禅師の名が刻まれていました。タイは第四二代で、タイの弟子が第四三代を継ぐことになるのです。タイは銘板に手を触れて恭しく拝礼され、まるで霊的先祖の一人ひとりに触れておられるようでした。

タイは臨済寺の境内に祀られた臨済禅師の仏塔に恭しく伏礼をされました。私たちもタイに続いて伏礼をしました。心の片隅で埃っぽい地面に額をつけるのを敬遠する気持ちが頭をのぞかせましたが、タイの並々ならぬ崇敬の念が周囲に漂ってきて、伏礼への迷いも払拭されました。タイの溢れんばかりのお気持ちがみなの心に届いたのです。

河北省から山西省に入り、大いなる智慧の菩薩である文殊菩薩の聖地である五台山を訪問しました。伝統的に文殊菩薩は無明の枷を断ち切る剣を持った姿で描かれます。中国旅行では、地域のレストランに立ち寄って食事をとることが多かったので、衛生管理がよくないのか、みんな何度か腹痛に悩まされました。五台山の麓の宿舎に到着したとき、タイはひどい腹痛を起こされました。もしかしたら翌日に計画されている登山は難しいかも知れないと、みんなが心配しました。翌朝、ガイドの案内で山頂までの一〇八〇段を登ることになっていたのです。タイは一睡もできないご様子だったので、この登山は無理と諦めかけていたのですが、なんと幸運なことに、タイは姿を現されて山への登り方を説明されたのです。共産党のガイドたちも含めて、その場にいた全員への説明でした。彼らも真剣な面持ちでタイの話に耳をかたむけていました。吸う息と吐く息（一度の入出息）で一歩あゆみを進めなさい、愛する人の名前を心に浮かべてその人のために歩いていると想像してください。あとになってですが、タイは弟子の一人ひとりを思い浮かべながら歩く瞑想をした、と述懐されました。プラムヴィレッジでの歩く瞑想は、入息しながら、二～三歩歩き、出息しながら、三～四歩あるくのが普通ですが、ここでタイが指導された歩き方ははるかにテンポを落としたゆっくりとした歩き方でした。この歩き方の癒しの力は抜群で、頂上に着く頃にはタイはすっかり元気を取り戻しておられました。

この山には文殊菩薩が巡礼や僧の姿で現れるという言い伝えがありました。このように歩くと、一歩あゆむごとに文殊菩薩に出会えるとタイが教えてくださいました。階段が切り替わるところに来ると必ず立ち止まって、壮大な景色を楽しみます。人々が急いで息を切らして通り過ぎるのを横目で見ながら、私たちはひたすらゆっくりと歩みを進めました。ガイドにはこの光景が不思議に見えたに違いありません。なんども立ち止まっては、山腹からのすばらしい眺めを楽しんでいると、ほんとうに文殊菩薩の目で眺めているように感じました。山頂に到着しても誰一人疲れを感じる者はいませんでした。山頂の寺に着くと袈裟を着た寺の僧に出迎えられました。タイは住職に訊ねました、「あなたは文殊菩薩様ですか?」。僧はよくこのように尋ねられるのでしょう。文殊菩薩は今もこの山に住んでいて、熱心な信者の前に様々な姿で現れるという昔からの言い伝えがあるのです。住職は返事をしました。「いいえ、わたくしは文殊さまの犬でございます」。みんなで記念写真を撮ってゆっくりと階段を降りて行きました。下山では二~三人の小さなグループに分かれて、マインドフルに歩いて下りました。登り口で教えられたことを守りながら、もう一度見事な山々の景色を楽しみながら下っていきました。

シスター・ヴィエンクァン〔円光〕は中国人の両親をもつベトナム人の尼僧だったので、中国語がわかりました。ガイドは中国語が話せる仲間がいることを知らなかったので、私たちに聞こえるところで自由におしゃべりをしていました。後になって彼女が教えてくれたのですが、ガイドの一人がこういったのだそうです。「あの老師〔中国で年配の僧侶を呼ぶときの敬語〕は、凄い大物だったわね」。山頂まで歩いて登って、まったく疲れなかったのは初めてだったのです。彼女はタイが語られたことのすべてを記録して上司に提出しましたが、そのコピーを自分用にとっておいたのです。それが彼女にとって貴重な教えだったからです。次の中国旅行のときも、タイの教えはガイドたちに大好評で、教えを実践し始めたガイドもいました。プラムヴィレッジまで修行にやってきたガイドもいたほどです。

最後は中国南東部の福建省に入りました。広化寺では、みなでタイを囲んで座り、三〇歳の若い住職にタイが語られる話をみんなで聞きました。プラムヴィレッジのアッパー・ハムレットにもまだ三

○歳にもならない僧院長がいますが、プラムヴィレッジと中国では、僧院長の役割がまったく違うようです。プラムヴィレッジの僧院長には意思決定権も責任もなく、ただブラザーを世話する父親のような存在です。あのとき初めてタイは、プラムヴィレッジの若い僧院長のあり方について思うところがあったのかもしれません。

　廈門《アモイ》市は最後の訪問地で、リトリート会場の南普陀寺に近い大学会館の宿泊施設に滞在しました。この寺には有名な仏教大学があります。南普陀寺の住職の妙湛《ミャオザン》和尚のお世話になりました。タイが廈門におられると聞きつけて、住職自らがタイを招き、寺の修行僧たちのためにリトリートを行う手はずを整えられたのです。政府の官吏が許可しようがしまいが、好きなようにこのリトリートを進めてほしいとのことでした。妙湛和尚とタイは互いに敬愛し合う仲だったのですが、その年の終わり頃、和尚の逝去という悲しい知らせがプラムヴィレッジに飛びこみました。リトリートの最後の日に、前もって中国語に訳してあった「私は着いた、我が家に」を僧と尼僧みなで歌いました。タイも演台から降りてこられて、みんなで一緒に講堂の外を歩きました。この歌の歌詞はタイが書かれ、クリスマス・キャロル「まぶねにやすけく」[11]のメロディに乗せて歌いました。あなたがどこにいても、あなたはすでに我が家に戻っている、と感じながら歌うのです。一同、心から感動しました。この後、もっと山を登ったところにある尼僧院も訪問しました。尼僧院長とタイが語りあわれ、私たちは尼僧たちとの語らいのときを持ちました。中国を訪れるときには、タイは必ず尼僧院を訪れて、修行の様子を訊ねたり助言を与えられました。

　旅に出るとタイからたくさんのことを学びます。そのなかでも一番大きな学びは瞑想修行は辛いことではないということでした。瞑想は喜びなのです。風光明媚な土地で実にたくさんの瞑想の機会を得ました。リトリートを導く側にあっても、参加者と同じように養い育てられるのです。タイにお供して法話の旅に出るのは、まるでスピリチュアルな休暇の旅に出るようなものなのです。人に出会い、土地に出会い、知らない文化を生きる人々からたくさんのことを学びます。タイからも学びます。さまざまな国の主催者たちとタイがどのように関わられるかをじっと観察します。タイの上品な身のこなし、優しさ、そして、ここぞというときの揺るぎない堅固さは、なにものにも代えがたい教えでした。どんな文化に接しても、タイはいつも我が家におられるのです。タイの仕事は法話をするだけではありません。引き連れた弟子たちの世話もされました。健康状態がよくないときでも、必ずリトリート参加者の前に姿を現わされるので、誰もタイの具合の悪さに気づかなかったほどでした。ときにはみんなのこころが一つにならないこともありました。日本での出来事でした。タイは私たちに言われたのです――訪問団のメンバーは入院を免れたが、食中毒の発生という悪夢を避けることには十分に力を尽くせなかった。みんながもっと調和して動けるように、心を尽くしてプラクティスに励まなければならなかった、と。

その年の終わり頃、タイとシスター・チャンコンはジロンド県で売りに出されている地所を見つけました。アッパー・ハムレットから三〇分ほど車で行ったところにあるこの土地は、女性や家族連れを迎えるための、シスター用のニュー・ハムレット用地に選ばれたのです。もともと母屋は裕福な家族のための大きな個人住宅として建てられたものでしたが、すでに休暇を楽しむ人のための夏のキャンプ用に、いくつかの民宿《ジット》に改築されていました。それらのジットは尼僧たちの寮になりました。というのが、次から次へと尼僧が受戒し——彼らのほとんどは二〇代のベトナム系でしたが——もっとシスターを受け入れる場所が必要になったため、何人かのシスターたちが先陣を切って休暇用のキャンプ（のジット）を尼僧院に改築しはじめたのです。一九九六年には、尼僧たちが全員ロアー・ハムレットから移動してここに落ち着き、在家の友人たちはロアー・ハムレットに残りました。現在は尼僧と在家の女性がニュー・ハムレットとロアー・ハムレットの両方に住むようになっています。

初めてニュー・ハムレットに入ったとき、タイが現在は仏殿になっている建物の前庭に立っておられました。ニュー・ハムレットは美しいかね？　と訊ねられました。まわりを見まわすと見事な木が何本も植えられていて、手を入れればもっと美しくなるように思えました。庭の両横に小道がありましたが、田舎のことで人の行き来もほとんどなく、まわりには森や耕作地が広がっていました。すぐ近くにデュリヴォルという村があります。「神が求める地」という意味だそうです。特に村の教会は魅力的で音響効果抜群でした。私たちはよくこの教会に出かけていって、以前は司祭館だった建物に住んでいる女性から鍵を借りて、チャンティング（詠唱）の練習をしていました。現在は教会に入るのが難しくなって、郵便局長の女性から鍵を受け取る前に、市長の許可を取らなければなりません。教会は一二世紀のゴシック建築で、急な坂道を登った丘の上に立っていて、眺めが抜群です。レイジーデイ（くつろぎの日）(13)には、教会の扉の前のポーチにある低い壁に腰を下ろして、眼下の景色や鹿や羊や鳥たちをじっくりと眺めるのです。一四年前に開かれたアッパー・ハムレットやロアー・ハムレットのように、ニュー・ハムレットにも廃屋があって、すぐにでも尼僧用の宿泊施設に改築する必要がありました。現在の仏殿は、かつてあった大きな納屋が舞踏場になり、そこからもう一度改築されて、今の仏殿兼禅堂になったのです。一九九六年、ニュー・ハムレットの開設にともなって、シスター・チュンチンが尼僧院長に就任しました。彼女は出家して尼僧となったのち、ベトナムで具足戒を受けたのでした。シスターをニュー・ハムレットに迎えたとき、タイは彼女のベトナムで鍛えられた格式ある態度や慈愛に満ちた優しさに感激されて、ニュー・ハムレットの僧院長に任命されました。尼僧院長第一号です。その後、シスター・ジーナがロアー・ハムレットの、私が米国のグリーンマウンテン・ダルマセンターの僧院長に任命されることになりました。シスター・チュンチンがカリフォルニアのディアパーク僧院（鹿野苑僧院）の僧院長に移動すると、いれかわりにシスター・ディンニェム（定厳）がこのポストに着任しました。たくさんのシスターが世界各地のプラムヴィレッジ・センターからニュー・ハムレットに移ってくるようになり、現在、総計七〇人[12]がここに定住しています。この勢いはさらに広がって、最近、近隣に数か所の地所が購入されました。

尼僧の修行スタイルとして、いわゆる「ハムレット移動」という修行方法があります。一つの尼僧院に生涯とどまらないという意味です。プラムヴィレッジはアメリカに三つの僧院、フランスに二つ、ドイツに一つ、ベトナムに尼僧院が二つと小さな僧院が一つ、そのほか、タイ国と香港に一つずつ僧院があります。別のセンターに配属されることも自ら志願して移動することもあります。これによってさまざまな環境で修行体験を深めることができるし、小さな僧院に住むシスターたちに、フランス・プラムヴィレッジや、タイ国プラムヴィレッジなどの大規模な修行センターで研鑽を積むチャンスが与えられるのです。修行に熱心な在家の女性たちのなかには、尼僧の日々の瞑想行に合流するためにニュー・ハムレットの裏手の丘に自力で小屋を建てて住む人もいます。

一九九六年、プラムヴィレッジに来て一〇年の年月が流れました。このあいだ、タイが伝えてこられた仏教の瞑想や教学にエネルギーを集中してきました。仏道の指導や翻訳の機会も頂きました。タイの法話をベトナム語から英語に翻訳できるようになって、広範囲にわたるタイの教えに精通する好機にも恵まれました。自分の意志で前進し、自力で乗り越えるべき橋を渡っていく自由が私に与えられたのです。タイは対外的には力強い柱となって私を支えながら、私の内なる師の探求にも寛大でした。よき師とは、人から頼られる存在ではなく、自分自身のなかに内なる師を見つける手だすけをしてくれる人なのです。

ニュー・ハムレットで一年過ごして合衆国への移動が決まりました。ニュー・ハムレットの浮雲禅堂でお別れのお茶の瞑想会をしてから、正式にニュー・ハムレットを出る申請をして合衆国に向かいました。近づく三か月の冬安居は、一年のうちで唯一、僧も尼僧も僧院にとどまって修行する期間です。私はこの期間にはニュー・ハムレットで過ごしたくないという気持ちが強かったのですが、まさか合衆国のような遠いところまで行くことになろうとは思いもよりませんでした。

シスター・チャンコンから電話を受けたのは、すでに一〇月も末の頃でした。バーモントに行って新しい僧や尼僧のグループと生活してほしいというタイからの要望でした。新しい一歩を踏みだす絶好のチャンスでした。自分にできるかぎり最善を尽くそうと心を決めて、サンガの前に跪き、この地を去る許しを乞いました。

第17章 フランスを離れて……新天地での僧院の創建

バーモント州、メープルフォレスト僧院

タイは一年おきに僧団の主要メンバーを伴って三か月の北アメリカツアーに出られました。さまざまな場所を訪れて講演会や短いリトリートを開きます。転々と移動する旅なので、ツアーと呼ばれる恒例行事です。一九九七年にタイと代表団は、フロリダ州で仏教心理学のリトリートを開催しました。弟子のプリッタム・シンが受け入れ側の企画を担当しました。彼はタイに会う前はシーク教の師匠に師事していたのですが、マインドフルネスの教えに強く惹かれていました。

タイのフロリダ滞在中に、二人のベトナム人の若い女性と若者が一人、得度して沙弥・沙弥尼になりたいと申し出てきました。彼らはアメリカに渡ってきた難民で、パスポートがなかったのでフランスのプラムヴィレッジに渡ることができなかったのです。受戒はしたものの、どこで仏法を学び修行したらよいのか。プリッタムがバーモントに僧が住める農場を持っていて、尼僧用の宿舎も近くで借りることができると提案しました。この国はどこでもそれなりの美しさがあるのですが、バーモントは合衆国のなかでもとびっきり美しい土地の一つでした。私が訪れた時から二〇〇年前の一七九一年に開拓された地域です。バーモントには建物が密集したところがほとんどなく、小さな町が点在するところですが、グリーンマウンテンと呼ばれる美しい緑の山系があって、この山が州の名前の起源[1]と

なりました。フランス語を話す人たちが、辛い差別から逃れるために、カナダからこの地にやってきました。[2]彼らは土地を耕し、森を開墾していきました。瞑想修行には完璧な土地です——人里離れて空気が美味しく（トロントの産業地帯から風が吹いてこないときに限りますが）、車の騒音もありません。タイは私にここで年上のシスターとして尼僧たちとともに暮らしてほしいと頼まれたのです。最初は農場に僧侶が二人いただけでした。ブラザー・ファップラック（法楽）と南アフリカ出身のブラザー・ファップチャウ（法珠）です。彼らは尼僧たちの坐る瞑想にいつも加わっていました。私たちは総勢七人の尼僧団でしたが、内訳は、受戒したばかりの二人の尼僧と、フランスで得度したものの合衆国の市民権を取ろうとしていたので、フランスには長くとどまらなかった三人のシスター、もう一人介添え役として、同年配のシスターがいて、私以外はみんなベトナム人でした。

到着したときは一面雪景色でした。一一月初旬になると膝まで埋まる雪がふり、翌年の三月末ごろまで融けません。バーモントに来て最初にプリッタムの奥さんのアンからもらったプレゼントは、雪のなかを歩く長靴と分厚い裏打ちがついたジャケットでした。僧や尼僧はみんな深い雪のなかを歩くための膝丈の長いブーツを持っていました。僧と尼僧のハムレットのあいだには土道があり、美しい道が丘の向こうまで続いていました。こんなにたくさんの雪は見たことがありません。プラムヴィレッジでは、雪が降っても一週間以上降り続くことがないのです。一か月くらい経つと、緑のまったく見えない一面の銀世界にも慣れてきました。三月になると、ビザの更新のためにフランスに一時帰国することになりました。飛行機がシャルル・ドゴール空港で着陸体勢に入ると、緑の草地が視界に飛びこんできました。不意をつかれて何とも不思議な気持ちになりました。

地図20　アメリカ合衆国（アラスカを除く）

地図21　バーモント州

バーモントの新しい共同体はメープルフォレスト僧院、尼僧の住居はパインゲート(松の門)となりました。タイの命名です。メープルシロップの産地はカナダだけだと思いこんでいたのですが、バーモントにもたくさんのシュガーメープル(砂糖カエデ)の木があって、ここが何百年もの伝統をもつメープルシロップの生産地だということがわかってきました。朝には赤い太陽が昇って雪景色をピンク色に染めました。屋内はとても暖かく、セントラルヒーティングと薪ストーブを併用していました。歩く瞑想は毎日雪のなかです。先頭を行く人が雪の上に足跡をつけて、あとに続くものがその足跡の上を踏んで進みます。先頭を歩いたり、深い雪のなかを歩くのはたいへんです。一歩進むごとに雪のなかから脚を引き抜くのがひと苦労なのです。

私はタイがフランスに帰国された後に、初めてバーモントに到着したのですが、タイは出発前にシスターの宿舎に一週間くらい滞在されていました。このあいだに二人の若いブラザーとシスターが一週間の朝夕の瞑想や勤行などの礼拝の日課表をつくりあげていたのです。朝の瞑想は五時半に始まります。これには驚きました。プラムヴィレッジでは、毎週レイジーデイ(くつろぎの日)なるものがもうけられていて、この日にはコミュニティ全体で行う読経も坐禅もありません。ところがこちらのレイジーデイは、毎日二回の全体集会があり、朝五時半の起床と読経・瞑想が行われるのです。

私の到着から二週間後の一一月一五日に、三か月続く冬のリトリート(冬安居)が始まりました。冬安居中は、どこにもツアーに出ないで、深く学び、じっくりと瞑想を深める機会となりますが、(あの年は)毎週木曜日と日曜日に、タイがベトナム語で特別なテーマをじっくりと講義されました。一九九七年にはまだ法話をインターネットにアップロードして、データをダウンロードして見ることができなかったので、プラムヴィレッジの僧が法話をビデオテープにとって、シスター・チャンコンが郵便局から速達便でバーモントに送ってくれました、当時、法話のライブストリーミングができる日が来るとは夢にも思いませんでした。ビデオテープの郵送にはだいたい二週間かかりました。タイの法話は聴けても、いつも二週間遅れになって、それに私が同時通訳で英訳をつけるのです。法話を聞きにくる人のなかには、ベトナム人以外の人が何人かいたからです。

プリッタムの提案で、地域の人向けのマインドフルネスの日を日曜日ではなく、土曜日に企画しました。というのも彼らの多くはクリスチャンで、日曜日には教会に行きたがったからです。いつもマインドフルネスの日には、メープルフォレスト僧院のシュガーハウス（お砂糖の家）で子どもプログラムが行われました。シュガーハウスはこの僧院の禅堂です。バーモントのこの地域には、砂糖カエデの木がたくさん生えていて、メープルシロップづくりが盛んでした。シュガーハウスは初春にカエデの幹から流れでる樹液を煮詰めてシロップづくりをする建物です。この家は屋根の上が開くようになっていて、煙と蒸気が上から抜ける構造になっています。昔のシュガーハウスが改築されて、屋根の開口部はガラスで閉じられ、フローリングは木の床にしてセントラルヒーティングを設備した家に生まれ変わりました。私が着任する前に、タイがここで六〇人に法話をされました。

メープルフォレスト僧院でクリスマスを祝いました。クリスマスの日には、日中に雪がたくさん降ったので、シスターたちは家に戻れず、僧院の瞑想室に泊まりました。そうなのです！　プラムヴィレッジには僧や尼僧がクリスマスを祝う伝統があります。私が最初にプラムヴィレッジに入ったのは、ちょうどクリスマスの一週間前で、まだ得度前でしたが、タイがアッパー・ハムレットでクリスマスのお祝いをすると言われたのです。一年のこの季節には、まだ誰もアッパー・ハムレットに住んでいませんでした。タイは私に西洋の料理をつくってほしいと頼まれました。五人の若いベトナム人の男性とシスター・チャンコンがお祝いにやってきました。若い男性たちは私がつくった料理が気に入らなかったのでしょう、私たち三人とお祝いの席に着いてしばらく座っていましたが、頃合いを見計らって、自分たちが食べる汁麺《ヌードルスープ》をつくりに部屋から出ていってしまいました。あの最初のクリスマスはささやかな出来事でしたが、タイとシスター・チャンコンがいかに深く二つの国の文化を共有しておられたかを知る出来事でした。彼らはヨーロッパ人のなかにあっても、アジア人のなかにいるのと同じようにくつろぎ、心地よく馴染んでいくことができる方たちでした。私にクリスマスを祝わせてくださるとは、何と優しい方々だろう、と嬉しくなりました。日本やチベットの過去の事例が示すように、タイは仏教が導入された国の霊的風土に適応することがいかに大事であるかを強調されます。今ではクリスマスはプラムヴィレッジの大切なイベントになり、一〇〇〇人を超える人々が参加するようになりした。彼らは大量消費社会のなかで失われていく本来のクリスマスの精神を求めて集ってくるのです。プラムヴィレッジのクリスマスは、少しですがベトナム文化が加味された、禅仏教とキリスト教のすばらしい文化的融合なのです。

メープルフォレスト僧院に通じる道は土道で、バーモントのほとんどの小道がそうであるように、ターマック〔砕石入りのタールやアスファルト〕で舗装された道はほとんどありません。あえて交通量を減らすために道をこのままにしておいているようでした。冬は気温が下がって地下一・三メートルの深さまで凍りつきます。雪解けが始まる三月か四月になると、土の道はすべりやすく深い泥道に変わります。ドライバーはよほど腕がよくなければ、車体が土にはまって身動きできなくなってしまうのです。

メープルフォレスト僧院には、僧と尼僧の宿舎となる家が数軒あるだけだったので、在家の修行者が受け入れられませんでした（のちにプリッタムがメープルフォレスト僧院の農場にある羊小屋を在家用の宿泊所に改築してくれました）。プリッタムは積極的に近所の土地や馬の放牧場を買いあげて、施設拡充に協力してくれました。タイはここをグリーンマウンテン・ダルマセンター（ＧＭＤＣ）と命名されました。僧は引き続きメープルフォレストに住み、尼僧たちは一九九八年に、グリーンマウンテンに移ることになりました。日曜日に行われるマインドフルネスの日はグリーンマウンテンで、木曜日のマインドフルネスの日はメープルフォレストで行われました。徒歩や自転車で移動する僧や尼僧も若干いましたが、そのほかは車で移動しました。グリーンマウンテンは一二〇エーカーの大きな地所で、美しい森や小川、牧草地が広がっています。母家は丘の上にあって大きな乗馬場もついていました。乗馬場を改築すれば一〇〇〇人は収容できる大講堂《ダルマホール》になる大きさでした。宮殿からシッダールタ王子を乗せて得度の地まで運んだ名馬にちなんで、タイはこれを「ブッダ愛馬ホール」と命名されました。

直線距離ならば、グリーンマウンテンはメープルフォレストの目と鼻の先で、アスカトニー山を越えたところにありますが、この山は山脈の一部ではなく、一山だけ独立していて、メープルフォレストからアスカトニー山の裏側が見えるのです。鳥ならばグリーンマウンテンまでの五マイルの距離など、ひとっ飛びです。

舗装道路を通るとウッドストック経由で一七マイルありますが、土道を通ると一〇マイルの近道になります。グリーンマウンテンに移ったのは四月のことで、氷や雪が溶け始めて、舗装していない道はベタベタした泥の塊になっていました。

グリーンマウンテン・ダルマセンターでの生活を始めるべく、私たちは二台の車で出発しましたが、泥道に捕まってしまって、到着した頃にはとっぷりと日が暮れていました。プリッタムは大きなバンに乗っていたので、小さな車を泥道から押しだそうとするのですが、どうにも動きがとれません。私は前にプリッタムに土地を見せてもらっていたのですが、サンガとしてみんなで移動したのはこのときが初めてでした。やっとのことで到着すると、禅堂として使える部屋を探し、すぐに護法神の加護を祈る偈を朗唱しました。それからシスター・ヒーニェム（喜厳）が床の掃除をして、やっと新しい我が家に落ち着いていきました。

タイは激励のことばとしてフランスから電話で法話をしてくださいました。グリーンマウンテン・ダルマセンターに到着した次の日の朝のことでした。電話は乗馬場のそばの馬具小屋に一台あるだけでした。まだとても寒い時期で、友人のティムが暖房をつけてくれて、一二人が小さな部屋で身を寄せ合って電話から流れてくるタイのことばを聞き、みなでタイに歌を送りました――「私は着いた、我が家へ」。そのときタイから言葉をいただきました――グリーンマウンテン・ダルマセンターが私たちのものになったのではなく、私たちがグリーンマウンテン・ダルマセンターの仲間に入れてもらったのです。電話で法話をいただいたので、こちらからもフランスにいるタイやシスター・チャンコンに、この土地への着任のお知らせをすることができました。タイの望みは、ニューイングランドの人々にお返しができるように、この地で協力しあって調和ある共同体をつくりあげることでした。

　グリーンマウンテンには深い井戸が二つあって、水に不自由はなく、菜園もついていてアスパラガスとラズベリーが生い茂っていました。プラムの各地のセンターに必ずあるものの一つが菜園で、野菜づくりは毎日欠かせない作務の一つです。有機栽培で野菜を育てています。バーモントでは野菜が育つ季節がとても短いのですが、雪が溶けると何でも驚くほどのスピードで育っていきます。シスター・トゥアンニェム（順厳、シスター・ハーモニイ）とシスター・タンニェム（勝厳）の二人は菜園係で、すずしろ（ダイコン）と絹さや（スノーエンドウ）、インゲン豆（フレンチビーンズ）、それから、誰かに間違って引き抜かれてしまうまでは、アスパラガスを育てていました。

　グリーンマウンテン・ダルマセンターにも瞑想ホールがあって、観音堂《アヴァローキテーシュヴァラ》といいます。もとは干し草納屋だった建物で、バーモントの習慣で外壁が臙脂《えんじ》色に塗られています。バーモント生まれのウィリアムさんが、私たちのために暖かい禅堂に改築してくれましたが、彼は一銭も代金を取りませんでした。みなで天井と床をふきかえる手伝いをしました。五月にタイがグリーンマウンテンに来られて、屋根を支える湾曲した木の梁がむきだしになっているのを感慨深そうに見つめておられました。苦行の末に骨と皮になったシッダールタの肋骨を思い出されたのです。メープルフォレスト僧院の仏殿《ブッダホール》とカリフォルニアのディアパーク僧院の丸屋根と天井もこれと同じ設計で建てられています。タイがお清めの儀式をされ、心地よいカーペットが敷かれました。大窓から東を見ると、背景にニューハンプシャーのホワイトマウンテン、そして前景に池が見えます。自由時間になると、私はよく外に出てこの見事な景色に見入ったものです。グリーンマウンテン・ダルマセンターの一二〇エーカーの敷地をあてどなく歩きまわっていると、一度、丈の長い草のなかで鹿の後ろ姿に出くわしたことがありました。鹿はくるりと振り向いて私を見たかと思うと、姿を消してしまいました。冬にはサクサクする雪の上に寝そべって、どこまでも続く青い空を見上げます。立ち上がる前に両腕を伸ばしてバタバタと上下に動かすと、雪の中に天使の姿が現れました。グリーンマウンテン・ダルマセンターには何でもありました。プールもあったのですが、みなで睡蓮池につくり変えてしまいました。プールを犠牲にしたのは隣の敷地にみんなが泳げる池があったからです。

タイがグリーンマウンテン・ダルマセンターに来られたとき、アスカトニー山の景色を見ながら、もう一度あのときの言葉を繰り返されました。「わたしたちはこの山の一部です。山がわたしたちに属しているのではありません」。このことばはいつも私を奮い立たせます。この惑星についても同じです。「地球は私たちのものではありません――わたしたちは地球の一部です」。このように見ると、私たちには大きな自由が託されているのがわかります。この環境を大切に守ることを選び取る自由です。

アスカトニー山リゾート（遊山地）で、タイは大規模なリトリートを二回開催され、会期中にはグリーンマウンテン・ダルマセンターでマインドフルネスの日を行いました。早朝にスクールバスでグリーンマウンテンに移動し、カーペットを敷きつめたブッダ愛馬ホールが会場になりました。ホールにはタイが座られる台座が設けられ、僧と尼僧がこの壇上で詠唱し、それからタイの法話が始まります。すばらしい歩く瞑想、昼のお弁当、トータルリラクゼーション、そしてシスター・チャンコンのリードで大地に触れる瞑想と続きます（これがマインドフルネスの日のメニューです）。これが終わるとアスカトニー山リゾートに戻りました。グリーンマウンテンでも一度だけ大規模なリトリートが行われました。一九九八年のベトナムの若者を対象としたリトリートです。参加者はブッダ愛馬ホールに宿泊し（会場を二分して男性用と女性用に分けて使われました）、瞑想や法話が行われました。法的には、ブッダ愛馬ホールでは公開行事はできないことになっていて、しかも必要最低限の設備しかなかったのですが、ベトナムの青年たちには大好評でした。

　タイはプラムヴィレッジに倣って、グリーンマウンテンのすべての建物の改修を望まれていました。厩や羊小屋などを来客用の生活施設にし、乗馬場を大講堂《ダルマホール》にするという計画です。タイは、二〇〇人から三〇〇人くらいの人がシスター・チャンドック（真徳尼）の法話を聴きにこられるようにしたいといっておられましたが、残念ながら、この農場をダルマセンターに変えるには、いろいろな建築上の障害があったのです。観音《アヴァローキテーシュヴァラ》堂で八年間たのしく過ごしましたが、他の建物の改築は実現せず、のちになってこの建物さえも不法建築と告げられたのです。素案が練られ、建築士が建築承認申請のために設計図を提出しても、当局は頑として建築許可を出さなかったのです。法律上の別の問題も発生していました。大型浄化槽の設置に大きな反対運動が起こったのです。大型浄化槽は、外部から参加者を受け入れるならば、法律が要求するものでした。環境論者のグループが先導する反対派に提訴されたのですが、活動の資金源は裕福な隣人で、彼らは近隣に仏教センターができるのを恐れたのかもしれません。浄化槽が設置できなけ

バーモントにて（2000年）

れば、来客用の宿泊施設の建設には進めません。一連の係争中に、タイに励まされて月の瞑想をしました。月の光はあまねく解き放たれているのです。

美しい住環境があるのに、人々のホーム（避難所）となるセンターをつくろうとする理想の実現は成りませんでした。

グリーンマウンテン・ダルマセンターの拡張に問題が生じていたとき、メープルフォレストでは、タイの要望でプリッタムが隔離された別棟の尼僧院の建設を進めていました。尼僧が順番に住みこんで禅定と智慧（集中と洞察）を養う修行ができる場所です。メープルフォレスト僧院の近くに、シェーカー・スタイル[3]で建築が進められ、数年前に仏殿のすぐ下に美しい二棟の建物が建ちました。シェーカー派は合衆国のキリスト教運動の一つで、独身主義を守る宗教共同体です。タイは口癖のように言っておられました。合衆国に住んでアジア風の僧院をつくるのはおかしいね。私たちは土地の人々のスタイルに倣うべきなんだよ。ちょうど中国やインドの仏教がベトナムに導入されたとき、建築物と音楽はベトナム風であったこととよく似ています。プリッタムによると、シェーカー教徒は北アメリカ文化に大いに貢献してきたといいます。彼らに倣った簡素なスタイルの建物をつくることで、私たちはその倫理的な暮らし方を尊重することができるのです。二軒のうちの一軒がクレーンハウス（鶴の家）で、階下にキッチンと食堂、二階に寝室がありました。もう一軒はパインハウス（松の家）で、一階は書斎と居間、二階には寝室が二～三室ありました。二軒とも立派な木造家屋に仕上がりました。ローテーションを組んで、尼僧たちは順番に松の家と鶴の家で暮らします。ひとりの尼僧がそこで過ごせる期間は一年に三か月となり、その期間中はこの家に独居して学びと瞑想に精をだします。これは贅沢ですばらしいアイディアでした。

松の家と鶴の家に住むシスターは、五分から一〇分くらいで歩いていける仏殿で、坐る瞑想を行っていました。彼らはいつも朝の五時に瞑想のため丘の向こうまで歩きました。吹雪で視界が真っ白になることもあり、新雪が降ると昨日雪の上につけた足跡は跡形もなく消えてしまいます。誰かが先に着いてロウソクに火を灯してくれていたら、迷いながら道を辿らなくても進む方向がわかるのです。目的地に着くとホッとします。ブーツの雪を払って禅堂の扉を閉じると、風や降り積もる深い雪ともおさらばです。たった一〇分ほど歩いただけで室内と戸外はこんなにも違うのです。

禅堂の内と外には微妙な違いがあります。ドアのハンドルに両手をおいてそっとドアを押すと、なかで坐っている人が醸す静けさの気配が瞬時に伝わってきます。プリッタムは仏殿をメープルフォレスト僧院の先の高い丘の上につくりました。白いペンキを塗った木の家です。室内の壁際に坐禅をするための台座がめぐらされ、その台の上にすわると、外を眺める窓があり、遥か彼方まで広がるまわりの山々が見渡せます。家のまわりにはバラの茂みがあり、南から花崗岩の階段が続いています。この階段に座って遠くの山並みを静かに眺めるのは最高です。冬には仏殿のフランス窓の正面にまっすぐに太陽が昇り、あたりを赤い光で満たします。

松の家と鶴の家は二〇〇五年一〇月に完成しました。この年、タイはアメリカツアーの折にここまで足を延ばしてくださいました。私はタイの宿所がある松の家の二階の広間に寝泊まりしていました。午前四時に雪が降り始め、あっという間に深くつもりました。タイは部屋から出てこられて、雪のなかをみんなで仏殿に歩こうと誘われました。ふたりで階下に下りてスノーブーツを履いたのですが、ゆっくりとマインドフルにブーツを履いて紐を結ばれるタイの姿に心打たれました。ゆきとどいた侍者だったら、タイのブーツの紐を結んで差しあげられたのに！　私はまだ仏殿に行く道に慣れていなかったので、大まわりの円を描くように進んでいきましたが、すでに雪が深くつもり、手元の明かりもなく、なかなか前に進みません。

仏殿に着いて、スノーブーツを脱いでなかに入ると、シスター・ダオニェム（桃厳）がひとりで瞑想していました——彼女は降り積もる雪が見えるように、フランス窓の前にクッションをおいてくれました。しばらく坐っていると、外の暗闇に二つの光が見えました。あれは侍者の懐中電灯の灯りですよ。きっと私を探しているのでしょう、とタイが言われました。ところが光はちっともこちらに近づいてこないのです。私たちが見ていたのは、松の家の扉の外の二つのランプの光でした。あれはタイの教えだったのです。金剛経《ダイヤモンド・スートラ》の偈文が浮かんできました「しるしあるところに、惑わしあり」[4]（目に見えるものは幻なり）。私たちは日々大半の時間を仮想世界に生きているので、知覚を通して認識する現実は実在《リアリティ》ではないのです。夜が明けるころには雪もやんで、みんな日の出を味わいながらメープルフォレストに戻りました。朝食をすませて散歩に出かけると、まるでおとぎ話の世界です！　木々の枝に降りつんだ雪が太陽の光のなかでキラキラと輝いていました。

「ここが浄土や神の国でないならば」、タイはよくこんなふうに訊ねられるのです。「神の国はどこにあるのだろうね」。

バーモントでの九年間、蒸し暑い夏と乾いた冬の季節を味わい尽くしました——輝く青空と深い雪に囲まれた喜びの日々でした。

グリーンマウンテン僧院には大きな可能性があり、プラムヴィレッジに倣って、どんどんと古い農家を改築していけたはずでした。グリーンマウンテンは健全な癒しの地だからここを諦めてはいけない、というタイの励ましでここまできましたが、九年目が過ぎるとリトリートを開催するという本務が果たせないと思い知らされるようになり、移転を考えざるをえなくなったのです。もう一つの理由は、バーモントが主要空港から遠く離れた僻地にあったので、センターとしての機能が果たせなかったのです。参加者にこんなに遠くまで来てもらうのはいかにも不便でした。グリーンマウンテン・ダルマセンターを畳むことは、メープルフォレスト僧院を去ることを意味しました。新しいセンターを切り盛りするには尼僧だけではだめで、僧侶の力も必要だったからです。バーモントの存続を断念して、ニューヨーク州のなかで、ニューヨーク市からあまり遠くない適当な場所を探すことになりました。隣人たちのなかには立ち退きの話を聞きつけて、別れを惜しんで手紙を書いてくれる人もいました。クリスマスにはよく近所に春巻きのプレゼントをしました。クリスマスにサンガの仲間で春巻きをつくるのがプラムヴィレッジの恒例行事でした。春巻きはベトナムのお国自慢の菜食料理です。人参、キャベツ、豆腐を生地に巻いて油で揚げるのです。ベトナム人であろうがなかろうが誰もがこの料理を喜ぶこと請け合いでした。春巻きが出来上がると冷めないうちに僧や尼僧が手分けして隣人たちに配ってまわるのです。

グリーンマウンテンではお隣さんといってもいろいろで、数キロも離れているところには車で運び、近くには歩いて運びました。バーモントに住んだ九年間で一度だけクリスマスに雪が積もらない年がありました。近所に春巻きを配るのは、現代版の托鉢です。プレゼントをしながら隣人に直に触れられるのは、修行の様子を見てもらうよい機会でした――春巻きに込めた愛の気持ちだけでなく、私たちのマインドフルに生きる姿が見てもらえるのです。マインドフルにあゆみ、にっこりと微笑み、交わす一言一言を。

隣人のなかには何かにつけ怖がる人がいて、自分の敷地のまわりに高い壁やフェンスをつくって遠ざけようとするのです。私たちが訪問すると、最初は誰かに外の様子をうかがわせてからでなければ、人をなかに通さないのです。伝統的な托鉢では、貧・富、敵・味方、仏教徒・非仏教徒にかかわらず、僧や尼僧はどの家にも分け隔てなく一軒ずつまわります。私たちはこの精神で近所の家をまわりました。門番は門のうちには入れてくれますが、第二の門には入れません。春巻きがこの家の夫人の手に届くと、数日後に、お手製のクッキーがひと箱送られてきたりするのです。馬を飼っている隣人は、私たちを家に招いて乗馬をさせてくれたこともありました。馬の背に乗せてもらって野原をゆっくりとまわるのです。伝統的な戒律では尼僧の乗馬は禁じられています。ブッダの時代には乗馬は贅沢な行為だったからです。乗馬といっても、いつも馬に乗せてもらっていたわけではなく、たまに楽しみで乗せてもらう程度のことでした。

リリアンという九〇歳を過ぎた隣人がいました。彼女は田舎家での独り住まいで、息子は向かいの家に住んでいました。この家は小高いところにあって、ニューハンプシャーのホワイトマウンテンのすばらしい景色が臨めました。ほんの数室だけの小さな家ですが、もちろんマッドルームがありました。バーモントの家には必ずマッドルームがあります。ここは、部屋に入る前に泥や雪がついたブーツやコートを脱ぐ場所です。彼女の家はメープルシロップをつくって売っていたので、フランスのハムレットに戻るときはいつでも、お土産用にリリアンのメープルシロップを買っていきました。よくバーモントの子どもの頃のむかし話をしてくれました。彼女は本も書いていて、最新作はバーモントのエコロジーという本でした。

隣人たちにはこんなよい人もいる一方で、いつも無関心で、何かにつけて敵対してくる人もいました。受け入れ派と立ち退き派のあいだで迷う人もいましたが、私たちがこの地を去った後に送られてきた寄せ書きの手紙には、私たちがいなくなってどんなに淋しくなったかとか、みなで団結して守りきれなかったことを後悔する気持ちが次から次へと綴られていました。

私たちもまた口惜しい気持ちでこの地を去っていきました。グリーンマウンテン・ダルマセンターとメープルフォレスト僧院は、瞑想修行にはまたとない理想の土地だったからです。近隣の人たちのサポートが受けらなかった淋しさもさることながら、プラムヴィレッジの修行には、参加者の宿泊施設を整えてリトリートを開催することが欠かせない要素でした。在家の人たちがやってきて僧や尼僧と一緒に瞑想の修行ができることが大切なのです。新しいセンターの確保の展望が見えてきたことへの喜びもありました。ゲストを歓迎できる施設を備えて、すべての人たちのために修行したいという私たちの志を、もう一度初めからやり直す喜びです。

メープルフォレスト僧院とグリーンマウンテン・ダルマセンターで、アメリカ初のハムレットを立ち上げることは、プラムヴィレッジにとっては大きな挑戦でした。たとえ瞑想センターとしての機能を果たせなかったとしても、人々の心に美しい記憶を残してくれました。この地はどこからも来ないし、どこへも行かない（不来・不去）、という私たちの道の一部でした。原因と条件が整ってメープルフォレスト僧院とグリーンマウンテン・ダルマセンターが生まれ、やがて解体への運命を辿ったのです。

タイは私たちにグリーンマウンテン・ダルマセンターを去ってほしいと言われたことは一度もありません。この地は「ダ・ラン」(Dat lanh)だったのです。去るべきではない場所、心のなかに永遠に残る決して消えない場所なのです。ダ・ランとは、「健全な大地」、修行によって養いそだてられる安全な場所のことです。ときには圧力が強すぎて、留まらせようとする力と立ち去らせようとする力が拮抗しました。ひとは異なった宗教、異なった文化から脅威を感じることがあるものです。彼らは私たちについて何も知らないために脅威を感じるのです。無知なるがゆえの恐怖です。私たちが脅威でないことをはっきりと示すことができていたら、とどまることができたし、それができなければ立ち去る以外に選択肢はありません。タイはいつも言われました。「私はどのハムレットにも固執しない」と。政府が力ずくで立ち去らせようとするならば、別の場所に行くだけです。鹿のようにいつでも立ち上がって森に去っていけばよいのです。ハムレット(住処)を失っても苦しむことはありません。全力を尽くして事をなし、他者と協力していくのです。原因と条件が整わなければ悔いを残さず立ち去るのがよいでしょう。人は圧力をかけてあれこれと命ずることはできるが、こちらにも修行という我が道があり、他者への迎合ではなく、我が道に導かれて進むのです。

ブルークリフ僧院——アップステート・ニューヨーク

ニューヨーク州にはリトリート・センターの候補地がたくさんありました。ニューヨーク市から一時間くらいのところにあるキャッツキル山脈には、市内からの避暑客を当てこんだ古いホテルや夏のリゾートが点在していました。サンガのみんなと下見に出かけましたが、大型のリゾートは管理の点で手がかかりすぎるし、修復が必要な物件は費用がかさみます。結局、現在ブルークリフ僧院と名づけた場所が選ばれて、二〇〇七年四月に、バーモントのメープルフォレスト僧院とグリーンマウンテン・ダルマセンターから二〇人ばかりの僧と尼僧がこの地に移り住みました。

ブルークリフは古いホテルリゾート地で、快適な環境というのが第一印象でした。ここに入った途端、最初に目に飛び込んできたのが、芝地に立つ大きな二本のモミの木でした。建物にはたいして目を引くものがなく、色とりどりのシャレーふうのコテッジ[5]が並んでいました。シスターたちは古いホテル棟に入り、ブラザーは人数が少なかったので、道の向かい側にあるホテルのオーナーの住居に落ち着きました。シスターが入った建物の側に独立した建物があり、ここは禅堂として使うには十分な大きさでしたが、タイが指導される大規模なリトリートには小さすぎました。ブルークリフには修理が必要なところがたくさんあって、二〇〇七年の秋に、タイがフランスからアメリカツアーに来られる前に、あらかた修理を済ませておかなければなりませんでした。ブラザー・ファップヴー（法雨）が修理を手伝ってくれたおかげで、何とかこの地に落ち着くことができました。

この年のアメリカツアーは、九月にブルークリフから始まり、一〇月にここで終わる予定になっていました。

ブルークリフの名前は、有名な禅の公案録『碧巌録[6]』に由来します。タイがなぜこの名前をつけられたのか知らなかったのですが、ある日、現在の禅堂があるところから山を眺めていると、ところどころ崖が青みがかっていることに気づきました。タイはこちらに来られる前に命名されたので、この土地を見ておられないのです。こんなにぴったりの名前をつけてもらえるとは、不思議な偶然といえるのでしょう。

このリゾートはもともと避暑地用の施設で、一年中暮らすには適していなかったので、冬場に使えるようにするにはかなり出費がかさみました。水は美味しくて、二つの井戸から汲めるので外から水を引く必要はありませんでした。

ブルークリフからそう遠くないシャワンガンク山脈には〔ミネワスカ〕州立公園があります。最高峰のサムズポイント山〔六九八メートル〕に登って朝日と夕日の瞑想をしました。山はお金を払わないで楽しめていいね、とタイがいわれたことがありました。ブルークリフで初めて夏の家族向けリトリートを実施したときには、よく日の出前に僧院をでて、山頂で日の出を拝んで朝食をとったものです。ひんやりとした空気がとても清々しいのです。

タイが二〇〇七年にアメリカツアーで渡米されたとき、みなで一番近い山に遠足に出かけました。この山にはブルーベリーの藪や珍種のピグミー松〔現存の針葉樹で最小の種〕が群生し、たくさん洞窟がありました。タイと一緒に洞窟を探索したり、洞窟の外で軽食をとりました。そのときタイがこんな一節を朗唱されました。「深き不死の洞窟に来たらば、不老不死の霊薬で我が身の変容なるまでは、この地を立ち去るべからず」。この意味がわかりますか？　修行センターに来たからには、挫折せずに必ずや深い心の変容を体験してください。

タイが到着されたとき、私は体調を崩していました。サンガとともにコロラドやカリフォルニアのディアパーク（鹿野苑）僧院まで行くのは無理だろう、ツアーの強行軍では体がもたないだろう、と心配してくれる人がいました。タイの意見は逆でした。長いあいだ私の額に手を置いて、ツアーのサンガのエネルギーが健康の回復に最高の薬になるだろうと言われたのです。私も同行の決意を固めました。

ツアーはマサチューセッツ州のストーンヒル・カレッジ[7]から始まりました。八〇〇人の参加者を率いてのリトリートでした。体調が大丈夫なら、法話の一つを受けてもらえないかとタイから頼まれました。その頃にはだいぶ元気が出てきたので、コロラド・ツアーとサンディエゴの近くのディアパーク僧院への旅を続けました。ディアパーク僧院では、仲間の僧の両親が北京から中医を招いて治療に当たってくれました。

ツアーの最後のリトリートはブルークリフに戻って実施されました。その頃には体調もかなり回復していました。一〇月の半ばともなればかなり寒いのです。法話の会場用に大きなマーキーテントを調達しておいたのですが、凍るような冷たい隙間風が吹きこんできます。マーキーのまんなかに置いたガスヒーターが法話の間中ゴウゴウと唸り声を立てていました。現地に十分な宿泊設備がなかったので、ほとんどの参加者は地域のホテルに泊まることになりました。

こうしてブルークリフでの六か月が過ぎていきました。ここでも僧院長を務めましたが、ニューイングランドで二つ目の僧院を体験したことは、実におもしろい経験でした。日々の修行は、早朝と午後の坐る瞑想と歩く瞑想でしたが、やるべき仕事が山積していました。タイが大きな禅堂をつくることを望まれたので、みなで設置の許可や申請に奔走しました。禅堂のデザインはニューイングランドの伝統的なスタイルにするように、とのタイの揺るがぬ考えがあったのです。

二〇〇七年の一〇月の末、私はプラムヴィレッジへと戻って行きました。

ヨーロッパ応用仏教院

二〇〇七年秋、ブルークリフ滞在中に、タイはドイツの応用仏教院の構想の話をされました。当時、タイはドイツ中西部にいくつかの候補地を検討しておられました。タイの弟子がたくさんいるオランダやベルギーに近い地域でした。タイはこの応用仏教院に最適な建物候補のモノカラーの航空写真を持っておられました。ヴァルトブレールの町にある仏教院が入る予定の建物の写真でした。

タイはここで開講されるコースの要覧を書くために、私のプラムヴィレッジへの帰国を求められたのです。この要覧はタイが世界各地で実践してきた様々なリトリートに元づいたものでした。ワシントンDCでの国会議員のためのリトリート、ウィスコンシンの警察官と刑務官のためのリトリート、プラムヴィレッジの経済人リトリートなどです。あの年にアメリカを後にして、私はプラムヴィレッジのニュー・ハムレットに戻って草稿を練り、要覧の序文は次のような文章となりました。

仏教学の卓越した講義概要は世界中のどの大学にも見られるが、ここにすべてではないが、ほとんどの内容において欠落している重要な課題がある。すなわち、個人、家族、コミュニティ、世界にくまなく存在する苦しみを軽減し、幸福と平和を促進するために、仏教の智慧という財産

地図22　ヨーロッパ

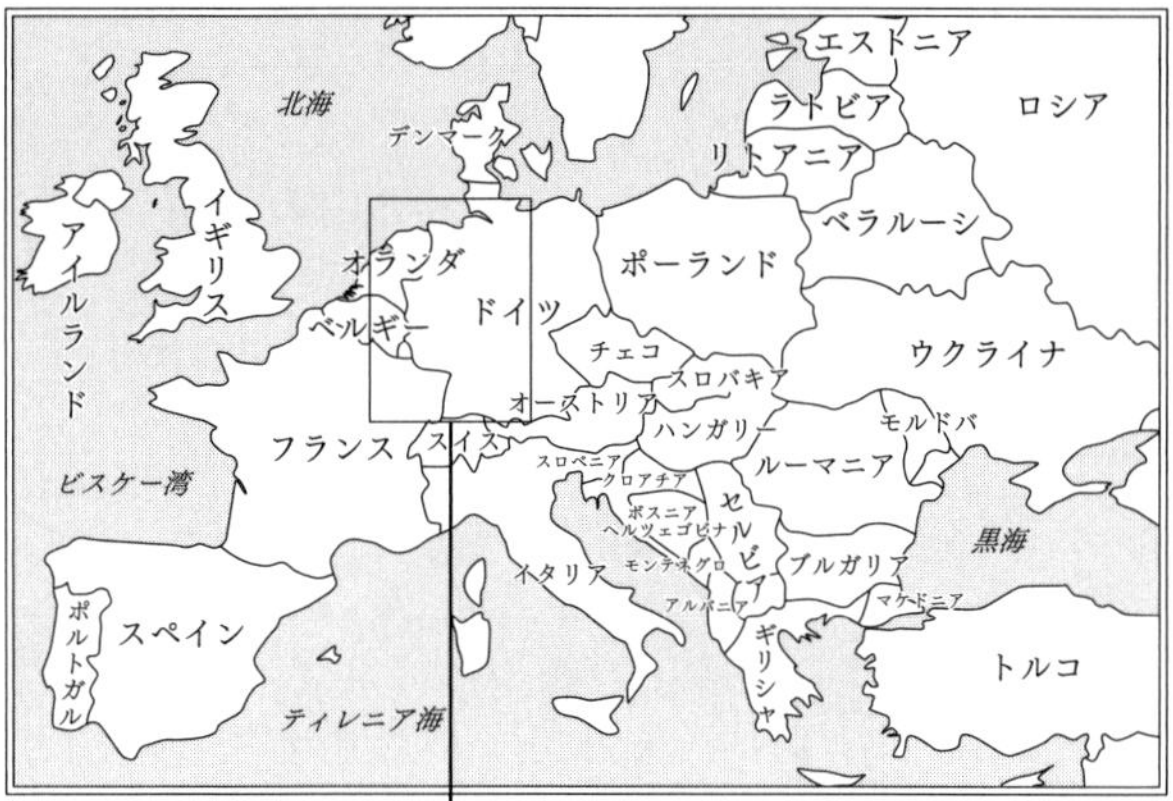

地図23　ドイツ（西部）

を学び修する具体的な方法論である。ヨーロッパ応用仏教院（EIAB）はあらゆるレベルの学生の日常生活に具体的に応用しうる統合された仏典研究のプログラム（講義内容）を提供する。

二〇〇七年から二〇〇八年にかけての冬のリトリート中に、この要覧をまとめたあと、タイの著書であるガイドによる瞑想《ガイデッド・メディテーション》の本『ブルーミング・オブ・ア・ロータス』（蓮華の瞑想）[14]の編集に当たりました。修行センターの創設のためにプラムヴィレッジから世界各地に派遣された者は誰も、フランスにある私たちの原点、母なる家に戻ると安らぎを感じます。タイは三二年にわたって、その存在、修行、教えによってプラムヴィレッジという仏教共同体をつくりあげてこられました。そのエネルギーはいまだ健在です。

この学院は僧や尼僧が研究や修行を進めて、在家の人々の修行をいかに導くかを学んでいく最初の総合的な修道センターです。タイは桃の比喩を使われました。桃の仁〔桃の核果のなかにある種子〕が僧侶たちの僧伽《サンガ》です。彼らはこの学院のキャンパスで絶え間なく修行をつづける人たちです。彼らはここにマインドフルネスと集中と洞察（念〈戒〉定慧の三学）が醸成される環境——アンビアンス——を与える人たちです。桃の果肉はここにやってきて修行する在家の仲間を象徴しています。この果肉があれば、僧や尼僧のリトリートでの負担が軽減されるのです。タイはまた教学の手だすけができる在家のダルマティーチャー（法師）を招かれました。

私はこの学院の教学部長に任命され、プラムヴィレッジとドイツのあいだを好きなように往復してよいことになりました。特にこちらがひどく寒くなると、自分の判断でプラムヴィレッジに戻ることができたのです。

二〇〇八年一一月初旬にドイツのヴァルトブレールに着任しました。先発のブラザーやシスターたちが暮らし始めて二か月後のことでした。唯一のドイツ人尼僧のシスター・ビーニェム（悲厳）と一緒でした。彼女もダルマティーチャーでドイツ語で教えられる唯一の尼僧でした。他の僧や尼僧はベトナム人で、ひとりだけ北アメリカ出身の僧がいました。シスター・ビーニェムはイギリスのバーミンガムにあるウッドブルック・クエーカー教センターで、私と一緒にリトリートを導いたばかりでした。このリトリートは年に一度のクエーカー教徒対象の恒例行事になっていました。会合のまとめ方など、彼らから学ぶことがたくさんありました。ダルマシェアリングのときに深く耳を傾ける彼らの能力にはいつも深い感銘を受けていました。

ヴァルトブレールとは「森のなかのブレール」という意味です。ブレールはジーク川に流れこむ川のことで、この川は学院から五分から一〇分くらい歩いたところにある森から流れだしています。ここに滞在しているときには、今でも川に水を汲みにいきます。

この学院の航空写真は見ていましたが、実際にここに来るまでは、こんなに大きな建造物とは予想もしませんでした――入り口に続くコンクリートの階段、広々とした天井と高い回廊、そして内部の大理石の階段。このナチス・ドイツの遺産である五階建ての建物のガランとした空間には、どこか薄気味悪さが漂っていました。

僧院長のシスター・フーンチャウ（香珠）が私のところに挨拶に来て、ここで行われている毎日のプログラムの説明をしました。最高齢のタイ・ファップアン（法印）も出迎えに来て、案内役を買ってくれました。初期の頃はブラントシュッツアント、すなわちドイツの消防局は、まだこの建物の使用に反対していなかったので、私たちに全館の管理運営が任されていました。

かつて禅堂に使われていた三階の部屋の窓から外を眺めながら、さまざまな思いに浸っていました。私はここにどのくらい滞在するのだろうか。ここが私の最後のセンターになるのだろうか。ここで人生の終焉を迎えるのだろうか。ここに生きて死んでいった過去の人々を思い起こしていました。近くは化学戦の研究をしていた軍人たち。私の部屋の外壁には軍の将校の名前が刻まれていました。

これから侍者と一緒に暮らすことになる私室に案内されました。ベッドと机と椅子、瞑想用のマットと座布、湯を沸かす電気ポット。床にはカーペットが敷いてありました。部屋の外にはまっすぐにのびた美しい樺の木があり、この木にアオゲラ〔シジュウカラの一種〕が巣をつくって餌探しに忙しそうでした。そしてバス・トイレつきの部屋。僧院生活を始めてこのかた、こんな贅沢な部屋を使ったことがなく、唯一不便なことといえば、飲用できる水道水がないことでした。水については、ここから一番近い障害者施設が親切にも料理用の水を好きなだけわけてくれることになり、二人の僧が毎日水をもらいに行きました。暖房設備は古くなって効きが悪く、しょっちゅう故障するし、唯一の電話機は（当時はまだ携帯電話がなかった）遠く離れた薄暗い地下室にありました。薄暗い地下室を抜けてそこにたどり着くのは生汗が出るような試練で、特にベトナム人のブラザーやシスターたちは幽霊をひどく怖がりました。

たくさんある通路の明かりとりには、間隔をあけて小さなデスクランプを置いて代用しました。日が短くなる季節でした。ベトナムから来たシスターやブラザーたちは、なんと勇敢にこの不気味な環境に順応していったことでしょう。一番意気消沈していたのは北アメリカ出身のブラザーでした。毎日の日課の坐り、食べ、歩く瞑想が皆の気持ちを和らげてくれました。タイも学院に来られて、僧や尼僧たちと過ごして、マインドフルネスの日を導いてくださいました。まだ法堂《はっとう》がなかったので、学院から数分のところにある病院の講堂を借りなければなりませんでした。

タイは去られる前に、みなを早朝の観月会に招かれました。正面玄関から外に通じるホールの窓辺にみんなで坐りました。学院を開いた当初は、建物全体の使用が許可されていましたが、その後消防局の官吏がやってきて、建物の使用中止を命じました。やむなくいったん隣の公務員養成学校跡地の建物に移動して、建物の五分の一が当局の防火基準に達して、元の建物での居住が再開できるようになるまで待たなければなりませんでした。

当時も一階部分を除いた建物の残り五分の四は立ち入り禁止で、消防当局によって封鎖されていました。というのもこの建物は指定建造物のリストに挙がっていて、特に消防規定のきびしい適用を受けていました。他のヨーロッパ諸国に比べると、ドイツの防火基準ははるかに厳しかったのです。建物の改装が続けられなかったのは資金不足のためでしたが、最近になって二〇一八年に、ある程度の寄付金が集まり残りの五分の一の改装が始まりました。

この建物には複雑で暗い歴史が絡んでいます。タイと僧と尼僧のグループが二〇〇八年九月にこの建物で宿泊して修行をはじめたとき、タイは四〇〇室の一部屋一部屋を訪れて、清めの水をまいてこの場所の宿業《カルマ》を浄められました。私たちのたくさんの仲間が、残虐な目にあった子どもたちの夢を見続けたり、亡霊に出会うものさえいました。しかし時間が経つにつれて、この場所の空気は少しずつ軽くなっていきました。この建物はもともと障害者や貧困者たちの博愛病院でした。病院を建てたプロテスタントの牧師と医師の設立意図と目的は健全であったようですが、当初から患者がひどい扱いを受けていたようです。ナチス政権が登場すると、事態はさらに悪化し、一九三八年に七〇〇人の患者が強制的に連行され、その後消息を絶ちました。

その後病院はナチスの若者を対象とした特殊なホテルとして使われ、アーリア系の若い男女が逗留し、知り合いになってアーリア人種[8]を存続させようとしたのです。第二次世界大戦が終わり、建物はＮＡＴＯ（北大西洋条約機構）に接収されて、ドイツ戦線で戦った連合国の負傷兵を収容する病院になりました。その後、一九六〇年代に新しい大病院ができるまでは、ヴァルトブレールの市民病院として使われましたが、またもやドイツ連邦軍に接収されて軍の化学兵器研究所に変わりました。地域の在家修行者のなかには、化学戦反対運動のデモに集結してこの場所に来たことを覚えている人もいました。軍は三年間使っただけでこの建物から立ち退き、その後二〇〇八年に、プラムヴィレッジが購入することになりました。

タイのドイツ人の弟子の多くは、この建物の歴史を容認できませんでした。なぜタイがこれほどに恐ろしいことが起こってきた建物を選ばれたのか理解に苦しみました。ドイツ人は誰でもこの時期の歴史に恐れ慄いているので、彼らが思いだしたくないと思う気持ちが私にも理解できました。タイは言われました――私たちがヴァルトブレールを選んだのではありません。ヴァルトブレールに私たちが選ばれたのです。この地にこそ仏法が必要とされ、私たちの忍辱《にんにく》（忍耐）と慈悲の修行が、狂信と残虐性の泥のなかから蓮華の花のように咲きいでる、とタイは感じられたのです。

事実、過去においてこの建物のなかで慈悲の行為が行われ、彼らの小さな親切や勇気が苦楽のバランスを取り戻して、私たちのサンガがこの地で修行することができるようにしてくれたのです。例えば、ナチスが患者を連行しようとしたとき、患者の退院の書類への署名を拒否したり、患者の人数と氏名を公表しないなど、医師はできうるかぎりの手を尽くして患者の命を救おうとしました。この建物は言語に絶する残忍性の証人であると同時に、ナチス政権に対抗する慈悲と勇気の証左でもあったのです。

まず一番にタイが私たちに求められたことは、毎日短い儀式を行って、この建物が負ってきた重圧のエネルギーを変容していくことでした。儀式のあいだ、私たちはマインドフルネスと集中のエネルギーを使って、この地で苦しみ死んでいった人々、残忍な行為によって罪を犯した人々のために、慈悲を呼び起こすのです。儀式の準備として、開いた窓か扉の前に小さな祭壇をしつらえ、香炉とロウソク、薄いお粥をお供えしました。残虐な行為と不正の痛手を受けた犠牲者たちは、死の際にあって、怖れ、怒り、憎しみに喘いだことでしょう——この人たちをいったい誰が弔うのでしょうか。誰が彼らを埋葬し、彼らのために祈るのでしょうか。この供物をもって彼らを慰め、慈悲の祈りを捧げ、怒りと憎しみを変容していくのです。タイはこの儀式につかう祈祷文を書かれました。

愛しい友たちよ　愛しい子どもたちよ
七〇年前　あなたは苦しみ嘆きました
安楽死が強要され　機密保持のために処分されて

いのちの継続が断ち切られました
あなたの苦しみは計り知れず　誰にも気づかれず
あのときからずっと　あなたの苦しみは続いています

さあ　サンガが来ました　サンガが聞いています　理解しています
あなたが被った苦悩と不正義を
サンガはマインドフルに歩き　呼吸し　歌います
サンガはブッダに　菩薩に　霊的先祖に
そして大いなる命に祈ります
その徳と　成し遂げられたものすべてがあなたに伝えられますように
あなたが受けた苦痛と不正義から解放されて
もう一度　生まれ変わって
もう一度　新しくすばらしいいのちのかたちで蘇りますように

苦しみや不正を与えた人々もまた　大きな苦しみのなかにいます
自らの成したことを知らなかったのです
それゆえに　あなたの心に慈悲と許しを芽生えさせてください
彼らもまた　変容し癒されるチャンスに恵まれますように

サンガを支え　仏法を継ぐ未来の修行者たちをお守りください
この地を変容と癒しの地に変えていくことができるように
ヴァルトブレールのためのみならず
全ドイツと　全世界のために

私たちが階段や廊下を歩むとき、歩く瞑想が軍隊の靴音に取って代わります。この歩みのなかで、重い大理石の床板をはめこむ過酷な労働が強いられたことに気づきます。歩きながら彼らに慈悲と感謝を送ります。

初めは一階の玄関は空っぽの空間でした。今や週末やリトリートの時期になると、たくさんのリトリート参加者でいっぱいになります。彼らはマインドフルネスの練修を通して日々の生活、家族、社会に平和と喜びをもたらす道を求めているのです。ここは彼らのスピリチュアルな避難所（安全・安心の場）となっているので、毎年一度はいうまでもなく、何度もリトリートに参加してくるのです。

人々の苦しみを減らす手だすけができるとき、私たちは幸福感を味わいます。このヨーロッパ応用仏教院でいちばん勇気づけられたのは、僧団の若いシスターやブラザーたちの真摯な献身ぶりでした。彼らは滞在するゲストに一所懸命尽くすのです。ベトナム人にとってドイツ語はたいへん難しい言語なのに、訪れるドイツ人のために必死でドイツ語を学ぶのです――ドイツ語はベトナム語の対極にある言語なのです。私にとってもこの学院で暮らすことは、ドイツ語を学び、ゲルマン文化のさまざまな建設的な国民性を知る絶好のチャンスになっています。たまに外に出てこの巨大な建物、アショーカ・ビル[9]を眺めていると、少しばかり気おくれすることがあります。しかしいつの日か、この建物が、世界に慈悲を捧げるために瞑想する人たちでいっぱいになる日が来ることを思うと、心が満たされます。今できることは、ただこの建物を改築する基金が集まるまで忍耐強く待つことです。物質的資源がないことを恐れる必要はまったくない、勤勉に修行を続けている限り、資源の方からここに姿を現してくれるでしょう。これがタイの教えです。

タイ国

二〇一三年の三月、タイとシスター・チャンコンに同伴して、タイ国で行われるアジアツアーに参加しました。一年おきのアメリカツアーに加えて、タイ国、香港、韓国にも一年おきのアジアツアーが実施されています。香港とタイ国にはプラムヴィレッジのセンター（僧院）があるので、弟子たちは、一年おきのタイの来訪を心待ちにしています。タイ国プラムヴィレッジは別名ナーサリー・ガーデン（苗木畑・養樹園）と呼ばれていて、タネを蒔いて苗木を育てる苗床の機能を果たしています。この僧院では主に得度したばかりの若い僧や尼僧（沙弥・沙弥尼）が修行しています。ほとんどがベトナム出身者なのは、ベトナムにもプラムヴィレッジの二つの小さな尼僧院と連携する小さな僧院があるからですが、得度を希望するタイ国の若者もどんどんと増えています。もちろん年配の僧や尼僧も常住して若い修行者の世話をしていますが、四〇歳以上の僧や尼僧の数はごく少数です。七〜八年間の修行を積むと、彼らは仏法を説く資格が与えられて、新入りの世話をします。

私がタイ国に滞在した一か月のあいだに、僧院から数時間車で走ったところにある会場で、一〇〇〇人規模のリトリートが行われました。ここには新築したばかりの僧と尼僧の宿所と小さなゲストハウスがあるだけでした。このリトリートでは伝統的な托鉢が実践されたので、タイ仏教の伝統が今まで以上に理解できるようになりました。僧や尼僧に喜捨することは喜びであり、またそれを受けるのも喜びなのです。托鉢は深い修行です。寄進者の前に立って托鉢椀に供物をいただきます。あなたが呼吸に戻ると寄進者も一緒に呼吸に戻ります。深く見つめると、与える者、それを受ける者、そして与えられたものが、たがいに関係し合うインタービーイング（相依相関）の本質が見えてくるのです。この三つの要素が一つになって初めて喜捨が成立するのです。

タイ国プラムヴィレッジの僧や尼僧は、二週間おきに七～八人のグループをつくって村々に托鉢に出ます。一団となって家から家へとめぐり、喜捨を望む家があると、立ち止まってそれを受けます。これが終わって寄進者が跪いたり腰を低くすると、タイ語で喜捨の徳を讃えて、彼らの健康と幸福、苦しみからの解放を祈ります。

リトリートが終わると僧院に戻って、タイのお供をして尼僧の宿所をまわりました。階段の踊り場を降りていると、タイはふと立ち止まってこちらを振り向き、訊ねられたのです。「タイ国プラムヴィレッジに来て、数年ばかりこちらで修行してみてはどうですか」。

意外なお話で戸惑いを隠せませんでした。そんなに長くタイ国に住むなど考えたこともなかったのですが、タイの洞察には全幅の信頼を寄せていたので、この提案は私の修行の成長のために必要なことと受け止めました。ドイツに戻って、雨安居の三か月間タイ国に行く許可を求めました。タイ国の雨安居は七月の終わりから一〇月の終わりまで続きます。ドイツの僧院からは、すぐには出発しないで、二〇一四年の八月のタイの指導による大きなリトリートが終わるまで待ってほしいとの返事でした。タイは健康状態が思わしくなく、アショーカ・ビルの三階にある自室で伏せっておられました。タイ国への出発の暇乞いをしにタイのところへ行くと、タイはドイツを離れているあいだは、代わりに年長のシスターを探しておくように念を押されました。タイ国プラムヴィレッジのシスター・ドアンニェム（端厳）が喜んでこの役を引き受けてくれて、彼女がこれから六か月、ヨーロッパ応用仏教院で比丘尼の長老として過ごすことになりました。こうしてタイ国への出発の準備が整いました。

タイ国ではマハーチュラロンコーン大学で仏教心理学の講義をするようといわれていました。タイはこの大学と親交があって、僧のためのリトリートや在家のためのリトリートを開催されたことがあって、学長や副学長からも厚い信頼を寄せられていました。私も一九九五年にタイ国で初めてリトリートを導いたことがありました。バンコク滞在中に、バンコクの大学で僧侶対象の小さな講義をしたのですが、比丘尼が話をするのは私が初めてのことだったようです。仏教心理学科の学科長と面談して、一学期を担当する可能性を探りましたが、私が博士号を持っていなかったので、大学レベルの僧に教えさせるのは乗り気でないらしく、結局、僧と在家対象のマインドフルネスの日だけを担当することになりました。

タイ国でマインドフルネスの日を導くときには、いつもテーラワーダの僧侶が参加していました。比丘尼の法話を居住まいを正して、敬意を持って聴いてくれて心が温まる思いがしたのです。というのも、英国のタイ仏教寺院で講義をしたときとは正反対だったからで、英国のタイ寺院では、私が壇上に登ると、僧侶たちはさっさと立ち上がってその場から出ていったのでした。

二〇一四年一〇月にタイ国のプラムヴィレッジ僧院に入り、二〇一五年の三月まで滞在しましたが、思いのほか楽しい毎日が待っていました。若い僧や尼僧たちにエネルギーをもらって若さを取り戻したような気持ちになれたし、講義の担当も最小限ですみました。講義の責任は軽く、新しく得度した比丘尼向けの戒律のクラスや、西洋の仏教への影響の話とか、正念（ライト・マインドフルネス）についてときどき開講されるクラスなどでした。たまに修行センターやバンコクで法話をしたり、バンコク北部の高山に囲まれたキャンプ地で一〇代の若者向けのリトリートを指導することもありました。僧院に学びに来る在家の若者や、一緒にリトリートを導く僧や尼僧たちと過ごすのは、本当に楽しいことでした。

地図24　タイ国

二度目のタイ国入りは二〇一五年で、三か月滞在しました。当時、母の具合が悪かったので、大事をとって、両親の元から長く離れていないようにしたのです。今度の滞在では、タイ国の若い男女を対象とした特別プログラムの仕事をしました。タイ国の僧院内で開催された三か月受戒プログラムです。タイ国には青年男性が生涯一度だけ得度して僧院生活を体験する伝統がありました。僧として過ごす時間は特別な訓練期間で、この経験は社会の役に立つだけでなく、人間として恩恵を受けるものと考えられています。タイ国プラムヴィレッジでは、このプログラムの対象は若い男性だけでなく、若い女性にも開放されていて、今では他のアジア諸国からも若者が集まっています。彼らはタイ国プラムヴィレッジに三か月滞在して、このあいだに得度して沙弥となります。僧院の生活が気に入れば、続けてもう五年間、あるいは一生涯、僧院にとどまることができるのです。これは楽しい仕事で、回廊を通ってクラスに向かいながら、私は世界一幸せな人間だと感じたものです。

タイ国はのどかでとても寛ぐところでした。初めてタイ（先生）に得度の意思を伝えたとき、尼僧になりたいなら、アジアに行くのがいいだろうね、と言われたことを思いだします。いろんな点で、アジアで仏道修行をするほうがやりやすいのです。タイ国は仏教国であり、マインドフルネスの伝統がこの国の文化のなかに染みこんでいるので、どこよりも修行を進めやすい環境が整っています。私たちのタイ国の僧院の住人は大半がベトナム人です。タイ国の風土や文化はベトナムに近いので、ヨーロッパや北アメリカよりもはるかに馴染みやすい環境だと思うのですが、逆に、ベトナム人の僧や尼僧は見事にヨーロッパや北アメリカの新しい環境に適応して、西洋の仏道修行者のために働いています。

プラムヴィレッジで得度した僧や尼僧で、五年間、あるいは、一生涯、仏門に帰依する西洋人の数は着実に増えています。伝統的なベトナムの僧院で得度することは、そのまま生涯、僧・尼僧を貫くことを意味していて、ブッダの時代そのままです。伝統的な上座部《テーラワーダ》仏教では、ブッダの時代この方、一貫して一時的な得度制度が実施されています。これは理にかなった制度で、若い男性が僧院生活の規律やそのよさを体験できるし、将来の仕事や家長の仕事の予備訓練にもなるのです。僧となることの真の意味を理解してもらうために、タイは最近、三五歳以下の若い西洋の男女向けの五年間得度プログラムを導入されました。彼らは得度して五年間の僧院生活を体験してみて、自分の適性が自覚できたら生涯続けることができるのです。これは仏教を西洋の土壌に根付かせる一歩となる妙案です。

これを書いている二〇一八年現在、プラムヴィレッジのアッパー・ハムレットには、僧侶の数では、ベトナム人以外のブラザーの方がベトナム人よりも多いのですが、尼僧の数は、ベトナム人のほうが比較的に多いのが現実です。

第18章 香しき流れ……杖を受ける

両親も高齢なのでもっと頻繁に会いに帰りなさいと、タイにいわれたのは二〇一二年のことでした。ヨーロッパの僧院にいると、両親がヨーロッパ在住であれば二年に一度二週間の帰省休暇がもらえましたが、タイは私には両親との時間がもっと必要だと感じられたのかもしれません。私は当時ドイツにいたので、頻繁に両親の元に戻るようにしましたが、親に会えてもいろいろと問題が出てきました。もうすっかり生き方が変わっていたからです。両親から学ぶものがないという意味ではありません。両親はコンピューターも目新しい電気器具も使わず、昔ながらの簡素な暮らしをしていて、食事も僧院の暮らしよりもはるかに粗末なものでした。

母は当時、脳血管性認知症を患っていました。一五年前に母から、万一自分が認知症と診断されたとして、安楽死についてどう思うかと訊ねられたことがありました。私は尼僧として殺生にあたる行為を見過ごすことはできませんが、同時に慈悲の心を育てる修行もしていました。もちろん母を失いたくないし、当時の母に認知症の兆しなどありませんでした。「お母さん、大丈夫よ。ちゃんとお世話をするので心配しないで」と返事をしました。認知症と診断されたあとも母は死にたいと言い続けました。スイスには合法的な自殺幇助をするクリニックがあるから連れていってほしいと頼まれたこともありましたが、同意できるはずもありません。母の元に戻って、地域のサンガの瞑想会があるときに、誰かが私を迎えに来るたびに、一緒に行きたいとせがむのです。母を同伴して万一会が進まなくなってはいけないので、留守番をするように優しく説得するのですが、昔母がサンガに参加して楽しい思いをした、あの気持ちをまだ覚えているのだと気づくと、胸が熱くなりました。母は何度も何度も、一緒にドイツの僧院に戻れるかしら、と訊ねましたが、父は頑として許しませんでした。

母は最後まで慈悲と理解のひとでした。タイはある法話のなかで、年老いていく両親にこんなふうに訊ねてみてはどうか、と提案されたことがありました。「お父さん／お母さん、あなたが望んできたことで、叶わなかったことが何かありますか？　私に話してみてください。私がそれを叶えますから」。母は、そのときすでに認知症を患っていましたが、こう返事をしました。「そうだねえ、あまりおしゃべりせずに、もっと人の話を聞けばよかったわね」。

「マミー」と私は応えました。「マミーのために、もっと人の話を聴くように努力するわ」。

母が逝った前の晩、私は病院の母の枕元に座っていました。ちょうどデヴォン州〔イングランド南西部の州〕で主催したマインドフルネスの日の指導から戻ったばかりで、ひどい耳の痛みが出ていました。お母さんはいつも私やあなたの子どもたちのなかにいるのよ、お母さんは子どもたちのなかでいつまでも続いているのよ、と伝えて、母の耳元でルーミー[1]の詩を歌いました。

沈黙は海　言葉は川
あなたが海を求めるなら　川にはいかないでしょう
海のうたを聴いておくれ——
「それだけでいい」

これが母との最後の別れとなるなどと思いも寄らなかったので、別れ際にこう言いました「マミー、いまひどく耳が痛むの。今日はこれで帰ってもいい？」。母はいつもなら、おまえと一緒に家に帰りたい、と駄々をこねるのに、このときはただ、はい、はい、と言っただけでした。翌二〇一五年一二月一一日、病院からの電話が鳴り、母が静かに息を引き取ったと告げられました。

一番悔やまれることは、家で死にたいという母の願いを聞きとどけられなかったことでした。自宅での介護は私には荷が重すぎました。飲食を拒み、もう歩けないのに、油断するとすぐに歩こうとするのです。誰かがずっとそばにいて母がベッドから立ち上がろうとするのを見張っていなければならないのです。ところが案の定、ひどく転倒して耳が切れて入院してしまいました。母の転倒を防げなかったことがひどく悔やまれて、私は声をあげて泣きました。訪問看護師の判断で、自宅での介護を諦めました。

両親にとって新しい家に住み慣れてくると、それなりに二人で幸せに暮らし始めましたが、父が〔農場の〕仕事を辞めるのはなかなかたいへんでした。一番下の弟が結婚したとき父はまだ現役だったので、弟はマイラー村の近くに新居を構えました。父が引退すると、父は母と一緒に弟の家に引っ越して、弟は当時すでに子どもが二人いましたが、妻と子どもたちと一緒に農場の母屋に引っ越してきました。マイラーの家はコテージが並ぶ通りの外れにある小さな家でした。このあたりは静かで、庭に腰を下ろすと、下の谷を流れる小川のせせらぎが聞こえました。

農場は父の生きがいでした。引退ということになって最終的には母屋を出ることに同意しましたが――二〇代からずっと暮らしてきた農場です――引っ越してからも毎日車で農場に出かけていっては、農業を始めたばかりの弟に仕事を教えたり手を貸したりしました。弟にとっては、父に口を出されるとあまりいい気持ちがしなかったはずです。彼には彼なりの考えがあり、父親と同じような農業を続けたいとは思っていなかったのでしょう。父は九〇歳になるまで、収穫の時期になると弟のところに通っては手伝うのです。穀物乾燥機のそばに座って、穀物が乾くのを見つめているのです。単調で埃にまみれる仕事でした。

父は九〇歳代に入ると、関節炎で手足がきかなくなり、おまけに認知症が進む母の面倒を見なければなりませんでした。それでも庭の草刈りをし、家の修理をし、時には弟の農場の修理もしてやっていました。残りの人生を母の介護、料理、洗濯などに捧げたのです。二〇一五年に母が逝ったとき、父は決定的な打撃を受けて、二度と回復することはありませんでした。

父は最初呆然としていましたが、葬儀では気丈に振る舞い、その後の食事の席（御斎）にも出てくれました。しかし母を失った傷は癒えず、一六か月のちに母の後を追いました。母に先立たれて、私が戻ってきて世話してほしいかと父に訊ねると――僧院は承諾してくれると確信があったのです――父はこう応えました。自分は一人だが、お前には世話をするたくさんの人がいるだろう、世話が必要になったらホームにはいるよ。父は私に今の仕事を続けてほしかったのです。人々に必要とされ、人々のため働く私を理解してくれていたのです。それで三か月に一度くらい父の顔を見に帰ることで満足することになりました。

家に戻るとときどき父と諍いをするようになりました。私が留守のときに、もっと充実した介護を受けさせたくて、一日に一五分以上ヘルパーに来てもらって、父にできない仕事をしてもらおうとすると、父は腹を立てました。父に叫ばれると、私は呼吸に戻って、父と私はひとつと自分に語りかけます。私が自分に腹をたてると、父も自分に腹をたてているのです。父に慈しみを抱くと、父の怒りは瞬時に静まって、「ひどく怒鳴ってごめん」といったのです。初めて父が謝る姿を見て、人生最後の日々に父がどれだけ変わっていったかを悟りました。

二〇一六年の母の誕生日に、父がひどく転倒したことがありました。カリフォルニアの僧院に行っていたときでした。父は弟に口止めしたようですが、弟から知らせがくると、僧院が飛行機の切符を手配してくれて即刻の帰国となりました。

病院に駆けつけると、九九歳の父は六時間の手術の後、譫妄《せんもう》を起こしていました。誰かが近づくと怖がって殺されると思うのです。私はいつもブラウンの常着の上にジャケットを羽織っていたので、はじめは私と認識できなかったようですが、そばに行って父を抱きしめると、おまえは誰だ、と訊ねました。「あなたの娘のアナベルよ」と答えると、「お前は尼僧だから嘘はつかないだろう」。この会話のあと譫妄は消えて、二人の弟と妹も受け入れ始めたのです。

あの冬は、入院中の父と過ごすために一か月おきに、ドイツからイギリスに帰国していました。六か月のちに、プラムヴィレッジで恒例の僧侶対象のリトリートが行われましたが、そのとき妹から父の容態がよくないとの連絡を受けました。リトリートの初日に法話をすることになっていたので、法話がすんでから帰国しようと思いましたが、妹から少し持ち直したと電話が入り、結局リトリートが終わるまで待って帰国することにしたのです。リトリートが終わる予定の前日に、なぜか急がなければと胸騒ぎがしました。アッパー・ハムレットのブラザーがすぐに航空券を手配してくれたので、父のもとで最後の二四時間を過ごせたのです。

父は万一の場合に延命治療を受けないという書類を残していましたが、亡くなる前日、医者に蘇生処置を受けたいかと訊ねられると、父はそうしてほしいと返事をしていました。医者にどんな蘇生術が受けられるのかと訊ねると、すぐに州の病院に転院すれば、心停止が起きたときに電気ショックで処置できるが、蘇生の可能性はわからないといわれました。私は弟に話をしました。父の事前の意思《アドバンス・ディレク》表示《ティブ》に背いて新しい処置をしてもいいのだろうか？　弟も私も父はかなり衰弱しているので、延命処置をしてももう回復の見こみはないかもしれないと感じていました。それで州の病院に移る必要や、電気ショックでの心臓の細動除去のことを父に話してみました。父は沈黙していました。もう二度と延命処置の話はしませんでした。

死因は肺炎でした。呼吸困難に陥った父のそばに座って、心のなかで慈悲の菩薩の名前を唱えました。亡くなる数分まえ、はたと呼吸が静まって、安らかに最後の息を引きとりました。

父は看護施設で息を引きとったので、父の死後六時間も傍らに座って父を偲ぶことができたのです——州の病院ではとても叶わないことでした。ときおり慈しみの経典[15]を朗唱して父に捧げました。愛という情緒ほどすべてを超えた救いのエネルギーはないのです。

一年以上父の死を悲しみ尽くしました。不生不滅の教えを学び、瞑想を実践してきてすっかり心の準備ができていたと思っていました。これまで修行してきた教えのおかげで、死の床にある父を見守るときには、心静かに怖れを見つめることができましたが、葬儀が終わると、深い悲しみに襲われはじめました。父は若いころに死の瀬戸際を体験したことがあり、以来、ひたすら生き抜くことに邁進し、決して死を受け入れませんでした。不生不滅の教えなど知らず、父にとっていかなる死も、知人の死であろうがなかろうが、悲哀以外の何ものでもありませんでした。私は死の受け入れがたさを父から受け継いだのかもしれません。私の死の受容への修行はこれからも続くでしょう。

フランスのプラムヴィレッジの一角にタイの寓居があり、その近くに芳渓庵と呼ばれる静かな場所があります。ここは集団生活から離れてひとり修行をする場所です。申し出れば、この庵にこもって修行を深めることができるのです。私は二〇一七年から二〇一八年にかけて、数か月間この庵に独居しました。

僧籍にあるものには、ひとりリトリートで集中力を高め、静かに生死の問題を見つめる孤独な時間が必要です。誰にも死への内在的な怖れというものがあります。時間をかけてゆっくりとこれを癒し変容していくのです。坐る瞑想や歩く瞑想をしていると、理解を超えた深い静寂が感じられることがあります。この沈黙の安らぎのなかに、心身を癒す力が秘められています。これを保ついちばんよい方法が、仲間から離れ、仕事をやめて孤独に坐ることです。心が鎮まると、生、死、離別の観念が氷解し、いつのまにか怖れも姿を消していきます。

芳渓庵のはずれに小川が流れています。広々とした空間にたくさんの木が生えていて、地域特産のクルミ、イチジク、プラムの木などがありますが、なかでもひときわ目立つのが三本のヒマラヤスギの大木です。タイはよくこの大木を抱きしめて《ハグして》おられました。一本ずつ順番にハグされるのです。これがタイ流の平静心を呼び覚ます練修です。私にも木をハグする方法を教えてくださいました。木のエネルギーをいただいて、その木に敬いと感謝を捧げるのです。木のあいだにハンモックを吊るして、小川のせせらぎや鳥たちが奏でる音楽に耳を貸してみるのもよいでしょう。

プラムヴィレッジや世界各地でのリトリートが開催されないときには、タイは自分の時間を寓居で過ごされます。ここがタイの充電の場所なのです。まだリトリート開催がさほど多くなかったはじめの頃は、自ら植樹し、小さな菜園で野菜づくりに精をだされました。ハンモックに揺られるのもさることながら、寓居での研究や書きものも旺盛でした。この場所にはタイの存在の気配が満ちていました。タイの寓居に行くと決まって、庭に出てハンモックに横になりなさい、と言われたものです。多忙の解毒剤でした。

脳卒中の発作のあと、タイはしきりに寓居のまわりの壊れた建物の建て替えを急がれるようになりました。この作業は現在も続いていますが、いつの日かタイが戻ってこられて、ここで過ごされることを願っています。

四〇年前、私はすでにアテネで象徴の杖を授与されていました。「さあ、これを持ちなさい」という声が聞こえたとき、ドアにもたせかけてあった杖が、私の手のうえに落ちてきたのです。杖はこの身を支えてくれるものです。高台に登って月や星を見上げるときにも、マインドフルネスの修行がもたらす命の不思議に触れられるのも、この杖のおかげです。自分の足で立つ、自立するとは、自分の心と体を変容するために修行をするのは他ならぬあなた自身だ、という意味ですが、支えなしに自立するということではありません。杖は、ベトナム仏教の初期には僧侶を証明する印として使われましたが、出家して世俗を捨てても、あなたとともに残るものです。一九九九年にグリーンマウンテンでタイから授与された僧院長の拄杖《しゅじょう》は、自分自身のため、他者のためにスピリチュアルな道を進めとの励ましでもありました。変容する必要があるのは、体と言葉と心（身口意）の行動です。仏教でカルマ（業）と呼ばれるものです。私は子どもの頃からずっとカルマへの強いこだわりを抱いていました。行為がなんであれ、必ずその結果があるのです。他者を幸福にしたり苦しめたりするなら、早晩、自分自身にも幸福や苦しみが訪れるのです。カルマは個人にとどまるものだけでなく、両親を通して受け継ぐ先祖のカルマもあります。カルマは日々の生活のなかで解決され、マインドフルネスの修行によって鎮められなければなりません。自分を支えてくれるマインドフルネス、集中、洞察の修行がこの杖であり、変容への道を実現するためのサンガの力、集合的エネルギーもこの杖なのです。

ときどきひとりでいることが怖くなることがあります。もしかしたら、私のなかの小さな子どもがひとりぼっちを怖がっているのかもしれません。子どもの頃、両親から引き離されたときの怖さがまだこの身に染みついているのです。どこかへ離れていくときには、こんな想いが頭に浮かぶのです――「家が爆撃にあって、家に帰ってみたら、お父さんもお母さんもいなくなっていたらどうしよう」。一体なぜ家が爆撃に遭うなどと恐れたのかわかりません。私は〔第二次世界大戦の〕終戦後の生まれですが、これは本当に戦争を体験して、その恐れがまだ体のなかに残っている幼児の恐怖だったのです。私のなかの小さな子どもは、父と母の小さな内なる子どもでもあるのです。この小さな子どもの世話をしてあげるのは、尼僧となった私の役目です。タイが教えられたように「毎日あなたのなかの小さな子どもに話しかけてあげるのですよ」。杖に信をおくとは、あなたのなかにある島に戻る練修をすることです。ほんとうにこの島に戻れたら、あなた自身をつくり上げているものが、何百万もの数えきれない感情、思考、感覚、そして未来永劫まで起こり続ける事象〔現実のできごと〕だとわかるでしょう。

あとがき——霊的共同体に生きて

二〇〇三年にウィスコンシン州で、警察官、刑務官、そしてアメリカの刑事司法制度で働く判事を対象にしたリトリートが開かれました。宿所は昔カトリックの女子修道院だった会議センターで、一〇〇人くらいの修道女用のセル（独居室）を備えた大きな建物でした。私が泊まった寝室はかつて修道女の部屋だったので、もし私がカトリックの修道女になっていたら、今頃どんな生活をしていただろうと思いをめぐらせていると、窓から外を眺めている少女の姿が浮かんできて、一〇代の頃のシスターや目上の先生たちとのトラブルや違和感などが蘇ってきました。このリトリートの会期中にひとりで庭を散歩していると、タイが侍者を伴って歩いてこられました。こんなふうにひとりで歩くのはまずかったか、と一瞬身がすくみましたが、タイの目に優しい表情が現れて、大丈夫ですよ、よかったら一緒に歩きませんか、と語りかけられているように見えました。

バーモントのグリーンマウンテン・ダルマセンターで五〜六年過ごしたときに、ペンシルヴァニアのフランシスコ会の女子修道院でよくリトリートを導きました。この修道院にはまだ五人の年配の修道女が残っていましたが、大きな建物で、きっと昔は一〇〇人くらいの修道女を収容した大修道院だったのでしょう。修道院の墓地を歩きながら修道女たちが修道院に入った日と亡くなった日を見ていると、その多くは、まだ二〇歳にもならない年齢で修道女になっていたのです。諸宗教交流の集いで、キリスト教のシスターたちと出会うたびに感じていたのは、彼女たちの誠実で深い修行で、その謙虚な姿に敬服するばかりでした。あるときニューヨーク市でマインドフルネスの日を導いたことがありました。法話のなかで、創造は刻々とあらゆる瞬間に起きている——生ける神と生ける創造——ということ、そして創造主とその行為は二つに別れた実在《リアリティ》ではないことを語りました。シスターたちは私の話にたいへん興味を持って受け入れてくれました。

キリスト教の修道院制度が衰退してきた理由は多様で多岐にわたっていますが、キリスト教会の衰退はそれだけではなく、一般信徒の会衆の激減にも原因があるのです。あるいは、ある程度はこの二者が並行して起こってきたといえるかもしれません。仏教には四部衆——僧、尼僧、在家の男性（優《う》婆塞《ばそく》）、在家の女性（優婆夷《うばい》）——があり、この四つの要素が互いに守り合い、支え合っています。もちろんどんなコミュニティでもその教えが強さにつながっています。仏教と同じようにキリスト教にも変革が必要だ、とタイはよく話されていました。スピリチュアルな道とその実践は生きて成長するものです。教えも修行方法も、社会の変化とともに変わっていかなければなりません。タイの深奥の願いは、沙弥の時代から今日に至るまで、仏教の教えをつねに新しい目でとらえ、変革していくことでした。現代という時代に即した、現代という時代に深く関わる宗教となるための革新です。仏教の革新とは仏教の精神の再発見を意味しますが、この精神がつかのまの平安をもたらす形骸のなかに失われて、現代人が直面する苦しみを変容する手だすけにはなっていないのです。僧団の目的は原点である仏法を護持しながら、一人ひとりが自らの法門を創造していくことなのです。

私たちのこの僧団はまだ若いものです。一九八八年に始まって今も成長し続けています。沙弥もほとんどが一〇代の若さで、せいぜい二〇代から三〇代の初めです。西洋人の男性沙弥の数は急速に増加してはいますが、ほとんどがベトナム人修行者たちです。

私が尼僧になったとき、自分が何に向かって船出していったのか、わかりませんでした。ちょうど家族の環境の中で安全に守られている子どもが、大人になったら自分がいる環境がどのようなものになるか見当もつかないのと同じような心境でした。ここではひとりの出家者として、師とサンガの安全な環境に守られているのです。尼僧になった当時、私たちの僧団のサンガ（僧伽）はたいへん小規模なものでしたが、タイだけをよりどころとし、一途に師のもとに帰依してきました。そしてタイの道に倣って仏法を教導していくのが私の務めとなりました。

リトリートの指導
英国のスタウアブリッジにて（2017年）

僧団が成長するにつれて、弟子たちが自分自身の方法で師の道を継承していることがはっきりとわかるようになりました。そして私の道は人々の教導と、翻訳と、仏法研究でした。私が仏法を教えるというのは、ただ言葉だけで教えるのではなく、自分自身のやり方で歩き、話し、聴き、交流するという意味です。私の歩き方や呼吸の仕方が、私自身をくつろがせ、体に触れ、不快感や痛みを見守ってくれるのです。長年の神経性食欲不振のために最近は体力が落ちてきましたが、この仏道修行のおかげで、教学という本務を続ける生活を楽しむことができるようになったのです。

一九九七年にアメリカに赴任することになって師の元を離れましたが、師の存在を強く感じ続けました。師の言葉を頼みにできなくて心もとない思いをしたり、問題が発生したときに師の物理的存在がないことで不安になることも多々ありました。選択を迫られてどちらに舵を切ったらよいか、確信が持てないときがありました。一九八二年以来、タイとシスター・チャンコンは、フランスのプラムヴィレッジに住まれて、アッパー・ハムレットには、言葉では説明し難い霊的なエネルギーが満ちあふれていました。私がアメリカのメープルフォレストとグリーンマウンテン、それからドイツのヨーロッパ応用仏教院に送られたとき、私はサンガとともに、ゼロからプラムヴィレッジのエネルギーを創りださなければならないのだと悟りました。グリーンマウンテンでは、自然の美しさと静けさに助けられました。ヨーロッパ応用仏教院でも、見る目があれば、そこここに自然の美しさを見つけられました。今、タイから助言を受けたいときにはいつでも、まっすぐに立って、マインドフルな呼吸によって集中力を確立し、まるでタイが私の前を歩いておられるようにタイに語りかけます。深く耳をすませ、助言をいただけたら忘れないように書きとめます。タイがいつも私のなかにも、まわりにおられることを、はっきりと自覚するのです。

僧団に入った早い時期から、私はリトリートを導き、仏法を教えてきました。伝法式というかたちで仏法を教える法師の資格を授与されるには、若いシスターたちは、現在は八年から九年間修行しなければなりません。彼らはそのときが来るまでは、来訪者に歩く瞑想や坐る瞑想の基本的な練修を説明するという修行に取り組みます。

仏法を教えることは仏法を学ぶことです。何かを教えるときには、今の自分の修行や過去の体験の話をします。それが自分自身の修行を進める原動力になるからです。教えるためには修行を続けなければなりません。修行を怠って、理論だけを教えるのは仏教の精神に悖《もと》ります。仏教にもキリスト教の根本方針――貞潔、清貧、従順（忠順）の三つの道義――に相当するものがあります。唯一の違いは、仏教では僧院長に対してではなく、具足戒を受けた僧と尼僧からなる僧伽《サンガ》への忠順を守ります。私の僧院生活は、これらの基本的な規律を守ることによって大いにたすけられて、体、感情、心の形成物[1]に対するマインドフルネスを育てる修行を続けてくることができたのです。自分や他者を苦しめる道に落ち込まず、もし道を踏み外しても、また新しくやり直すことができると悟ることができたのです。

仏教共同体に生きるリアリティ（現実）は、個人の所有物や特別な感情的な執着を持たないで共同体の総意に従うことですが、これは私のような西洋世界の個人主義的で物質主義的な環境に育ったものにとって決してたやすいことではありませんでした。それゆえにこそ、繰り返しサンガの戒律を学ぶことによって自分自身を鍛錬する必要があったのです。ただ幸運なことに、物質的な点では簡素な生活が性に合っていました。

西洋人の尼僧である私は、ベトナム人のブラザーやシスターたちとは違って、僧職についた叔母も叔父も、兄弟姉妹もいません。たいていのベトナム人の仲間には、ひとりかそれ以上の得度して僧や尼僧になった親族がいるのに、私の血縁には修道生活に帰依する者はひとりもいないのです。私にはいつも彼らとは違うという孤立感がつきまとって、この感情を受け入れて超えていくのに苦労しました。シスターたちはこんな私をありのままに受け入れてくれました。おかげで劣等感からくる辛さを切り抜けることができたのです。

この世界に修道制度が必要かと問う人がいます。僧院生活の規律を守って暮らしている僧や尼僧たちは、すぐに感じ取れるような集合的な霊的エネルギーを創りだしています。彼らは心のバランスをとりながらともに暮らし、修行を積んでいます。このような修行者の存在は、人々にスピリチュアルな生き方に戻って、今のこの瞬間を生きることを思いださせてくれるのです。私たちが僧衣を着て剃髪し、頭を覆うスカーフを身につけるのは、自分自身に対して、あるいは他者に対して、修行者としての自分を忘れずに覚えておくためなのです。キリスト教の共同体では、第二ヴァチカン公会議[2]以後、職業、身分、階級などを表す衣服の着用がほとんど廃止されました。高齢のカトリックの修道女たちに話を聞いてみると、何十年間もそうして生きてきた彼女たちにとっては、ショックだったようです。

プラムヴィレッジに修行にやってきたカトリックの高齢の修道女は、こう述懐しました。僧や尼僧が僧衣を着ている姿を見ると、かつての修道服を捨てたあの当時のこと、それがどんなに辛いことだったかを思いだしました。僧衣を身につけている人が、スピリチュアルな修行をしているのなら、僧衣は必要です。それを見て多くの人たちがスピリチュアルな生活に惹きつけられるからです。たとえ三〇年ばかりの得度生活であっても、慣れ親しんだあの僧衣が着られなくなるとしたら、私はどんな気持ちになるでしょう。そんな現実は想像もできませんが、きっと自分が自分でないような奇妙な気持ちになることでしょう。

僧院生活は、僧・尼僧になっていくことを学ぶところです。結婚がそうであるように、得度式は公式の承認の外的なサインにすぎません。自分の弱さを受け入れ、弱い心を変容していくときに真の修行が始まります。このために私を取り巻き、私を支えてくれるサンガに全幅の信頼を寄せてきました。私には自分の短所を告白できるサンガという共同体があります。サンガの存在が勤勉に自己変容に取り組むための大きな力になるのです。しかしサンガは完璧ではありません。在家の修行者の方が自分よりも修行が進んでいることに気づくことがあっても、そのために劣等感をつのらせたり、いっそ自分も在家になったほうがいいなどと感じることはありません。僧と在家の生き方は異なっていても、どちらの道も解脱へと導かれているからです。自分が善き修行者であれば、わざわざ尼僧になる必要はないかもしれませんが、この道を歩み続けるためには、私には僧院での修行が必要なのです。

アッパー・ハムレットでの法話
21日リトリートにて（2018年）

僧院の生活の価値は、自由と兄弟・姉妹愛です――瞑想する時空を持ち、不生不滅の真実を実体験し、仲間の僧や尼僧に心を配ることです。僧院に入ると料理や庭仕事に身を捧げることを学びます。生涯、台所や庭での仕事に専念する僧や尼僧がいるのは、彼らにとってこれが一番幸せな仕事だからです。私の場合は、教えたり翻訳したり文章を書いているととても幸せで、プレッシャーを感じません。歩く瞑想や坐る瞑想の練修をしたくなったら、木の根元に坐ったり、庭を歩きます。本を書くには机の前に座ると決まっているように思

われますが、私の場合は、書きもののほとんどは具体的に書くという行為の前にすでに始まっていま
す。頭に書くことが浮かんだときに、はじめて書くことができるからです。

七〇歳の誕生日が近づくにつれて、深い感謝が湧いてきます。ブッダの教えにつき従って仏道修行ができたことへの感謝の気持ちです。途方もない恩恵をいただいたことへの深い感謝です――何もしないで静かに坐り（無為）、今この時を歩き（現今到着）、ことばに言い表せない何ものかに触れて（接無量）、正邪、生死、此彼（ここあそこ）の観念を超えていくことは、なんという恩恵でしょう。それはまた人のために尽くすことができるという喜びの特権でもあります。苦しむ人の傍に座って耳を澄まし、彼らが穏やかに息をして微笑めるように手を差し伸べられる幸せは、この道をゆく者のまぎれもない特権です。

APPENDIX
5つのマインドフルネス・トレーニングと14のマインドフルネス・トレーニング

ティク・ナット・ハンが主催するティエプ・ヒエン教団（Order of Interbeing）は、毎日の生活のなかでマインドフルネスを学び修するために、(1) 5つのマインドフルネス・トレーニング（5MT）と、(2) 14のマインドフルネス・トレーニング（14MT）の実践を勧めています。

ティエプ・ヒエン（接現＝インタービーイング）教団は、一九六六年、ベトナム戦争中にティク・ナット・ハンによってサイゴン（現ホーチミン市）で設立されました。出家と在家（四部衆）からなる教団で、同教団の本部は、フランスのボルドー地方にあるプラムヴィレッジ僧院に置かれています。

(1) 5つのマインドフルネス・トレーニングは、ブッダが説いた五戒をもとにして、現代人が日々の生活を正しく進めるために作られたトレーニングで、マインドフルネスを培うための生活のガイドラインです。これは禁止事項ではなく、私たちの行動、会話、思考を振り返り、自分自身と周りの世界により多くの幸福をもたらすための枠組みを提供するものです。

(2) 14のマインドフルネス・トレーニングは、ティエプ・ヒエン教団の真髄となるマインドフルネスの実践で、梵網経[1]が説く菩薩行で定められた五十八の戒律の現代版です。この14のマインドフルネス・トレーニングは、自分の心と体に起きていることや世界で起きていることに目覚めるための練修です。私たちは孤立した存在ではなく、他と相互に関わりながら存在しています。これを「インタービーイング（相互存在・相即）」といいます。このトレーニングによって、すべてのものをありのままに観て、自分の幸せは他の幸せから離れて存在しているのではないことを理解していきます。

これらのトレーニングは私たちの道を照らす光であり、私たちを運ぶ舟であり、私たちを導く師（先生）の役目を果たします。この14のマインドフルネス・トレーニングを正式に受け、ティエプ・ヒエン教団の核となる共同体に入ると、コミュニティのリーダーとしてサンガの実践の世話役になるという意志表明となりますが、もちろん正式なティエプ・ヒエン教団のメンバーになる必要はありません。5つのマインドフルネス・トレーニングと14のマインドフルネス・トレーニングは個人の文化的背景にあうようにトレーニングの語句をアレンジして練修することもできるのです。

以下に5つのマインドフルネス・トレーニングと14のマインドフルネス・トレーニングを示します[2]。14のマインドフルネス・トレーニングは本文にもたびたび触れられていますので、本文の理解にも役立つと思いますし、何よりみなさまがマインドフルな生活を送られるのに大いに参考になることでしょう。

5つのマインドフルネス・トレーニング（二〇二二年改訂版）

いのちを敬う（Reverence for Life）

いのちを破壊することから生まれる苦しみに気づき、相互存在を洞察する眼と慈悲を養い、人間、動物、植物、鉱物のいのちを守る方法を学びます。自分の考えかたや生きかたにおいて、自ら殺さず、人にも殺させず、世界のいかなる殺害行為も支持しません。怒り、怖れ、貪り、不寛容などのいのちを害する行為は、差別や二元的思考から生まれることを知り、寛容と差別のない心を育てます。そして心の中と世界に存在する、暴力、狂信、教条主義を変えていきます。

真の幸福（True Happiness）

搾取、社会的不正義、略奪、抑圧による苦しみに気づき、心、言葉、行動によって寛容の実践をします。けっして盗まず、他に属するものを我がものとせず、自分の時間、エネルギー、持ちものを、必要とする人とわかち合います。深く見つめる実践を通して、他の幸福と苦しみは私の幸福と苦しみと異ならないこと、理解と慈悲なしに真の幸福はありえないこと、富、名声、権力や享楽の追及は大きな苦しみと絶望につながりうることを理解します。幸福は外的な条件ではなく、心の持ち方によって決まるものであり、自分が幸福のための条件をすでにじゅうぶん持っていることを思い出せば、今ここで幸せになることができます。地球に生きるものたちの苦しみを減らし、気候変動に加担しないよう、自ら正しい暮らし方を実践します。

真の愛（True Love）

性的な過ちによる苦しみに気づき、責任感を育て、個人、カップル、家族、社会の安全と誠実さを守るすべを学びます。性欲は愛と異なるものであり、貪りによる性行為は、つねに自分と相手を傷つけることを自覚します。お互いの合意と、真の愛、深く長期的な交際なしには、性的な関係を結びません。家族、友、支えと信頼の場であるサンガに、誠実な関係性への精神的な援助を求めます。また、子どもたちを性的虐待から守り、カップルや家族の関係が性的過ちによって破たんしないように最善を尽くします。心と体が深くかかわりあっていることを知り、私と他者のさらなる幸福のために、自分の性的なエネルギーの適切な扱いかたを学び、――真の愛の四つの基本要素――慈しみ、思いやり、喜び、平等（包容）心を育てます。人の経験の多様性を受け入れ、どのような性自認や性的志向についても差別しません。真の愛を実践すれば、それがすばらしい未来につながっていくと信じます。

愛をこめて話し、深く聴く（Loving Speech and Deep Listening）

気づきを欠いた話し方と、人に耳を傾けられないことが生む苦しみに気づき、愛をこめて話し、慈悲をもって聴く力を育てます。それによって自分をはじめ、他の人びと、民族や宗教や国家間の苦しみを和らげ、和解と平和をうながしていきます。言葉によって、幸せや苦しみが生まれうることを自覚し、信頼、喜び、希望を与える言葉を使い、誠実に話します。心に怒りが残っているうちはけっして話しません。マインドフルな呼吸と歩く瞑想を実践し、その怒りに気づき、深く見つめます。怒りは、私自身の認識の誤りと、自分と相手の苦しみに対する理解の欠如から生まれることがあると認めます。自分と相手が苦しみを変容させ、困難な状況から抜け出せるような話し方、聴き方をします。確かでない情報を広めることをせず、分裂や不和を引き起こす言葉を発しません。正しい努力を実践して、理解、愛、喜び、平等（包容）心を養う力を育て、意識の奥深くにひそむ怒り、暴力、怖れを少しずつ変容させていきます。

心と体の健康と癒し（Nourishment and Healing）

気づきを欠いた消費から生まれる苦しみに気づき、マインドフルに食べ、飲み、消費する実践によって、自分と家族と社会における心と体の健康を育てます。また、食べもの、刺激による反応、意思、意識状態という四種の栄養の取り入れ方を深く見つめる実践をします。賭けごとをせず、アルコール飲料、麻薬だけでなく、特定のウェブサイトから、ゲーム類、テレビ番組、映画、雑誌、書籍、会話にいたるまで、毒性のあるものは摂取しません。今ここに戻る実践に努め、自分自身と周囲に存在する、回復と癒しと滋養をもたらす要素に触れます。そして、後悔や悲しみによって過去に引き戻されたり、不安や怖れや貪りによって今ここから引き離されたりすることがないように気をつけます。消費に没頭することで、孤独や不安や様々な苦しみをごまかそうとしません。相互存在の真理を深く見つめ、自分の体と意識だけでなく、家族や社会や地球という集合的な体と意識に、安らぎと喜びと健やかさを保つような消費に努めます。

14つのマインドフルネス・トレーニング（二〇二二年改訂版）

第1のトレーニング・開かれた心（Openness）

狂信と不寛容から生まれる苦しみに気づき、盲目的な崇拝や、あらゆる教義、理論、イデオロギーについて、たとえ仏教でも絶対視はしません。仏教の教えを、深い洞察と慈悲と理解を育てる導きとして受け止めます。それは闘ったり、殺したり、いのちを捧げるような教えではありません。あらゆる狂信はものごとを二元的かつ差別的に捉えた結果生まれることを理解します。すべてを開かれた視点から相互存在の洞察によって観るよう訓練を重ね、自分の心と世界に存在する独断と暴力を変容させます。

第2のトレーニング・執着しない見かた（Non Attachment to Views）

自分の味方への執着や認識の誤りから生まれる苦しみに気づき、狭い考え方を避け、一時的な見方に縛られないようにします。ひとつの視点に執着せず、学びと実践を通して人の経験や洞察を広く受け入れ、集合的な智慧から恩恵を受け取ります。私の今の知識は不変ではなく、絶対的真理ではないことに気づきます。慈悲の心をもって聴き、深く見つめ、知識を積むよりも思い込みを手放すことで、洞察が現れるのです。真理はいのちの中にあります。自分自身やまわりに存在する、どんな瞬間にも存在するいのちを見つめます。それは人生でいつでも学べるものです。

第3のトレーニング・思考の自由（Freedom of Thought）

自分の見解を他者に押しつけることからくる苦しみに気づき、子どもをはじめ誰に対しても、自分の見かたを無理強いしません。そのために、権威、脅迫、金銭、プロパガンダ、洗脳などの手段を使いません。人の独自性や、信条の選択、決定のしかたについての権利を尊重します。そして、愛のある話しかたと慈悲をこめた対話を通して、他の人が狂信や偏狭さを手放せるように助けます。

第4のトレーニング・苦しみへの気づき（Awareness of Suffering）

苦しみの本質への深い洞察が理解と思いやりを育てることに気づき、本来の自分自身に戻り、マインドフルネスのエネルギーによって苦しみに気づき、受け入れ、抱きしめ、耳を傾けます。消費することで苦しみから逃げたり、苦しみをごまかしたりせず、意識的な呼吸と歩く瞑想の実践によって、その苦しみの根源を深く見つめるよう、出来る限りの努力をします。

苦しみの根源を深く知ることが、それを変容させる唯一の道であることを理解します。自分の苦しみを理解できて初めて、人の苦しみがわかります。直接会うこと、電話やインターネット、音声や映像などの手段によって、苦しんでいる人々に寄り添い、その人たちの苦しみが慈悲、安らぎ、喜びに変容するように助けます。

第5のトレーニング・慈悲に満ちた健やかな生き方（Compassionate, Healthy Living）

真の幸福は、心の安らぎ、ゆるぎなさ、自由、慈悲に根ざしていることに気づきます。何百万もの人びとが飢え、いのちを落としていく一方で、自分の富を積むことはしません。また、多くの苦しみと絶望のもとになるような名声、権力、富や享楽を人生の目的としません。食べもの、刺激による反応、意志、意識状態という四種の栄養の取り入れ方を通して、心と体を養う方法を深く見つめます。賭けごとをせず、アルコール飲料、麻薬だけでなく、特定のウェブサイトから、ゲーム類、テレビ番組、映画、雑誌、書籍、会話にいたるまで、体と意識や、組織や集団という集合的な体と意識にとって、毒になる製品を取りこみません。自分自身の体と意識、そして家族や社会や地球という集合的な体と意識に、慈悲や健康や喜びを保つような消費を心がけます。

第6のトレーニング・怒りを世話する（Taking Care of Anger）

怒りがコミュニケーションを阻み苦しみをつくりだすことに気づき、怒りが起こったときはそのエネルギーを世話し、意識の奥底にある怒りの種に気づき、変容させていきます。怒りが湧いてきたときには、どんな発言もせず、行動も起こしません。そのかわりにマインドフルな呼吸や歩く瞑想を実践し、怒りを認め、抱きしめ、深く見つめます。怒りの原因は私の外ではなく、自分や相手の心の中にあり、苦しみについての誤った認識や理解の不足にあることを自覚します。すべてのものが移りゆくという真理を見つめれば、自分自身と怒りの原因と思っていた相手を慈悲の眼で見られるようになり、おたがいの関係の大切さがわかるでしょう。誠実な努力によって、理解と慈しみと喜びとすべてを受容する心をつちかい、怒りと暴力と怖れを少しずつ変容させます。また、他の人もそうできるように助けます。

第7のトレーニング・今ここの幸せにとどまる（Dwelling Happily in the Present Moment）

いのちは「今ここ」だけに存在することに気づき、日常生活のあらゆる瞬間に深く生きるトレーニングをします。散漫さから自分を見失ったり、過去の後悔、未来の不安、現在の貪りや怒りや妬みに押し流されないよう努力します。マインドフルな呼吸を実践し、今ここで起こっていることに気づきます。いかなる状況にあっても、自分の中とまわりに存在する清々しくすばらしい癒しの要素に触れながら、マインドフルな生きかたを学びます。そのようにして喜び、安らぎ、慈しみ、理解の種を育て、意識の変容と癒しに取りくみます。真の幸せは外的な条件ではなく、何よりも心の持ち方にあることに気づき、幸福の条件がここにじゅうぶんそろっていることを思い出せば、今この瞬間に幸せに生きられることを自覚します。

第8のトレーニング・真のコミュニティとコミュニケーション（True Community and Communication）

コミュニケーションの不足がつねに分裂や苦しみにつながることに気づき、慈悲をもって聴き、愛のある言葉で話すようつとめます。真のコミュニティは、すべてを包みこむ力を備え、ものの見かた、考えかた、話しかたを調和させるという具体的な実践に根ざすことを知ります。自分の理解と経験を人とわかち合い、共通の洞察にたどり着くようつとめます。決めつけたり反応したりせずに深く聴き、コミュニティに不和を生み分裂を起こす言葉を使わないように気をつけます。問題が起こったときには、サンガにとどまって自分と相手を深く見つめるようにつとめ、自らの習慣のエネルギーを含む、問題をもたらしたあらゆる原因と条件をたしかめます。仲たがいのもとになったかもしれない自分のすべての言動に責任をもち、コミュニケーションをはかる余地を残します。犠牲者のようにふるまうことはせず、どれほど些細ないさかいについても、積極的に和解と解決の道を見いだすようつとめます。

第9のトレーニング・誠実にやさしく話す（Truthful and Loving Speech）

言葉が幸せや苦しみを左右することに気づき、誠実かつやさしく建設的に話すことを学びます。喜びと信頼と希望を引き出す言葉のみを使い、自分の心と、人々のあいだに和解と平和を育てます。自分と他者の苦しみを変容させる話しかたと聴きかたにつとめ、困難な状況から抜け出す方法を見つけだします。個人的な興味から不確かな発言をしたり、人の関心を引きつけるような話しをせず、分裂や憎しみのもとになるような言葉を口にしません。人の欠点を陰で話さず、自分の見かたが正しいかどうかをたえず自問して、サンガの幸福と調和を守ります。状況を理解し変容させていこうとする言葉のみを使います。ふたしかな根拠にもとづいてうわさしたり、批判したり、攻撃したりしません。不正義が行われている状況に対しては、たとえ不利な立場になり、身の安全が脅かされようとも、最善を尽くして声をあげます。

第10のトレーニング・サンガを守り育てる（Protecting and Nourishing the Sangha）

サンガの主旨と目的は慈悲と理解の実践につとめることであると知ります。実践のコミュニティを個人的な権威や利益のために利用せず、政治の道具に変えることもしません。精神性を重んじるコミュニティの一員として、抑圧と不正義にはっきりと反対の立場をとります。いさかいのどちら側にも加担せず、状況改善のために力をつくします。すべてを相互存在の視点で見ることにつとめ、私も人もサンガの体をつくる細胞であると考えます。私はサンガの体がまぎれもない一部として、マインドフルネスと集中と洞察を生みだし、自分とサンガ全体を育てます。サンガの一人ひとりは、ブッダという体の細胞でもあります。自ら進んで友情を育て、ともに川として流れ、三つの真実の力——慈悲と理解と煩悩を断ち切る力を育てるようつとめ、集合的な目覚めをなしとげます。

第11のトレーニング・正しく生活の糧を得る（Right Livelihood）

環境と社会に対しておびただしい暴力と不正義が行われてきたことを知り、人類と自然を害するような仕事には就きません。地球上のすべての生きものの幸福に役立つ暮らし方を選ぶことに最善を尽くし、慈悲と理解の理想を実現するようつとめます。世界の経済、政治、社会の現実、生態系と人類の関係を意識し、消費者として、市民として、責任ある行動をとります。天然資源を枯渇させ、地球に害を与え、他の生存の機会を奪うような企業には投資をせずその製品を購入しません。

第12のトレーニング・いのちを尊ぶ（Reverence for Life）

戦争や紛争が大きな苦しみをつくりだすことに気づき、日常生活の中で非暴力と慈悲を育み、相互存在を洞察する眼を養います。平和教育やマインドフルネスの瞑想を広く伝え、家族や地域共同体、民族間、宗教的な集団や世界に、和解をうながすようにつとめます。けっして殺さず、人にも殺させません。自分の思考においても、生活においても、あらゆる殺生を支持しません。いのちを守り、戦争を防ぎ、平和を築くためのよりよい方法が見つけられるように、サンガとともに深く見つめる実践をつづけます。

第13のトレーニング・寛容さを育む（Generosity）

搾取、不正義、略奪、抑圧が生みだす苦しみに気づき、自分の考えかたや、話しかたや、行動において、寛容さを育みます。人間、動物、植物、鉱物の幸福のために働き、自分の時間、エネルギー、持ちものを貧しい人々とわかち合うことで、慈しみを実践します。私は他に属するものを盗んだり、自分のものとして所有しません。人の所有物を尊重する一方で、人間やその他の生き物の苦しみによって利益を得るような行為を防ぐようにつとめます。

第14のトレーニング・真の愛の実践（True Love）

一般在家者向け　性的な欲求は真の愛ではないことを知り、渇望による性的な関係性は孤独が癒されるどころか、苦しみ、不満足感、孤立を増すばかりであることに気づきます。家族や友人が認める、相互理解と真の愛にもとづく深く長期的な交際なしには、性的な関係を結びません。心と体がひとつであることを理解し、自分の性的なエネルギーを適切に扱う方法を身につけ、自分と人の、慈しみと思いやり、喜び、すべてを包み込む寛容さを育てます。性的な関係によってその後に起こりうる苦しみにも気づきます。自分と相手の幸せを持続させるためには、お互いの権利と責任を尊重しなければならないことを理解します。子どもたちを性的虐待から守り、カップルや家族が性的なあやまちから破綻するのを全力で防ぎます。自分自身の体を慈悲の心をもって大切に扱います。菩薩の理想を体現するために四種の栄養を深く見つめ、性、呼吸、精神の生命エネルギーを上手に保ち導く方法を身につけます。新しいいのちをこの世界にもたらす責任をはっきりと自覚し、子どもたちが生きる未来の環境について普段から思索を深めます。

出家者向け　僧や尼僧の深い発願は、性的な欲求の拘束から完全に離れることによってのみ実現することを自覚し、自ら貞節を守り、他の者たちも同じように貞節を守れるように助けます。孤独と苦しみは、性的な関係ではなく、慈悲と喜びとすべてを受け入れる平等心の実践によってこそやわらぐことに気づきます。性的な関係は僧院の生活を破綻させ、いのちあるものに奉仕する理想の実現をさまたげ、他を傷つけることを理解します。自分の性エネルギーを適切に世話する方法を学びます。体を押さえつけたり虐待したりせず、たんなる道具として扱わず、慈悲と敬意を持って扱います。「四種の栄養」を深く見つめ、自分の性、呼吸、精神の生命エネルギーを上手に保ち導いて、菩薩としての理想を実践するようつとめます。

原註

(1)Thich Nhat Hanh, *Call Me By My True Names: The Collected Poetry of Thich Nhat Hanh*, Berkeley, CA: Parallax Press, 1999.（邦訳、ティク・ナット・ハン『私を本当の名前で呼んでください——ティク・ナット・ハン詩集』島田啓介訳、新泉社、二〇一九年）

(2)Thich Nhat Hanh, *Be Still and Know: Meditation for Peacemakers*, London: Pax Christi and the Fellowship of Reconciliation, 1987.

(3)詳細については、シスター・チャンコンの次の著書を参照のこと。Sister Chan Khong, *Learning True Love: Practicing Buddhism in a Time of War*, Parallax Press, 2007.

(4)Thich Nhat Hanh, *The Sun My Heart*, Parallax Press, 1988.

(5)ラージャグリハの近くにあったヴェーヌヴァナ・ビハーラ（竹林精舎）は、〔マガダ国の〕ビンビサーラ王によって、ブッダとその弟子の僧侶たちに与えられた。

(6)霊鷲山はブッダが好んだ一人修行（リトリート）の場所だった。この地でブッダは弟子たちにたくさんの教えを伝授した。

(7)ジーヴァカはブッダとその僧団の医師であり、ブッダに自分のマンゴー園を提供した。

(8)社会福祉青年学校はヴァン・ハン大学の付属学校として一九六五年に正式に開校した。学生は「拠点となる村」に出向いて奉仕活動を行なった。地域の住人より全面的な寄進を受けて、村々で教育、健康管理、衛生指導を行い、爆撃を受けた村の再建に従事した。

(9)ティク・ナット・ハンの詩集 *Call Me By My True Names* 収録の“Non-Duality”という詩を参照のこと（pp.160-161）（邦訳、「不二」、前出『私を本当の名前で呼んでください』、三一二頁）。

(10)Thich Nhat Hanh, *Hermitage Among the Clouds: An Historical Novel of Fourteenth Century Vietnam*, Parallax Press, 1993.

(11)プラムヴィレッジの雨安居のリトリートは、伝統的に一一月中旬から二月中旬まで行われた。この時期、僧侶や尼僧たちは三か月間僧院にこもって、研鑽と修行を積む。

(12)二〇〇三年から二〇〇四年にかけて、タイは三か月間『臨済録』の講義をされた。Thich Nhat Hanh, *Zen Battles*, Parallax Press, 2007 を参照。

(13)「レイジーデイ」はタイの考案によるすばらしい企画である。通常、月曜日がこの日に充てられるが、その理由は、プラムヴィレッジでは日曜日に、参加希望の人を誰でも受け入れる「マインドフルネスの日」が行われ、多くゲストの世話をする必要があったので、翌日の月曜日が休息の日となったのだ。「レイジーデイ」

には、決められた行事の予定がなく、自分たちの気持ちの赴くままに、坐禅、歩く瞑想、書きもの、喫茶を修行することができる。またいつもより少し長く床についているのも自由で、すべてが個人に任されている。

(14) Thich Nhat Hanh, *The Blooming of a Lotus: Guided Meditation Exercises for Healing and Transformation*, Beacon Press, 1993.（邦訳、ティク・ナット・ハン『蓮花の瞑想——こころとからだのヒーリング・レッスン』池田久代訳、法蔵館、二〇一一年）

(15) Metta Sutta, Sutta Nipata 1.8.（邦訳、中村元訳『ブッダのことば——スッタニパータ』、第一「蛇の章」八、「慈しみ」、岩波文庫、一九八四年、三七-三八頁）

訳註

エピグラフ

〔1〕**第一の徳……ことです**　仏教でいう三徳、すなわち仏に備わる三つの徳のことで、⑴すべてを見通す「智徳」、⑵煩悩を滅ぼし尽くす「断徳」、⑶衆生を救済するために恵を施す「恩徳」の三つをいう。真諦が漢訳した世親の『仏性論』や『摂大乗論世親釈』などで説かれるが、三徳の順番については必ずしも一定でなく、『仏性論』巻第二では「智断恩徳」（大正蔵31、794a）の順番であるが、『摂大乗論世親釈』第八では「此三句即顕三徳。初明断徳。次明恩徳。後明智徳」（大正蔵31、207、b）と、エピグラフと同じ順番になっているようである（『岩波仏教辞典』第二版、岩波書店、二〇〇二年、藤堂恭俊「曇鸞の仏徳観」『佛教大學學報』三一号、一九五六年、六〇–六四頁などを参照）。

まえがき

〔1〕**アッパー・ハムレット**　フランスに亡命したティク・ナット・ハン師が、一九八二年に、フランス南西部ボルドー近郊にひらいた僧院・修行道場であるプラムヴィレッジを構成する三つの僧院・居住地域のひとつ。ハムレットは小村落の意味。現在のプラムヴィレッジには、ニュー・ハムレット（慈厳寺）とロアー・ハムレット（甘露寺）という二つの尼僧のコミュニティと、アッパー・ハムレット（法雲寺）という男性僧のコミュニティがある。

第1部

第1章

〔1〕**軽い夕食《ティー》**　原文はteaで、ここでは、ミルクやサンドイッチ、サラダ、ケーキなどがついていて、夕食の代わりになる「ハイティー」のこと。

〔2〕**フィリー・ビーチ**　イングランド北部のノース・ヨークシャー郡の、イースト・ライディング郡との境界近くにある、北海に面した長さ五マイルほどの砂浜で海水浴場。

〔3〕**トゥルーロ女学校**　一八八〇年に、当時英国国教会のトゥルーロ主教だったエドワード・ホワイト・ベンソン（一八二九–一八九六。一八八三年にカンタベリー大主教に就任）によって創立された女学校。現在は、保育園、小学校、シニア（中等教育の一三〜一六歳くらいまで）、シックスフォーム（中等教育の最後の二年間、大学進学準備期間）までを擁する。

〔4〕**マイラー教会**　半島の北側の海辺の町マイラー・チャーチタウンにある国教会の教会。五世紀初頭から何らかの信仰を集めていた場所にあり、その名は、謎めいた聖人メロルス（マイラー）に因むという。聖メロルスへの信仰はもともとフランスのブルターニュ地方に広がっていたものがイギリスに渡ってきたものともいい、さまざまなヴァリエーションのある伝説のひとつによると、聖メロルスは王子であったが、七歳のとき、異教徒の叔父に父王を殺され、自身も殺されかけたが、右手と左足を切断されたものの生き延び、僻地の修道院に送られた。義足や義手を使いこなせるようになった一四歳のとき、叔父の手のものによって斬首されて殺されたが、叔父もメルロスの首に触れた三日後に死亡したという。教会そのものは、おそらく一二世紀はじめに建築が開始、一四～一五世紀にかけて建てられた、初期ノルマン様式の重厚な石造りの教会で、落雷で破損したため、一八六九年から一八七〇年にかけて修復されたが、このとき、地方の伝承によれば聖メロルスの墓の上にあった十字架の残部という石柱が発見された。しかし、これはキリスト教伝来以前のものの可能性があるともいう。

〔5〕**ベッドでお茶を飲む習慣**　イギリスには、「早朝の紅茶《アーリー・モーニング・ティー》」「ベッド・ティー」などといって、寝起きの妻のために、夫が紅茶を淹れて、ベッドに持っていく習慣がある。一九世紀には裕福な家庭でメイドにベッドまで紅茶を持ってこさせていたものが、庶民化するうちに、夫が妻へサービスするように変化したといわれる。

〔6〕**メイソン仲間**　メイソンはフリーメイソンのことで、一三世紀頃の石工ギルドに起源を持ち、一六～一七世紀に啓蒙思想の影響を大きく受けて成立したといわれる秘密結社・友愛組織。定規とコンパスのシンボルマークを持ち、全世界で六〇〇万人の会員がおり、基本的には、徒弟・職人・親方の三つの階級からなる（各支部によって、さらに上位階級が設けられることもある）。秘密結社ゆえにその実態は不明な点が多く、陰謀論界隈では、さまざまな事件の背後にいる組織とされることも多い。入会儀式は秘密であり、また女性は加入できない。

〔7〕**メソジスト**　一八世紀イギリスで国教会の牧師であったジョン・ウェスレー（一七〇三－一七九一）がドイツ敬虔主義の影響を受けて救いの確信を体験し創始した教派。もともとは国教会内部の運動だったが、国教会の妨害もあって関係が悪化し独立。聖霊の働きや体験・情緒を重んじ、禁酒・禁煙など規律正しい生活態度と、教育・医療・貧民救済など社会福祉に力を注ぐ傾向がある。

〔8〕**イレブンプラス**　イギリスの子どもが公立の中等学校（セカンダリー・スクール）に進学する際に受ける試験。初等学校の最終学年、ほぼ一一歳で受けるのでこの名がある。著者の時代の公立中等学校は、一九四四年の教育法（バトラー法）によって、グラマー・スクール（古典学校）、テクニカル・スクール（技術学校）、モダン・スクール（近代学校）の三種にわかれており、イレブンプラスの成績でどの学校へ進学できるかが決まった。しかしグラマー・スクールは成績上位二〇〜二五％の中産階級の優等生のための学校、テクニカル・スクールはそれにつづく五％程度の生徒のための工業や農業など技術系教育に重点を置く学校、モダン・スクールは残り六〇〜七〇％の、いわば労働者階級のための学校であり、大学進学を考えるならばグラマー・スクールに進まなければならない。

〔9〕**シックス・フォーム**　イギリスの中等学校は基本的に一六歳で終わり、大学進学希望者は、準備過程として二年間の学習過程に入る。それがシックス・フォームである（sixth form なので厳密にはシックスス・フォームと言うべきだが、一般にシックス・フォームと呼び慣らわされている）。シックス・フォームの二年目にAレベル試験という大学進学統一試験を受け、その結果で希望大学に進学できるかどうかが決まる。

〔10〕**メア・クルパ、メア・クルパ、メア・マキシマ・クルパ**　本文のとおり「私の過ちによって、この上なき悲痛な過ちによって」という意味のラテン語であり、懺悔の祈りの文句。カトリックのミサでは、聖体拝領のとき、信者の告白・祈りの一部としてこの文言を唱え、三度胸を打つ。国教会でも聖餐式にこの文言を唱える教会がある。

〔11〕**宇宙意識**　カナダの精神科医リチャード・モリス・バック（一八三七–一九〇二）が著書 *Cosmic Consciousness: A Study in the Evolution of the Human Mind*（1901）で提唱した概念で、動物も持つ単純な意識や人間の通常の自意識を超えた高次の意識で、宇宙は死せる物体の集まりではなく霊的に生きたものであり、宇宙こそが神であり、すべてのものは霊的には永遠のいのちを持ち、ばらばらに見えるすべてのものも繋がりあい、統合していると示す意識。

〔12〕**孟子**　中国戦国時代の儒教の思想家（前三七二–二八九）。ここではその言行をまとめた書物『孟子』のこと。原文に（6A：6）と引用元の記載があり、これは『孟子』巻十一「告子」上（第六章の前半にあたる）の第六連のことであろうと思われる。ここでは告子が人間の本性は善でも不善でもないと主張するのに対し、孟子が「若しその情は則ち以て善と為すべし。乃ち所謂善

なり」と性善説を主張する（孟子の書き下しは、貝塚茂樹『孟子』講談社学術文庫による）。

〔13〕**ポール・ブラントン**　一八九八―一九八一。本名ラファエル・ハースト。ロンドン生まれの神秘思想家・ジャーナリスト。インドの瞑想者を多く西洋に紹介。また厳格な菜食主義者だった。『秘められたインド』『ラマナ・マハルシの教え』『秘められた意識』『真の自己責任と自己実現の教えとしての新カルマ論』など邦訳も多い。

第2章

〔1〕**リージェンツ・パーク**　ロンドン北部にある王立公園。ほとんどが自然公園になっているが、在英アメリカ大使館はこの公園のなかに存在する。

〔2〕**ウェストフィールド・カレッジ**　一八八二年創立のロンドン大学のカレッジのひとつで、もともとは女子大学だった。一九六〇年代に共学化され、一九八九年にはクイーン・メアリ・カレッジと統合して、クイーン・メアリ・アンド・ウェストフィールド・カレッジとなったが、二〇一三年にクイーン・メアリ・カレッジと名称変更されたため、現在は存在しない。

〔3〕**ベッドフォード・カレッジ**　一八四九年創立の女子大学で、一九〇〇年にロンドン大学のカレッジのひとつとなる。一九六〇年代に共学化され、一九八五年にロイヤル・ホロウェイ・カレッジに統合されたため、現在は存在しない。現在もベッドフォードシャー州ベッドフォードにあるベッドフォード・カレッジとは別の大学。

〔4〕**ゴードン・スクエアにある国教会の礼拝堂**　ゴードン・スクエアはロンドンのブルームズベリーにあるロンドン大学所有の公共広場で、広場の西側にある王のキリスト教会（the Church of Christ the King）は、一九六三年から一九九四年まで、近隣の大学のための国教会の礼拝堂として使用されていた。現在はカトリックに属するが、国教会もカトリックも使用している。

〔5〕**II 2、つまり第二級の下**　イギリスの大学の学部の卒業成績は通常、I、II 1、II 2、III、落第の五つにわけられる。Iは、ファースト・クラス（第一級）で、全体の成績を一〇〇点満点に換算すると大体七〇点以上、II 1は、アッパー・セカンド・クラス（第二級の上）で、同六〇～六九点くらい、II 2は、ロワー・セカンド・クラス（第二級の下）で、同五〇～五九点くらい、IIIは、サード・クラス（第三級）、同四〇～四九点くらいで、ここまでが合格。第一級での卒業は名誉であるが、第二級の上でも評価は高く、有名な大学院進学には第二級の上（II 1）の成績が必要な場合が多い。著者の成

績がⅡ2だったのに有名大学院に進学できたのは僥倖なのである。

〔6〕**トカラ語**　八世紀頃まで、かつては西域と呼ばれていた中央アジアのタリム盆地（現在は中国の新疆ウイグル自治区南部）の北辺あたりで話されていた、インド・ヨーロッパ語族の言語。むかし焉耆国や高昌国といった都市国家が存在したあたりから発見される写本のA方言と、亀茲国あたりから発見されるB方言にわけられる。

〔7〕**律修司祭**　カトリックないし国教会の大聖堂で、運営の責任を持つ司祭を指す。ここでは著者がシックス・フォームのとき宇宙意識について教えてくれた国教会の主教座聖堂の参事司祭のこと。

〔8〕**グレイコート・ホスピタル**　一六九八年にウェストミンスターの聖マーガレット教会の信徒によって創立された学校で、当初は男子校だったが、一七〇一年から共学となり、貧しい子どもや孤児のための教育に配慮し、針仕事や航海術なども教えられた。グレイコート・ホスピタル（灰色服の病院）の名前は、この当時、子どもたちに支給された衣服の色に因むという。一九世紀後半に女子校となり、第二次大戦の爆撃で一七世紀以来の建物はほぼ壊滅したが、一九五五年には再建された校舎に戻り、一九七七年にセント・マイケルズ中等学校と合併して総合中等学校（コンプリヘンシブ・スクール）となった。現在も基本的には女子校だが、シックス・フォームには男子生徒もいる。

〔9〕**オプス・デイ**　スペイン生まれの聖ホセマリア・エスクリバー（一九〇二–一九七五）によって創立された組織。「オプス・デイ」は「神のみわざ」の意味であり、現在カトリックで唯一の属人区（通常の教区と違い、職業や典礼など地理的でない要素で区分される）。代表である属人区長と司祭団、一般信徒からなり、仕事や家庭など日常の生活すべてが信仰と一致するよう支援する。

〔10〕**アナトリア象形文字**　紀元前二〇〇〇年頃から紀元前一〇〇〇年頃までアナトリア半島で使われた象形文字。かつてはヒッタイト象形文字と言われていて、ヒッタイト語が書かれていると思われたが、ルウィ語という別言語であることが判明したので、現在は地域の名をとってアナトリア象形文字と呼ばれることが多い。エジプトのヒエログリフに似ているが関連はないとされる。

〔11〕**Oレベル試験**　イギリスの義務教育は中等教育の半ば、第一一学年の一六歳で終わり、本文の時代だと、全国統一テストである科目別の、一般教育修了資格試験（General Certificate of Education, Ordinary Level: GCE-O）、ないし中等教育修了資格試験（Certificate of Secondary

Education: CSE）を受けることになっていた。前者の試験をOレベル試験と呼び、一六歳の上位二〇%程度を対象とし、実際上グラマー・スクールの生徒向けの一般教育修了認定試験の役目を果たしていた。反対に後者は、中等教育の大衆化を背景に、モダン・スクールの生徒などを対象とし、後者の試験の最高レベルでも前者の第三レベル（以上）程度と見なされていた。もっとも一九八八年に両者は統合され、中等教育修了資格試験（General Certificate of Secondary Education: GCSE）となった。これも現在ではOレベル試験と呼ばれることがある。この試験のあと、進学希望者は二年間の大学進学準備課程であるシックス・フォームに進み、大学進学資格試験であるAレベル試験（Advanced Level）に臨むことになる（山村滋「イギリスの16歳試験制度改革」『教育行財政研究』一三巻（一九八六年）などを参照）。

第3章

〔1〕**一九二二年**　一四五三年の東ローマ帝国コンスタンチノープル陥落以降、ギリシアはそのほとんどがオスマン帝国領だった時期が長く、一八二九年に独立を回復したあとも、小アジアにはギリシア系住民が多数住んでいた。第一次大戦の敗北でオスマン帝国が崩壊の危機に陥り、ムスタファ・ケマルとトルコ国民軍が欧州諸国軍とトルコ独立戦争を戦い、共和国を成立させる過程で、トルコ在住のギリシア人は迫害され、またギリシア在住のトルコ人と交換されるかたちで、一〇〇万人以上がギリシアに返還されたという。特に一九二二年は、トルコから引き揚げたギリシア人が二〇万人と、一番多かった年だといわれる（渋澤幸子『イスタンブール、時はゆるやかに』新潮文庫、一九九七年、八三–八八頁などを参照）。

〔2〕**斎**　特定の祭日の前の一定期間や特定の日に、動物性の食品を食べないこと。その期間や日によって「肉を食べない」「肉だけでなく玉子や乳製品も食べない」「さらに魚も食べない」など程度に違いがある。とりわけ復活祭の前の四八日間は「大斎《おおものいみ》」と呼ばれ、肉、動物性脂肪、乳製品、玉子、酒は基本口にできず、例外的に魚や玉子や酒を口にできる日も厳格に決まっている（水野宏「東方正教会――知られざるキリスト教文化圏V 正教会の祭と民間の伝統行事1・斎（ものいみ）」https://keynoters.co.jp/orthodoxchurch08/）などを参照）。

〔3〕**オン・マニ・ペメ・フン**　六字大明呪と呼ばれる観音菩薩の陀羅尼。「オン・マニ・ペメ・フン」と読むのはチベット式で、サンスクリットだと「オーム・マニ・パドメー・フーム」となる。

〔4〕**「ちょうど黄昏時に……恐れは消えるのだ」**　この喩え

話は、蛇縄の喩え（ないし蛇縄麻の喩え）といい、大乗仏教の唯識派で、世界が心の顕れであることを説明するときに用いられる。日本の鎌倉時代の僧・良遍の『法相二巻抄』では、闇夜に蛇を見かけて、家に逃げ帰り、怖くて一睡もできなかったが、翌朝その場所に行ってみると縄が落ちていただけだった、という話になっている。この喩えはインドに遡り、五世紀の『摂大乗論』の世親釈にも登場する。

〔5〕**ケンポ・ツルティム・ギャツォ**　一九三四年、チベット東部のカム地方で生まれる。幼くして出家し、チベット各地で修行ののち、カギュ派のツルプ寺で修行。一九五九年のチベット動乱のときインドへ亡命、チベット難民キャンプで学問に励み、カルマパ一六世から「ケンポ」の称号を、ダライ・ラマ一四世から「ゲシェー・ラランパ」の称号を与えられた。カギュ派の師範として世界中でチベット仏教を指導し、弟子も数多い。

〔6〕**ウーゾ酒**　ブドウやレーズンからつくられる蒸留酒をベースに、アニスを中心とするハーブを加えて味や香りづけをし、水で四〇度くらいまで薄めたリキュール。

〔7〕**アレクサンドラ・ダヴィッド=ネール**　一八六八―一九六九。探検家、作家、チベット学者、オペラ歌手、仏教徒。フランス人の父とベルギー人の母のあいだにパリで生まれ、ナポレオン三世のクーデターのとき両親とともにベルギーに亡命。一九一一年以降、インドやチベットを旅し、ダライ・ラマやパンチェン・ラマに面会、さらに日本、朝鮮、中国、モンゴル、ふたたびチベットなど精力的に旅をした。特に一九二四年、外国人に禁じられていたラサに入ったことで有名。東洋の宗教や哲学についての本や旅行記など著作は数多く、邦訳があるものに『ケサル王物語』（岩波文庫）、『パリジェンヌのラサ旅行』（東洋文庫）など。またバラやフレーバー紅茶の名前にもなっている。

第4章

〔1〕**カルマ・ケチョ・パルモ師**　本名フリーダ・マリー・ヒューストン。一九一一―一九七七。イギリス生まれで、西洋の女性として初めてチベット仏教の完全な出家をし、法名がゲロンマ（比丘尼）・カルマ・ケチョ・パルモであることから、シスター・パルモと呼ばれる。オックスフォード大学時代にシーク教徒のインド人作家・思想家ババ・ピヤレ・ラル・ベディと結婚したので、ベディの姓をつけて、フリーダ・ベディともいわれる。夫とともにインド独立運動に携わり投獄されたこともあるが、国連職員としてビルマ滞在中に仏教に触れ、ダライ・ラマ一四世の亡命後の生活やチベット難民の支援に努め、カギュ派のチベット仏教徒として

カルマパ一六世の指導を受けた。また、インドに若いチベット僧たちのための学校を設立し、仏教だけでなく語学や社会科学も学べるようにした。息子に映画俳優のカビール・ベディがいる。

〔2〕**ジャワハルラール・ネルー**　一八八九―一九六四。インド北部に生まれ、イギリスのケンブリッジ大学卒業後、弁護士資格を取得して帰国、マハートマ・ガーンディーやチャンドラ・ボースらとともにインド独立運動に参加、国民会議派の指導者となり、何度も投獄されるが、第二次世界大戦後の選挙で勝利し、イスラムとの連邦国を拒否して、インドとパキスタンを分離して独立。インドの初代首相となった。憲法を制定し、政教分離と民主主義を基本とする国家の基礎を築いた。

〔3〕**マハーカーラ・プジャ**　マハーカーラは「大いなる闇」「大いなる死」といった意味で、ヒンドゥー教ではシヴァ神の化身、日本では大黒天として知られ、チベット仏教では七五の異なった姿で現れる仏法の守護者として尊崇される。マハーカーラ・プジャは、マハーカーラに請願することで、修行の障害や災い、否定的な力を取り除いてカルマを浄化し、無知や懊悩を排除して知恵を得さしめる儀式、あるいはそのとき唱えられる祈りのことである。

〔4〕**チャパティ**　小麦の全粒粉を水（と植物油）と混ぜて捏ね、延ばして平たい円形にし、油を敷かない鉄板の上で焼いたもの。インドのパンとして有名なナンが、精製した小麦粉を使い、発酵させ、タンドールという特別な窯を使うのに対し、チャパティは精製しない全粒粉で発酵もさせず、家庭のフライパンでもつくれるため、インドではチャパティのほうが圧倒的に一般的だという。

第5章

〔1〕**タイ・シトゥパ・リンポチェ**　タイ・シトゥパは古代中国の官名である「大司徒」を語源とするといわれ、カギュ派でカルマパに次ぐ権威があるとされるチベットの転生活仏。ここではタイ・シトゥパ一二世（ペマ・ドンヨ・ニンジェ、一九五四―）のこと。チベット東部のカム地方の農家に生まれ、一歳六か月にしてカルマパ一六世に転生活仏と認定され、五歳でカギュ派のツルプー寺に連れてこられた。六歳でチベットを離れ、ブータンを経てシッキムのルムテック僧院に入り、カルマパ一六世の指導を受けた。二二歳のとき、ベイジナートのシェラブリング僧院を創建し、みずからの拠点とした。

〔2〕**シッキム**　現在ではインド東北部の州のひとつだが、一六四二年に亡命チベット人が建国して以来、シッキ

ム王国として、チベットや中国・清朝の属国と見なされたり、隣接するブータンやネパールと争いつつも、ひとつの国として存続していた。一八一五年にイギリスの保護国に、一九四七年のインド独立後はインドの保護国となっていたが、一九六三年に即位した第一二代パルデン・トンドゥプ・ナムゲル王（一九二三―一九八二）がインドから独立の方針を打ち出したため国内は混乱、インド軍が侵攻する事態となり、シッキム議会や国民投票も王政の廃止とインドへの編入を支持し、一九七五年に王国は滅亡、王はアメリカに亡命した。

第6章

〔1〕**ネーランジャラー川**（尼連禅河）　インドのビハール州ブッダガヤ（ボードガヤー）の近くを流れるガンジス川の支流。苦行に体を痛めつけたブッダが、村娘スジャーターから乳粥の供養を受けたあと、ネーランジャラー川で沐浴して体を清め、近くの菩提樹の下に坐って悟りをひらいたといわれる。

〔2〕**マハーボーディ協会**　イギリスの植民地であったスリランカで、シンハラ仏教ナショナリズムによる独立運動、および仏教復興運動の中心人物であった僧アナガーリカ・ダルマパーラ（一八六四―一九三三）が、ブッダガヤの大菩提寺がヒンドゥー教のシヴァ派のものになっていることに衝撃を受けて、一八九一年に創設した組織。「大菩提会」と訳されることもある。インドのブッダガヤを仏教徒の手にとり戻すこと、ブッダガヤに世界中の仏教徒を集める大寺院や大学をつくり、英語やインドのさまざまな言語で仏教文献を出版することなどを目的としていた。（川島耕司「植民地下スリランカにおけるミッションと反キリスト教運動」『国立民族学博物館調査報告』三一、一五一―一八三頁などを参照）

〔3〕**ダメーク・ストゥーパ**　サールナートでブッダが初転法輪を行った場所に立つとされる巨大なストゥーパ（仏塔）で、現在のものは、高さ約四〇メートル、直径約三〇メートル。ブッダ没後すぐに遺骨が納められた八つのストゥーパのひとつともいわれ、マウリヤ朝のアショーカ王（前二六八頃―前二三二頃）によって増広されたともいわれるが、現存するものは紀元後五～六世紀のグプタ朝時代のものとされる。

〔4〕**「女王」**　シッキム王国は一九七五年に滅亡してインド領となり、第一二代パルデン・トンドゥプ・ナムゲル王とその一家はアメリカに亡命した（第5章訳註〔2〕参照）。それゆえ、ここでいう「女王」が誰かは不明だが、王の娘ホープ・レーズム・ナムゲルはシッキムの有力者と結婚したといわれるので、彼女のことかもしれない。なお、一九八二年、第一二代王の死を受けて、

長男のワンチュク・テンジン・ナムゲルが、シッキムのツクラカン宮殿で（実質のない）戴冠式を挙げている。

〔5〕〔ティク・〕**クアン・ドック（釈廣徳）師**　一八九七―一九六三。俗名、ラム・ヴァン・トゥク（林文息）。ベトナム中南部のカインホア（慶和）省ヴァンニン（萬寧）県出身。僧であった母方の叔父のもとで、七歳から仏教を学び、一五歳のときに沙弥戒を、二〇歳で具足戒を受け、釈廣徳《ティク・クアン・ドック》の法名を名乗る。カンボジアで上座部仏教も学び、帰国後は多くの仏教寺院建設の監督に携わった。一九六三年、ゴ・ディン・ジエム政権の仏教徒弾圧政策に抗議して焼身供養（自死）。

第7章

〔1〕**ロスアルトスヒルズ**　カリフォルニア州サンタクララ郡の高級住宅街。一〇〇万ドル級の邸宅が並び、教育水準も高く、西側はスタンフォード大学があるパロアルトに接している。

〔2〕**カビール・ベディ**　一九四六年、独立直前のイギリス領インド（現パキスタン）のパンジャーブ州ラホールで、フリーダ・マリー・ヒューストン（フリーダ・ベディ、のちのシスター・パルモ）と、彼女がオックスフォード時代に知り合い結婚したシーク教徒のババ・ピヤレ・ラル・ベディの息子として生まれた。大学を卒業後、インドの劇場や映画で活躍し、さらに活動の場をハリウッドやヨーロッパに移して人気を博した。出演作には映画『007／オクトパシー』（一九八三年）や長編テレビドラマ『モンキーキング西遊記』（二〇〇一年）などがある。

〔3〕**ポワの行法**　「ポワ（ポア）」という言葉はオウム真理教によって、「魂をよき次の生に導く、という正当化のもとに行われる殺人」の隠語にされたが、本来は「菩提心の遷移」のことで、性器から頭頂へと貫く三つの脈管を通して、菩提心を、体の中にある四つの輪（ヨガにおけるチャクラ）をめぐらせていく行法。チベットにおいては、ナーロー（ナーローパ）の六法といわれる瞑想の階梯に見られるように、その行法をなすことによって、（行者自身が）菩提心を頭頂から抜き出して輪廻から解脱する、あるいは、よき次の生に移行するための行法を指す。ポワの行法を成就した者は、頭頂が開く、あるいは、額に穴が開くなどといわれている。（金本拓士「ポアとは何か――インド・チベット密教ヨーガの一考察」『現代密教』第九号（一九九七年）などを参照）

第2部

第8章

〔1〕**オックスフォード英語学校**　オックスフォード大学卒のイギリス人リチャード・クリース・パーソンズが一九六一年にイタリアの教育省から英語教育許可証を受けて開校した英語学校。ミラノ近郊のブスナーゴ、ヴェネツィア、ベローナ、パドバなど多くの学校がある。

〔2〕**ヘビではなく縄だったという経典の話**　大乗仏教の唯識派が「この世界は心の現れである」と説明するときに使う喩えで、日本では鎌倉時代の僧・良遍が『法相二巻抄』のなかで「蛇縄麻の喩」として記述しているが、この喩えはインドに遡り、四〜五世紀のインドの学僧・アサンガ（無着）の『摂大乗論』第三章に「蛇縄の喩」（玄奘訳）として見られる（井上善右衛門「遍計所執の誤謬性について」『印度學佛教學研究』一一（二）、二〇七-二一〇頁などを参照）。第1部第3章の訳註〔4〕も参照。

第9章

〔1〕**阿頼耶識**　大乗仏教の唯識派は人間の心を、知覚を映しだす眼識・耳識・鼻識・舌識・身識の五つの識と、意識、そして潜在意識にあたる末那識・阿頼耶識の八つの識に分類する。阿頼耶識はそれらのなかで最も深層に位置し、すべての現象の余力を種子（潜勢力）として貯え、それをふたたび現象させることで、世界を継続的に顕現する働きを持つ。種子を貯えていることから蔵識とも呼ばれる。

〔2〕**火をつける細いロウソク**　蝋燭や街灯などの点火に用いる長い芯に薄くロウをかけたもの。

〔3〕**ダウラダール山脈**　ヒマラヤ山脈を構成する山脈のひとつで、インドのヒマーチャル・プラデーシュ州の西北の村ダルホージー付近からダラムサラの近くを通り、クッルやマナリあたりを経て東南へつづく三五〇〇メートルから六〇〇〇メートル弱の峰の連なり。最高峰はハヌマン・ティバで五九八二メートル。

〔4〕**ミラレパ**　一〇五二-一一三五。チベットの仏教者、ヨガ行者、詩人。チベット四大宗派のひとつカギュ派の祖のひとり。師マルパ（一〇一二-一〇九七）のもとで過酷な修行に耐え、奥義を授かってマハームドラーを成就し、さらに師のもとを離れて孤独な修行をつづけた末にブッダの境地に至ったという。その後は各地を遊行しつつ、詩によって人々を教え、また瞑想や修行の指導をした。ミラレパの詩は弟子によって『ミラグルブム』（ミラレパの十万歌謡）としてまとめられている。

〔5〕**トンレン瞑想**　チベットの瞑想法で、「トンレン」はチベット語で「与える・受け取る」の意。息を吸うとき他者の苦しみを受け取ることを思い、息を吐き出すときに、みずからの智慧や幸福を他者に与えることを思って、慈悲心を育む瞑想。

〔6〕**マイトレーヤナータ、あるいはアサンガのテキスト**　マイトレーヤナータないしマイトレーヤ（弥勒）は、大乗仏教の瑜伽行唯識派の開祖とされる人物。著書とされる書物はあるが、その実在性は長らく疑問視されており、伝説上の存在か、あるいは、四〜五世紀の唯識派の僧アサンガ（無着）の別名ではないかとも思われていた。ここで触れられている書物は、題名が「不変の本性」という意味であることから、チベットでマイトレーヤナータの著作とされる『究竟一乗宝性論』ではないかと思われる。ちなみにマイトレーヤナータの五書と呼ばれる書物は、『大乗荘厳経論（頌）』と『中辺分別論（頌）』の二書を除いて中国とチベットの伝承が一致していない。

〔7〕**金剛経……価値がある**　金剛経には「ある女なり、あるいは男なりがそれだけ世界を七つの宝で満たして、如来・尊敬すべき人・正しき目ざめた人々に施すとしても、もしも立派な若者や、あるいは立派な娘が、この法門から四行詩ひとつでもとり出して、他の人々のために示し、説いて聞かせるとすれば、こちらの方が、このことのために、いっそう多くの、計り知れず、数えきれない功徳を積むことになるのだ」とある（中村元・紀野一義訳注『般若心経・金剛般若経』岩波文庫、七三頁、サンスクリット原典からの現代語訳の引用）。また、法華経の随喜功徳品第一八には「この人、一切の楽具をもって、四百万阿僧祇の世界の六趣の衆生に施し、また阿羅漢果を得せしめんに、得る処の功徳は、この第五十の人の、法華経の一偈を聞きて随喜せん功徳に如かざらん」（坂本幸男・岩本裕訳注『法華経』下、岩波文庫、七八頁）とある。

〔8〕**オン・マニ・ペメ・フン**　第1部第3章訳註〔3〕を参照。

〔9〕**「我が羊飼いは愛の王者なり」**　有名な賛美歌で、原題は *The King of Love, My Shepherd Is*。歌詞は一八六八年に、聖書の詩編二三編と、ウェールズの詩人エドムンド・プライス（一五四二／三―一六二三）の作品をもとに、英国国教会の司祭ヘンリー・ウィリアム・ベイカーによって書かれた。メロディは複数ある。

〔10〕**砂に仏塔を描いて遊んでいる子どもでさえ、悟り（光明）の原因をつくることができる、と**　法華経巻第一方便品第二に次のようにある。「童子の戯れに沙を聚《あつ》めて仏塔を為《つく》れる。かくの如き諸《もろもろ》の人等は皆、已に

仏道を成じたり」（坂本幸男・岩本裕訳注『法華経』上、岩波文庫、一一四頁）。

第10章

〔1〕**グリーナムコモン**　イングランドのバークシャー州南西部に位置し、歴史的には共同牧草地などに使われていたが、第二次世界大戦中の一九四二年にイギリス空軍の基地が置かれ、イギリス空軍とアメリカ空軍が共同で使用していた。一九八〇年代初頭、配備されている核兵器が事故を起こしたという疑惑が持ちあがり、また巡航ミサイルを配備する計画もあったことから、大規模な反対運動が起こった。基地は一九九二年に閉鎖され、二〇〇〇年には自然保護地区として開放された。

〔2〕**ノルウェー・インのバス停**　イングランド南西部コーンウォール州の街トゥルーロとファルマスを結ぶA39号線沿いで、ペラナーワーサル地区にあるバス停。ホテルのノルウェー・インから約一七〇メートル離れたところにある。

〔3〕**西洋仏教僧団友の会**　The Friends of the Western Buddhist Order（FWBO）. イギリス生まれの仏教僧サンガラクシタ（一九二五–二〇一八）が創設した仏教教団で、西洋において西洋人が仏教の一派を創設した最初の例といわれる。サンガラクシタ（本名デニス・フィリップ・エドワード・リンウッド）は一七歳のとき金剛経の英訳に出会ったことがきっかけで、ミャンマーの比丘ウ・ティッティラのもとで仏教に帰依、第二次世界大戦で兵士としてインドに派遣されると、戦後もインドにとどまってラーマ・クリシュナやマハリシなどヒンドゥー教とも関わりを持つが、カースト制度への違和感からヒンドゥー教を離れて仏教の修行と研究をつづけ、サールナートでミャンマーの比丘ウ・カウィンダ・サヤダウから具足戒を受けて出家した。その後もチベット仏教や禅、道教などにも触れ、不可触民解放運動のアンベードカルと会うなどしたあと、一九六四年にイギリスに帰国、一九六七年にみずからの教団「西洋サンガ友の会」（Friends of Western Sangha）を創設したが、「サンガ」という言葉に西洋人はなじみがないことから、翌年「西洋仏教僧団友の会」と改称した。彼の思想の特徴は、上座部、大乗、金剛乗は、仏法が時代や文化の違いによって異なる表現をされたものにすぎず同一であるとする「三乗統合」の考えで、瞑想法として数息観・四禅定・慈悲の瞑想・チベット仏教の観想法、さらに坐禅を取り入れ、また仏陀供養も行う。出家主義はとらないが、独身主義と、核家族や恋愛結婚への批判的態度が特徴。一九九七年に『ガーディア

ン』紙が、教団とサンガラクシタの同性愛的傾向や女性差別、教条主義を暴露・批判するレポートを掲載、またサンガラクシタの若い男性への性的虐待疑惑も浮上し、それもあってか教団は名称を現在の「トリラトラ仏教コミュニティ」に改称した。その後もBBCや『オブザーバー』紙などでサンガラクシタの性的虐待ないし不適切な性的行為の疑惑が報じられている。（島岩「サンガラクシタとユーロブディズムの成立」、島岩・坂田貞二編『聖者たちのインド』春秋社、二〇〇〇年などを参照）

〔4〕**チョギャム・トゥルンパとアコン・トゥルク・リンポチェ**　チョギャム・トゥルンパ（一九三九―一九八七）はカギュ派とニンマ派の流れを汲むチベット仏教の行者・詩人。第一一代の転生活仏トゥルンパ・トゥルクの認定を受けている。チベット仏教の西洋への普及に貢献し、日本でも『チベットに生まれて』（人文書院、一九八九年）など邦訳書が多数ある。アコン・トゥルク・リンポチェ（一九四〇―二〇一三）はカギュ派のチベット僧で、カルマパ一六世により転生活仏と認定され、先代が医術に長けていたことからチベット医術の訓練も受けた。サムイェ・リンは、スコットランド南西部のエスクデールミュアにある狩猟用ロッジが一九六五年に改装されて仏教の修行道場となったもので、当初はテーラワーダ系であったが、一九六七年にチョギャム・トゥルンパとアコン・トゥルク・リンポチェが招聘されて、チベットのサムイェ寺の名前をとって、カギュ派の道場となった。

〔5〕**シスター・パルモ**　第1部第4章訳註〔1〕を参照。彼女は、若いチベット僧たちのための学校をインドに設立し、仏教だけでなく語学や社会科学も学べるようにしたが、彼女の指導を受けたなかにチョギャム・トゥルンパとアコン・トゥルク・リンポチェもいる。

第11章

〔1〕**グエン・ティ・トゥエット・マイ**　ベトナムの平和活動家。著書に、フランス統治時代からベトナム戦争など激動の時代を描いた *The rubber tree: memoir of a Vietnamese woman who was an anti-French guerrilla, a publisher, and a peace activist*, edited by Monique Senderowicz, McFarland, 1994.

〔2〕**鐘を「招く」といいます**　プラムヴィレッジでは、鐘の音は我々を今ここに連れ戻してくれ、そして目覚めさせてくれるうちなるブッダの声とするので、鐘の音を鳴らすことに敬意をこめて、「鐘の音を招く」と表現する。

〔3〕**アマラワティ仏教寺院**　日本でも有名なタイ仏教森林派の僧侶アーチャン・チャー（一九一八―一九九二）に

指導を受けたアメリカ人僧侶アーチャン・スメドー（本名ロバート・カー・ジャックマン。一九三四－）が、一九八四年に、ロンドン郊外に設立したテーラワーダの寺院。なお、名前の「アマラワティ」は、現在のアーンドラ・プラデーシュ州の州都であり、古代において仏教文化が栄えたインドの地名「アマラーヴァティー」に由来する。

〔4〕**イーストエンド**　ロンドンの東部地区で、産業革命以降、ロンドンの人口増加にともなって移民や貧困層が多く住むようになり、一九世紀後半には、劣悪な環境と高い犯罪率の貧民街であった。一九世紀末からの改善運動や、第二次世界大戦の空襲による焼失以降の復興などで徐々に改善が進み、とりわけ一九八〇年代以降の都市再生や二〇一二年のロンドン・オリンピックに伴う再開発で、現在では多様な文化・ファッションの発信地となっている。

〔5〕**セカンダリー・モダン・スクール**　イギリスの教育制度は、イングランド、スコットランド、ウェールズなど地域によっても異なるが、イングランドで最重要とされるセカンダリー・スクールは、日本ではほぼ中学から高校一～三年にあたり（学校によって異なる）、中等教育を担当する。日本でも有名なイートン校など、エリートや上流階級のための学校であるパブリック・スクールを含む私立校に対し、公立校は、著者の時代は、一九四四年の教育法（バトラー法）によって、グラマー・スクール（古典学校）、テクニカル・スクール（技術学校）、モダン・スクール（近代学校）の三種にわかれていた。このうちグラマー・スクールは成績上位二〇～二五％の中産階級の優等生のための学校、テクニカル・スクールはそれにつづく五％程度の生徒のための、工業や農業など技術系教育に重点を置く学校であったのに対し、モダン・スクールは残り六〇～七〇％の、いわば労働者階級のための学校で、上位の学校に入れなかった生徒や貧困家庭の生徒が集まり、階級を再生産するだけといった批判もなされた。そのため現代のイギリスの公立校は、三種の学校を統合したコンプリヘンシブ・スクール（総合制中等学校）が主流となっている。

第12章

〔1〕**ルノー・カトレール**　フランスのルノーの小型車、ルノー4《カトル》の上級クラスで、ルノー4L《カトレール》。ルノーが一九六一年に発表したルノー4《カトル》より若干エンジンが大きく、フロントグリルはアルミ製。一九九二年までに八〇〇万台製造されたといい、同シリーズで最もポピュラーな車だったという。

〔2〕**転化禅堂**　原文は「Transformation Hall」。ベトナム語では「thiền đường chuyển hóa」。

〔3〕**静水禅堂**　原文は「Still Water Hall」。ベトナム語では「thiền đường nước tĩnh」。

〔4〕**リン棒**　原文は「inviter」。プラムヴィレッジでは、鐘の音は我々を今ここに連れ戻してくれ、そして目覚めさせてくれる内なるブッダの声とするので、鐘の音を鳴らすことに敬意をこめて、「鐘の音を招く」と表現する。「招く」（invite）ので、リン棒を「inviter」と呼ぶ。第2部第11章訳註〔2〕も参照。

〔5〕**十善戒**　華厳経十地品で説かれる戒。心口意の三業にそれぞれ三–四–三で対応し、不殺生（殺さない）、不偸盗（盗まない）、不邪淫（道に外れた性的行いをしない）、不妄語（嘘をつかない）、不綺語（無益なお喋りをしない）、不悪口（乱暴な言葉を使わない）、不両舌（人を仲違いさせるようなことを言わない）、不慳貪（貪らない）、不瞋恚（怒らない）、不邪見（間違った考えを持たない）の一〇の戒律。パーリ中部経典七三経「大ヴァッチャ経」にもほぼ同じ内容が見られる。

〔6〕**了観禅師**　寔妙了観一六六七–一七四二。ベトナムの、現在のフーイエン（富安）省ソンカウに当たる地で生まれた。臨済宗第三五代。ベトナム中部で仏教の興隆に努め、当時の阮氏政権（阮朝とは異なる）の王は彼を高く評価し、しばしば王宮に招いたという。本文で言及された詩は、

寔際大道、性海清澄。
心源廣潤、徳本慈風。
戒定福慧、體用圓通。
永超智果、密契成功。
傳持妙理、演暢正宗。
行解相應、達悟真空。

というもので、ティク・ナット・ハン師は八代目であるから、その法字には最初の行の八番目の漢字「澄」がつけられ（ティク・ナット・ハン師の法字は「澄光」）、その弟子は九代目なので、九番目、つまり次の行の最初の字「心」がつけられる（漢詩はプラムヴィレッジの護戒牒より引用）。

〔7〕**気づきの呼吸瞑想経**　原文は「Discourse on the Full Awareness of Breathing」。アーナーパーナサティ・スッタ（安般守意経）の法話。

〔8〕**超音速旅客機**　コンコルドは定期国際路線に就航した唯一の超音速旅客機だったが、定員も少なく燃費も悪いため採算が厳しく、墜落事故の影響もあって、一九七六年から二〇〇三年までの二七年で退役となった。

コンコルドにはパリ＝リオ・デ・ジャネイロ間の路線があり、ボルドー上空を通過するが、騒音や衝撃波の影響を与えないように、海上に出るまでは音速を超えないようにするという規定があることはあった。

〔9〕**ルーベス＝ベルナック**　フランス南西部ロト＝エ＝ガロンヌ県に属する地域。ボルドー市街からは東に位置する。

〔10〕**ダイ・ドン会議**　環境問題に対する関心が国際的に高まったことから、国連が主催し、一一三か国が参加して、一九七二年の六月五日から一六日にかけて、ストックホルムで初の国際対策会議である国連人間環境会議が開催され、「かけがえのない地球」をスローガンに「人間環境宣言」が採択された。ダイ・ドン（大同）会議はそれに先立つ同年六月一〜六日に、ストックホルムから十数キロ離れたバルト海沿岸のリトリート・センターでNGOが中心になって開かれた会議。環境危機だけでなく、貧困や搾取、人口問題、ベトナム戦争も扱い、第三世界を含め、すべての国や人々が国際問題に参加でき、自分たちの運命に関わることができることを求めた。なお、ダイ・ドン自体はティク・ナット・ハンとシスター・チャンコン、アルフレッド・ハスラーが二三か国の二二〇〇人の科学者とともに一九七〇年に立ちあげた国際的市民組織であり、それまでもフランスのメントンほかで会議を開催して声明を発表しており、会議後も約五年間存続していた。

〔11〕**チェシャー州**　イングランド北西部にあり、ウェールズと接する州。州都はウェリントン。

〔12〕**プリュノー・アジャン**　フランス南西部のアジャン地方で栽培されるプラムを完熟後収穫し、適度に乾燥させて、甘みや味を凝縮したものがプリュノー・アジャンで、日本ではアジャンプルーンと呼ばれることが多い。

〔13〕**窒素固定作物**　窒素化合物をつくりだす細菌を根などに共生させているため、空気中から窒素を取り込んでアンモニアなどに変換して土を肥やす、つまりは空気から肥料をつくりだすことができる作物。クローバー、枝豆など、マメ科の植物が知られる。

第3部

第13章

〔1〕**『いにしえの道、白い雲』**　ティク・ナット・ハン師の *Old Path, White Clouds: Walking in the Footsteps of the Buddha*, Parallax Press, 1987（邦訳、『小説ブッダ——いにしえの道、白い雲』池田久代訳、春秋社、二〇〇八年）のこと。

〔2〕**マハー・ゴサナンダ師**　一九一三－二〇〇七。カンボ

ジアのタケオ州生まれ。八歳の頃から寺で侍童として働きはじめ、一四歳で受戒し沙弥となる。プノンペンの仏教大学卒業後、ナーランダー大学に留学し、また日本山妙法寺の藤井日達師の教えも受ける。一九六五年からタイに赴き、森林派仏教のアーチャン・リー・ダンマダロ師のもとで瞑想を学ぶ。その間、カンボジアではポルポト政権が誕生し、帰国は不可能となった。ポルポト時代、一五〇万から二〇〇万の人々が死に、師も姪以外のすべての親族を失った。六万人以上いた仏教僧も三〇〇〇人ほどに減少したという。一九七九年にポルポト政権が崩壊すると、師は国連と交渉し、世界各国をめぐり、国内諸勢力の和解を図り、平和の行進を主催するなど、内戦の解決と復興のために尽力した。ノーベル平和賞の候補にも何度も推薦され、カンボジアのガーンディーと呼ばれることもある。著作に *Step by Step*（邦訳『微笑みの祈り――智慧と慈悲の瞑想』馬籠久美子・野田真里訳、春秋社、一九九七年）がある。

〔3〕**四部衆**　比丘（男性僧）、比丘尼（尼僧）、優婆塞（男性の在家信者）、優婆夷（女性の在家信者）の四種類の仏教者の総称。四衆ともいう。

〔4〕**潙山霊祐**　七七一–八五三。中国は唐の時代の禅僧。百丈懐海に学び、法を嗣ぐ。本文の言葉は語録『潙山大円禅師警策』（いわゆる『潙山警策』）に現れ、『正法眼蔵随聞記』（岩波文庫版四–四）の道元の言葉に引用されている。

〔5〕**戒賢、陳那、玄奘、そのほか**　戒賢はシーラバドラ。五二九–六四五。古代インドの唯識派の僧。ダルマパーラ（護法）に学び、玄奘の師。陳那はディクナーガ。四八〇頃–五四〇頃。唯識派の立場で新しい仏教論理学を打ち立てた。玄奘は中国の唐の時代の僧。六〇二–六六四。経典を求めてインドに旅し、ナーランダー寺院などで学び、経典を得て帰国。鳩摩羅什と並ぶ二大訳経僧といわれ、『西遊記』の三蔵法師のモデル。

〔6〕**マハーパジャーパティー**　サンスクリットでは、マハープラジャーパティー。ブッダの母マハーマーヤーの妹であり、産後すぐ没したマハーマーヤーに代わってブッダを養育した育ての母でもある。後年ブッダに出家を願い出て許可されたことによって、女性の出家の道を開いた。

〔7〕**紀元前五六三年**　ブッダの生没年は諸説があって定まっておらず、生年は紀元前六二〇年頃から紀元前四六〇年頃まで一五〇年ほどのひらきがある（ブッダが八〇歳で入滅したのはよく知られているので、生年が定まれば没年もほぼ定まる）。ここでは南伝仏教の伝承によると思われる原文の記述に従う。

〔8〕**マハーマーヤー**　原文はマーヤーデーヴィー

(Mayadevi 摩耶夫人)で、ここでは呼び習わされたマハーマーヤーとする。

〔9〕**アンベードカル**　ビームラーオ・アンベードカル。一八九一—一九五六。不可触民の家庭に生まれ、ボンベイ大学、コロンビア大学、ロンドンスクール・オブ・エコノミクス、グレイ法曹院などで学んだのち、インド独立労働党を結成して政治家となり、カースト制度と差別撲滅のため活動。一九四七年にインドが独立すると、ネルー内閣で法務大臣を務め、インド憲法の起草に関わったほか、労働問題や女性の地位向上にも尽力した。一九五六年に五〇万人の不可触民とともに、カースト制度を否定する仏教に改宗。インドにふたたび仏教を根づかせようとする仏教復興運動を開始した。

第14章

〔1〕**冬安居**　安居は、仏教の修行者が一定期間、一か所に集まって修行に専念することで、本来は、インドで約三か月つづく夏の雨季に行われ、夏安居・雨安居とも呼ばれるが、中国で興った禅宗では冬にも行われるようになり、これを冬安居あるいは雪安居という（『岩波仏教辞典』第二版などを参照）。原註（11）参照。

〔2〕**唯識三十頌**　兄・無着《アサンガ》とともに唯識思想を確立したインドの僧・世親（五世紀頃）の主著。簡潔な三〇の偈頌で、八識説や三性説など唯識説を簡潔にまとめたもの。

〔3〕**お袈裟**　原文は「sanghati」で、大衣《だいえ》、僧伽梨《そうぎゃり》とも訳される。戒律では、僧侶が一泊以上の旅をするとき、必ず持っていかねばならないことになっている。

〔4〕**ジョアン・ハリファックス**　一九四二年、アメリカのニューハンプシャー州で生まれる。禅者、医療人類学者（Ph・D）。エコロジスト、市民活動家、終末期ケアの臨床家。アメリカの禅者バーニー・グラスマン師やティク・ナット・ハン師、韓国の曹渓宗の禅僧・崇山行願師から嗣法を受けており、みずから創設したサンタフェのウパヤ禅センターでは住職・師家を務める。七〇年代前半より終末期ケアに携わり、仏教瞑想を基盤とした臨床家の訓練プログラムである“Being with Dying”を開発する。BWD2プログラムは現在アメリカをはじめとして、ヨーロッパ、カナダ、中東、アジア各国の医学・教育機関等で実践され、ターミナルケアにおける効果的な訓練・支援方法として支持を得ている。また、八〇年代半ばより故フランシスコ・ヴァレラとダライ・ラマ一四世らによってはじめられた科学者と仏教者の対話を推進するマインド&ライフ・インスティチュートの理事をも務める。（ハリファックス『死にゆく人と共にあること』春秋社、二〇一五年の著者紹

介などを参照）

第15章

〔1〕**ホアンカム**　一九二二–二〇一〇。本名、ブイ・タン・ヴィエト。ホアンカムは漢方薬で使う薬草（黄芩《おうごん》、和名コガネバナ）の名を筆名としたもの。詩人、脚本家、小説家。ハノイの高校卒業後、作家・翻訳家として働きはじめるが、第二次大戦末期の一九四四年に故郷に帰り、ベトナム独立同盟（ベトミン）に参加。翌一九四五年に八月革命によってベトナム民主共和国が誕生したが、フランスがこれを認めず、一九四六年には第一次インドシナ戦争に突入という流れのなかで、ベトナム人民軍のために文化活動を組織するなどした。第一次インドシナ戦争後、ハノイの作家・詩人・学者が文芸誌『ザイファム』や新聞『ニャンバン』を発刊して表現の自由と民主化を求め、共産党政権に弾圧されたニャンバン・ザイフォム事件（一九五六年）に関わったということで作家協会から除名され、その後の約三〇年間、肉体労働に従事したり闇酒を売ったりと苦難の日々を送り、一九八二年には、この時代を綴った『京北への帰郷』（Về Kinh Bắc）の内容と、その原稿を外国へ送ろうとしたという理由で逮捕され、一年五か月の実刑を受けている。一九八六年からはじまったドイモイ政策によって、一九八八年にベトナム作家協会に復帰した（森絵里咲「ベトナム戦争と文学——翻弄される小国」東京財団研究報告書、二〇〇六年などを参照）。

〔2〕**バクニン**　ベトナム北部のバクニン（北寧）省、ないし、その州都バクニン市のこと。

〔3〕**スータイ**　ここで子どもたちが発した言葉は、Sư Tây（師西）で「西洋の僧侶」（western monk）の意。一方、本書にはもうひとつ「スータイ」と表記される単語が登場するが、それはSư Thầy（師傑）で、ベトナム北部で僧侶や尼僧（男女両方）を呼ぶ「先生」の意味の単語。どちらも日本語表記は同じだが、別の単語なので注意されたい。

〔4〕**南海の観世音菩薩**　中国やベトナムには、インドの興林国の王女・妙善が発心し、さまざまな困難を乗り越えて悟りをひらき、観世音菩薩になったという伝説があるという。周兆昌『観世音菩薩伝』東宣出版などを参照。

〔5〕**陳仁宗**　一二五七–一三〇八。名前は陳吟。ベトナム陳朝（陳朝大越）第三代皇帝。元の侵略に徹底抗戦し、ベトナムを守り切った名君。長男の陳烇（陳英宗）に帝位を譲ったのち出家し、ベトナム禅宗竹林派の祖となった。

〔6〕**タントゥ（清慈）禅師**　一九二四年、ベトナムのカン

トー市生まれ。本名チャン・フー・フオク。戦争で人々の苦しみを知って仏教僧になることを決め、二五歳で得度し、ティク・タントゥ（釈清慈）の法名を受けた。禅宗二祖の慧可、六祖慧能、ベトナム竹林派三祖（実質は創設者）・竹林大頭陀（ベトナム陳朝第三代皇帝・陳仁宗）の三人の祖師を重視して修行法を練り、竹林派を再興。多くの弟子を育成し、多くの寺院を復興・創建し、現代のベトナム仏教に対する影響はきわめて大きいとされる。

〔7〕**四分律比丘尼分別**　四分律は法蔵部に伝わる律といい、五世紀初めにインド僧ブッダヤシャ（生没年不詳）によって漢訳された。全六〇巻で、全体が四分割されており、そのうち第二分に含まれる比丘尼の三五四戒が、四分律比丘尼分別などと称されることがある。四分律は東アジアで大きな影響力を持ち、中国、ベトナム、韓国などで実践された。

〔8〕**慈雲寺**　ベトナム仏教教会の本部があるフエの寺。

〔9〕**一二番目のマインドフルネス・トレーニング**　ティク・ナット・ハン師は、菩薩行のための一四のマインドフルネス・トレーニングを定めており、その一二番目は「いのちを尊ぶ」こと、戦争や紛争がつくりだす苦しみに気づき、日常生活のなかで非暴力と慈悲を育むこと、戦争を防ぎ、平和を築くことである（一四のマインドフルネス・トレーニング全体については、巻末のアペンディクスを参照）。

〔10〕**スータイ**　ベトナム北部では僧侶・尼僧たちを「師」の意味でスータイ（師傑）と呼ぶ。本章（第15章）の訳註〔3〕も参照。

〔11〕**フエンチャン王女（玄珍公主）**　一二八九―一三四〇。ベトナム陳朝第三代皇帝・陳仁宗《チャン・ナントン》の娘。第四代皇帝・陳英宗《チャン・アントン》の時代、政略結婚のため恋人と別れさせられ、ベトナム南部にあったチャンパ王国の王ジャヤ・シンハヴァルマン三世に嫁がされるが、王の死にともない、殉死させられるところを、英宗が派遣した将軍・陳克終《チャン・カクチュン》に救出され帰還、仏門に入ったという。

〔12〕**毘《び》尼《に》多《た》流《る》支《し》派**　インド僧ヴィニータルチ（？―五九四）が中国に渡り、禅宗第三祖・僧璨《そうさん》に師事したのちベトナムへ行き、五八〇年にひらいたとされる宗派。その弟子とされるファップヒエン（法賢。？―八二六）が初代とされる。ただし、この逸話の史実性には疑問も多い。

〔13〕**アイヤ・ケーマ**　本名はイルゼ・カッセル。一九二三―一九九七。ユダヤ系ドイツ人としてベルリンで生まれ、ナチス・ドイツから逃れて両親とともに上海に移住、戦後、人民解放軍が上海に迫ったためサンフラン

シスコに移住。さまざまなスピリチュアルな道とともに禅を学ぶ。その後、タイ国やスリランカの上座部仏教の伝統を学び、一九七九年、スリランカで出家した（ただし、当時の上座部仏教では完全な女性の受戒の儀式を行うことが不可能だったため、一九八八年、中国の臨済宗系の仏光山西来寺で、あらためて完全な受戒をしたとされる）。一九八七年にはボードガヤーで第一回女性仏教者国際会議を開催し、この会議の結論としてサッキャダータ国際女性仏教者協会が設立された。「サッキャダータ」とは「ブッダの娘たち」の意で、世界中の仏教徒の連帯や女性仏教者の生活の向上のために活動している。

第16章

〔1〕**游博士**　游祥洲《ヨー・シェンチョウ》。一九四七― 。台湾の仏教研究者・禅の在家修行者で、法名は行如。国立台湾大学や中国文化大学に学び、「十八空の研究」で博士号を取得。専門は般若思想や中観の研究。国立台湾大学や中国文化大学で教鞭を執る。世界仏教青年会副会長も務めた。

〔2〕**証厳法師**　釈証厳。本名、王錦雲。台湾の尼僧で、貧しい人たちに医療を提供するための基金「仏教克難慈済功会」を設立。総合病院の建設、看護学校や医学大学の設立による医療者育成などの活動で、台湾のマザー・テレサとも呼ばれる。

〔3〕**玄奘寺**　玄奘は死後、西安の興教寺に葬られたが、遺骨は唐末期に盗難に遭って行方がわからなくなっていたという。日中戦争中、日本軍が南京で玄奘の遺骨（舎利）を発見し、日本に持ち帰って埼玉県の慈恩寺に祀ったが、一九五五年、すでに国共内戦で台湾に追いつめられていた中華民国政府に返還、台湾の玄光寺に安置され、一九六五年には台湾の南投県政府が日月潭玄奘寺を創建し、この地で祀られることになった。

〔4〕**チョン博士**　鄭賢景《チョン・ヒョンギョン》。一九五六― 。韓国の大韓イエス長老教会所属の神学者。アメリカのユニオン神学校准教授。フェミニスト神学、エコフェミニスト神学、アジア・アフリカ・ラテンアメリカの霊性、キリスト教と仏教の宗教間対話などを研究。邦訳のある著書に『再び太陽となるために――アジアの女性たちの神学』（山下慶親・三鼓秋子訳、日本キリスト教団出版局、二〇〇七年）がある。

〔5〕**李朝**　一〇〇九年から一二二六年までベトナム北部に存在した王朝。初代皇帝・李公龍が前黎朝（一〇世紀から一一世紀初）を打倒して成立。首都は昇龍（現在のハノイ）。最後の皇帝・李恵宗が外戚の陳守度に廃され（のちに自殺）、陳朝に交代した。

〔6〕**海印寺**　韓国の慶尚南道にある寺院で、新羅の時代で

ある八〇二年に創建され、当初は華厳宗の寺院であったが、現在は、禅宗である曹渓宗の三宝寺院および五大叢林のひとつに数えられている。高麗八万大蔵経の版木が保管されていることで知られる。

〔7〕**日本の僧は戒の実践をやめて……在家と変わらない生活をしているようです**　日本仏教の戒律が、七五三年の鑑真来日によって整備されたのち形骸化し、その後、最澄による大乗戒壇の導入や、中世の戒律復興運動など紆余曲折を経つつ、必ずしも厳格に守られてきたわけではないことは事実であるが、江戸時代には寺檀制度などによって保護されると同時に、「女犯之僧御仕置之事」など戒律を守ることを求められており、肉食や妻帯が公的に認められたのは、明治五年（一八七二年）の太政官布告が「今より僧侶の肉食・妻帯・蓄髪は勝手たるべき事」としてからではある。

〔8〕**三世紀に起源を発するといわれる中国仏教**　文献上は仏教の初伝は紀元前二年とするのが最も信憑性が高く、紀元一世紀には中央の知識層に熱心な信者を持つまでになっていたとされる（『岩波仏教辞典』第二版などを参照）。ただし、三世紀にサンスクリット仏典の翻訳が開始されたとされることや、朱士行が中国人初の出家者になったといわれることとから、中国仏教の起源を三世紀としたのであろうか。

〔9〕**ベッツィ・ローズ**　歌手、作曲家、作家。歌や作曲を通じて子どもの創造性を育む活動も行っている。エコロジーやスピリチュアルな世界にも関わり、ティク・ナット・ハンやジョアンナ・メイシーらに協力。一九八七年にティク・ナット・ハンによって仏教に導かれる。

〔10〕**趙州和尚**　趙州従諗。七七八–八九七。幼くして出家し、一六歳から南泉普願に師事。南泉の遷化後は行脚に出て、黄檗希運らのもとで修行。八〇歳にて現在の河北省の観音院（現在の柏林寺）に住し、一二〇歳で遷化。口唇皮禅と呼ばれる、易しい日常語を用いた禅風で知られる。なお、この問答でいう柏の木は日本の柏の木とは異なり、柏槙という糸杉に似た木である。

〔11〕**「まぶねにやすけく」**　賛美歌第二編一一八番。元はポーランド語のクリスマス・キャロル。

〔12〕**総計七〇人**　この人数は本書執筆当時。二〇二四年現在は、コロナパンデミックでビザがおりず、ベトナムへ帰らなければならない僧侶たちがいたなどの理由で、四〇名ほどになっている。

第17章

〔1〕**この山が州の名前の起源**　バーモントの名は、フランス語で「緑の山地」を表す“les Verts Monts”から生ま

れたとの説が有力。

〔2〕**フランス語を話す人たちが……カナダからこの地にやってきました**　一八四〇年代から一九三〇年代にかけて、約九〇万人のフランス系カナダ人がカナダを去ってアメリカ合衆国に、とりわけ（バーモント州を含む）ニューイングランド地方に移住した「ケベック・ディアスポラ」と呼ばれる事件を指す。

〔3〕**シェーカー・スタイル**　キリスト教の一派で、イギリスでクエーカーから分離して誕生したシェーカー教徒が、一八世紀後半にアメリカのニューイングランド地方に移住してつくりあげた建築や家具の様式。独身主義で厳格な戒律のもと、自給自足の質素な生活をめざしたため、装飾性は極力排除され、実用重視の、シンプルで直線的なデザインを特徴とする。

〔4〕**しるしあるところに、惑わしあり**　金剛般若経の五の一節で、当該箇所の読み下しは「およそあらゆる相は皆これ虚妄なり」（中村元・紀野一義訳註『般若心経・金剛般若経』岩波文庫、五〇頁より引用）。本文は原文の英語に沿って訳した。

〔5〕**シャレーふうのコテッジ**　シャレーはスイスなどアルプス地方の伝統的な木造建築で、切妻になった傾斜のある屋根が大きく突きだして、広い軒を持つのが特徴。

〔6〕**『碧巌録』**　宋時代初期に、禅僧の雪竇重顕（九八〇―一〇五二）が、唐時代の禅問答を一〇〇選び、それぞれに頌を付した『雪竇頌古』に、宋晩期の禅僧・圜悟克勤（一〇六三―一一三五）が解説と批評を加えた禅の語録・公案集。

〔7〕**ストーンヒル・カレッジ**　マサチューセッツ州イーストンにあるカトリック系のリベラルアーツ大学。一九四八年創立。

〔8〕**アーリア人種**　ナチスにおいてアーリア人は、ヨーロッパ文明の起源となる、インド・ヨーロッパ語族の祖語を話した民族で、他の民族より優れており、とりわけ純粋なアーリア人の血を引くゲルマン民族が一番優良であるとした。ナチスはゲルマン民族を、他の劣等民族との混血から遠ざけ、純粋なまま存続させることを重要課題とし、レーベンスボルン（生命の泉）という女性のための福祉施設を設けて増殖をめざした。

〔9〕**アショーカ・ビル**　アショーカ・インスティテュートとも呼ばれるヨーロッパ応用仏教院（ＥＩＡＢ）の本部ビルで、ＥＩＡＢが最初に購入した建物（二〇〇八年）。一八九七年に建築されたときは精神病院であったが、ナチス政権時代にホテルに改造され、しかし戦争中は軍病院として使用された。戦後は病院として、その後二〇〇六年までドイツ連邦軍の管理下にあった。その名は、マウリヤ朝の王で、インドをほぼ統一し、

仏教を庇護したことでも知られるアショーカ王（前三〇四-前二四二）にちなんでいる（Thay Phap An, "Celebrating the Inauguration of the Ashoka Institute," European Institute of Applied Buddhism Newsletter August 2012 を参照）。

第18章

〔1〕**ルーミー**　ジャラール・ウッディーン・ルーミー。一二〇七-一二七三。イスラム教神秘主義者《スーフィー》であり、ペルシャ語文学最高の神秘主義詩人。

あとがき

〔1〕**心の形成物**　原文は「mental formation」。仏教用語では「心所」と言い、心の構成要素や機能のこと。唯識派では『唯識三十頌』に従って五一種に分類している。

〔2〕**第二ヴァチカン公会議**　一九六二年から一九六五年にかけてヴァチカンで開かれたカトリック教会の公会議。教皇ヨハネ二三世（一八八一-一九六三）が五大大陸から司教を招集し、教皇パウロ六世（一八九七-一九七八）が引き継いで、四つの憲章、九つの教令、三つの宣言を発表して終了した。教会の現代化、典礼の簡素化・現地語化、他宗教との和解や諸教会との協力などが推し進められ、平和や貧困などの社会問題も教会の課題とした。

APPENDIX

〔1〕**梵網経**　五世紀に中国で撰述された梵網経盧舎那仏説菩薩心地戒品第十のこと。十重戒と四十八の軽い戒律を合わせた五十八の大乗菩薩戒を説く。ここでは父母、師僧、三宝への敬いを説く在家戒が重視されている。

〔2〕**5つのマインドフルネス・トレーニングと14のマインドフルネス・トレーニング**　本書では、プラムヴィレッジが公式とする改訂版をもとにした邦訳『ティク・ナット・ハンの幸せの瞑想』（島田啓介・馬籠久美子訳、徳間書店、二〇二二年）所収のものを引用する。なお、これらのトレーニングは、「ティク・ナット・ハン マインドフルネスの教え」のサイト（https://www.tnhjapan.org/）にも掲載されている。

「継続」ということ――訳者あとがきにかえて

本書はイギリス出身のシスター・アナベル・レイティ（法名・心安真徳）の自叙伝であり、著者が、二つの世紀をまたいで大乗仏教の教えを世界に届けた故ティク・ナット・ハン禅師（一九二六―二〇二二）とともに歩んだ「ほんとうのわが家に戻る旅《Going Home》」の物語です。本書を貫くものは、一人の女性の霊性への旅であり、また、その師であったティク・ナット・ハンの半生を語る貴重なドキュメント（記録資料）でもあります。今世紀の偉大な禅僧が残した平和の仕事が弟子の目を通して語られます。

＊

本書『英国人尼僧、ティク・ナット・ハンと歩む――真実の徳を求めて』は、Sister Annabel Laity, *True Virtue - The Journey of an English Buddhist Nun*, Parallax Press, 2019 の全訳です。この自叙伝の著者シスター・アナベル・レイティ（以後、シスター・アナベルと記す）は、名僧ティク・ナット・ハン禅師（以後、タイ（先生の意）と記す）の最初の西洋人の弟子にして、西欧哲学、ギリシア・ラテン語、ヨーロッパの古代言語を専門とし、パーリ語、サンスクリット語、ベトナム語、中国語を操る言語的逸材・学僧です。シスター・アナベルはタイが一九八二年に南フランスにプラムヴィレッジ（仏教共同体）を創設してまもなく、シスター・チャンコン（法名・真空、タイのベトナム時代からの最古参の弟子）とともに得度して比丘尼となりました（一九八八年一一月一五日、インドの霊鷲山で受戒）。二人はタイの遷化（二〇二二年一月二二日）ののちも、フランスのボルドー地方に本部を置くティエプ・ヒエン教団（Order of Interbeing）の重鎮としてプラムヴィレッジの伝統をその双肩に担い、修行と教学に勤しみ、タイによって開かれた地球仏教の道を着々と歩み続けています。

『〈気づき〉の奇跡』（*The Miracle of Mindfulness*, 1975. 邦訳、春秋社、二〇一四年）という瞑想入門書があります。タイが初めて西洋の人々にマインドフルネスの瞑想（八正道の「念」）を教えた画期的な本です。マインドフルネスは宗教や宗派にこだわらない包括的な教えで、カトリックの修道女たちにも大きな影響を与えました（抜粋版『静まりて、知れ』（*Be Still and Know*）。原注（2）参照）。本書の出版を嚆矢として、タイのベトナム発の行動する仏教（エンゲイジド・ブディズム、のちにアプライド・ブディズム（応用仏教）と改名）はゆっくりと西欧世界に根を下ろして、仏教とキリスト教の根底にある霊性を深く見つめながら、個人の平和・世界の平和に寄与してきました。

シスター・アナベルは英国国教会《アングリカン・チャーチ》からカトリックへ、さらに英国を飛び出してローマ、ギリシア、インドへと導かれ、魂の故郷と憧れたインドでチベット仏教の修行を経たのち、タイが開設したフランスのプラムヴィレッジに安住の地《ホーム》を見つけて長い霊性の遍歴に終止符を打ちました。九歳から修道女（尼僧）になる夢を抱き続けた彼女には、阿頼耶識（第八識）に蔵された前世の記憶があったといいます。「持ち金すべてを尼僧たちに捧げた」（第9章、一一三頁）という記憶です。この想いに導かれてチベット仏教に辿り着き、やがて一九八六年のタイとの出会いでその夢が実現したのです（第11章）。

*

タイから贈られた法名「真徳」（True Virtue）は、本書冒頭のタイのエピグラフにあるように、仏法の真実の継承者として「徳」を深く生きよ、「真実と誠実の資質をその身で生きなさい」との願いが込

ティク・ナット・ハン師

められています。苦悩に終止符を打って、怒り、渇望、恐れ、迷妄から自由になり、慈悲の心を育て、実在の本質を見抜く洞察力（般若の智慧）を身につけて衆生済度の道を歩みなさい、という高邁なメッセージでした。この法名には、一九六三年にサイゴンで仏教徒の迫害を止めるために焼身供養を果たされたタイの恩師、ティク・クアン・ドック禅師（釈廣徳）の法名の一文字がとられています（『沈黙』春秋社、二〇二一年、参照）。また、一九九〇年の法灯式（法師の資格を授与する儀式）では、タイは再び、「徳」の成熟を祈って変容への刻苦勉励を鼓舞する伝灯偈を贈られています。

満月のごとく　真如《あるがまま》は冴え輝く
徳が熟せば　先祖代々の法灯が輝きだす
変容の実践が　真実在をあらわにし
妙なるダルマは　とわに解き明かされ続けるであろう
（第14章、二二六頁）

タイは出会いのときからシスター・アナベルの中に仏教の智・断・恩の「三徳」の精神の継承を見ておられたのかもしれません。

法名は修行の糸口になる「公案」のようなもので（第12章、一六七頁）、授けられた「真実の徳」をどう育てるかが彼女の終生の修行となりました。しかし、初めはこの法名が好きになれなかったといいます。しかしタイから「真徳」は良い名前であり、「断徳」は苦しみの根を断つことだと諭されたときから、この法名と一つになる修行がはじまったといいます。尼僧として現在に至る年月をふりかえりながらこの自叙伝を書くこと（自己の真実に戻る作業）は、自分がいかに不完全な徳の持ち主であったかに気づいていく道のりでもあったのです。

二〇一四年にタイが脳梗塞で倒れられて以来この一〇年、シスター・アナベルは、さらに多忙の身となりながら、自分に与えられた「三つの徳への道」を少しずつ実現しようとしています。タイの片腕として弟子や在家の人々に仏法を説くとき、自分の心をしっかりと見据えて、その気づきを実践し、そこから学んだ智慧を人々の心に届くことばで教え導くことが彼女の天命となりました。

＊

さて、開設当初のプラムヴィレッジはまだ仏教的生き方のガイドラインも定められておらず、ベトナム難民や心身の苦悩を訴える人々の避難所のような様相を呈していましたが、だんだんと「5つのマインドフルネス・トレーニング」（5MT）や「14のマインドフルネス・トレーニング」（14MT）などの戒律をベースにした修行センターに成長していきました。タイとシスター・チャンコンはフランスの地からベトナムの難民やボートピープルを支援し、アメリカ、オーストラリアにも足をのばしてリトリートを実施しながら、ブッダのマインドフルネスの教えを人々に伝えていきました。その昔ブッダがインド亜大陸を行脚して教えを広めたように、タイも「歩く禅僧」となって仏教の真髄（衆生済度の具体的な方法論）をその身を挺して人々に示していきました。心の平和は、「ゆっくりと呼吸し（意識的呼吸）、ゆっくりと歩き（歩く瞑想）、そして微笑むことによって育てられます。フランスに設立されたプラムヴィレッジは、タイの悲願である大乗仏教の本質――幸福への道――を実現する仏教のトレーニングセンターとなりました。ここから世界を一周する地球仏教がはじまりました。「マイ・ライフ・イズ・マイ・メッセージ」（*My life is my message*）。

シスター・アナベルは一九八六年、三七歳の時に、タイの招待で初めてひと夏をプラムヴィレッジで過ごしたのち、ロンドンでの教職を捨てて、プラムヴィレッジの定住者となりました。一九八八年には、ブッダの足跡をたどるタイのインド旅行に同伴して、霊鷲山でタイから具足戒を受戒してビクシュニー（bhikṣuṇī）となりました（第13章）。ついでながら、このインドの旅は、タイが『小説ブッダ——いにしえの道、白い雲』（*Old Path White Clouds*, 1991. 邦訳、春秋社、二〇〇八年）を脱稿された直後で、実際にブッダの歩かれた道を辿って自著の記述を確かめたいとのタイの想いから実現したものです。

さらには、タイに随伴してのアジアの旅が語られます（第16章）。一九九五年には台湾、中国、韓国、日本と東アジアの国々で民間の人々を対象としたリトリートが始まりました。その後、シスター・アナベルは各年のタイのアメリカ行脚（リトリートツアー）にも随伴し、二〇〇〇年からは、ヴァーモント州の「グリーンマウンテン（青山）・ダルマセンター」、ニューヨーク州の「ブルークリフ（碧巌）・ダルマセンター」の創建に携わりました（臨済禅の故事「青山元不動、白雲自去来」や『碧巌録』よりのタイの命名）。二〇〇七年からはタイの悲願であったドイツのＥＩＡＢ（ヨーロッパ応用仏教院）の立ち上げが始まりました。シスター・アナベルはその主戦力（要覧執筆者、教学部長）となって、タイとともにブッダの真実の教えを広める活動を続けることになりました。タイがドイツのヴァルトブレールに設置したこのセンターは、平和の師たるティク・ナット・ハンにしかなしえない最後の夢でした。

仏教興隆期のアショーカ王の時代に戻って、ナチス・ドイツもその被害者も、過去の過ちと苦しみを超えて「慈悲と赦しを芽生えさせる」最後の大仕事でした。

サンガを支え　仏法を継ぐ未来の修行者たちをお守りください
この地を変容と癒しの地に変えていくことができるように
ヴァルトブレールのためのみならず
全ドイツと　全世界のために
（第17章、三一六頁）

こうしてシスター・アナベルはタイから「ブッダを生きる」証としての杖が授けられて、タイが病魔に倒れられた二〇一四年秋以降、名実ともにティエプ・ヒエン教団を支える長老の一人となりました。

現在、プラムヴィレッジには、アメリカ、ヨーロッパ、アジア、オーストラリアに一二のプラクティスセンター（僧院）があり、昨年二〇二三年四月二四日には、ハーバード大学の公衆衛生学部に「ティク・ナット・ハン・マインドフルネスセンター」（Thich Nhat Hanh Center for Mindfulness in Public Health, at Harvard T.H. Chan School of Public Health）が設立されました。この学際的研究・開発・実践センターのミッションには、ティク・ナット・ハンの意志を継承して、マインドフルネスを通して世界中の人々を勇気づけ、信念と平等と喜びをもたらす決意が謳われています。まさに、タイが世界に向けて教え導いたマインドフルネスが地球規模で研究・実践される応用仏教の時代が到来したといえるでしょう。

＊

さて、一九四九年九月一三日、グレートブリテン島の南西の果て、コーンウォール半島の素朴な土地に生を受けたシスター・アナベルは、アングロ・サクソンの文化とケルトの霊性を引き継ぐ少女でした。コーンウォールは地理的にイングランドから孤立した地域で、古くはケルト民族に属するブリトン人の土地（ブリタニア）でした。この土地で両親は農業と牧畜で生計を立てていましたが、家系的には教育を重んじる中産階級の出身と考えたらよいでしょう。彼女はコーンウォール人として海と川と田野に囲まれた幼・少年期を過ごし、女子の大学進学がまだ稀であった時代（一九六〇年代後半）にロンドン大学に進学し、大学院ではギリシア・ラテン語をベースとして、比較言語学（古代インド・ヨーロッパ語族のアヴェスター語、ヒッタイト語、トカラ語など）を学びました。ここからシスターの霊性を求める東漸が始まったのです。

シスター・アナベルは自らが理想とする生き方を求めて邁進する強い女性です。大学時代から学生運動、反戦・抗議運動に身を投じました。英国のバークシャー州のグリーナムコモンではじまった女性平和キャンプ（反核抗議運動）へのほとんど衝動的とも見える参画もその一例です（第10章）。ロンドンでは専門のラテン語やギリシア語の（中等）教育に喜びを感じながらも、こころはアジアの宗教とその哲学・倫理を希求して、イタリア、ギリシア、インド、アメリカへと彷徨いながら、妥協のない感性に導かれて、ついに三十代の後半にプラムヴィレッジという「わが家」に到着したのです。

この自叙伝の後半では、自己の弱点や西洋人であるが故の思い込みや偏見への気づきがストレートに語られています。西洋に生まれた女性が東洋の宗教や伝統を受容していく航路は、葛藤と苦闘の連続であったはずです。しかし最終章のあとがきでは、「自分が弱い人間であるがゆえに尼僧になった。自分の弱さや傲慢さを放ち、自らの不完全さを認め、ブラウンの僧服に励まされてブッダの教えを生きることが、自らが選び取った道だった」と述懐しています。

同様に、タイもベトナム戦争の即時停戦を訴えてアメリカに渡ったのちに帰国を許されず、亡命者としてフランスのボルドー地方に居を定めました。この地で西洋やベトナム人の弟子や在家を育てながら、西欧での仏教を通した平和の道の伝授が始まりました。『生けるブッダ、生けるキリスト』（*Living Buddha, Living Christ*, 1995. 邦訳、春秋社、一九九六年／二〇一七年）や『イエスとブッダ——いのちに帰る』（*Going Home*, 1999. 邦訳、春秋社、二〇一六年）などの一連の宗教の垣根を超えた著作に見えるように、タイは西洋への謙虚で深い理解の道を歩まれたからこそ、東西を越えた平和の仕事ができたのです。

タイはベトナム戦争のさなか（一九六〇年代）に、ティエプ・ヒエン（インタービーイング）教団開設当時の最初の弟子であったシスター・チャンコンの自叙伝『真実の愛を学んで』（*Learning True Love: How I learned & practiced Social Change in Vietnam*, Parallax Press, 1993）に次のような賛辞を贈っています。「私の弟子たちは私の先生です。私は彼らから多くを学びます」（p. IX）。タイの弟子たちへの変わらぬ愛と尊敬こそが、師弟の境を越えた深い共同体（ホーム）を作る原動力となっているのです。弟子と師はまさにインタービーイング（相即）しているのです。「弟子がいなければ、師は存在できない。

師がいなければ、弟子も存在できない」。タイの生涯の仕事は、師弟、自他、東西の仕切りを外して、全てを理解と慈悲の光の中で明らめることであったといえるでしょう。そしてこの生き証人がシスター・アナベルであり、シスター・チャンコンでした。あるときは優しく、またあるときは厳しく心を込めて弟子を導き育てるタイの姿に感銘を憶えます。

タイはすべての弟子に同様の慈愛に満ちた眼差しを向けられましたが、プラムヴィレッジの四〇年をこえる歩みを考えるとき、シスター・チャンコン（一九三八年、ベトナム南部生まれ）とシスター・アナベル（一九四九年、イギリス・コーンウォール生まれ）という二人の女性の存在の大きさに気づきます。それぞれに「真空」（トゥルー・エンプティネス）と「真徳」（トゥルー・ヴァーチュー）と高貴な法名を頂いた二人は、まるで釈迦三尊の脇侍のような存在です。前者があまねく賢きもの、慈悲と理知を体現する普賢菩薩であるとすれば、後者は悟りへの重要な要素である般若の智慧の徳性を戴く文殊菩薩です。文殊は獅子に乗り、右手に智慧の象徴である宝剣、左手に経典を載せた青蓮華を携えています。普賢は六牙の白像に乗って、苦しみがあるところに姿を現して衆生を救う「行（願）の菩薩」です。シスターアナベルは「文のひと」であり、シスター・チャンコンは「武のひと」（平和の戦士・タイの言葉）といえるでしょう。二人はティク・ナット・ハンという「大悲のひと」を間近で支え続けた「ペン」（静の力）と「武」（動の力）を象徴する脇侍であったように思われます。

一九九三年出版のシスター・チャンコンの自叙伝『真実の愛を学んで』（前掲書）はタイの人生の前半生（ベトナム時代からプラムヴィレッジ開設まで）を語り、二〇一九年出版のシスター・アナベルの自叙伝は、タイの後半生（仏教の地球時代）を語ります。その意味で、この二冊が揃って、ティク・ナット・ハンの生涯の細部を語るに足る史的価値をもつ「ティク・ナット・ハン伝」が世に問われたといえるでしょう。これらの自叙伝に描かれたものは、私たちが生きるこの時代の泥のなかから咲きでた蓮華――「理解と慈悲の道」――が放つ一条の光であるように思われます。今もやまない殺戮と苦悩の世紀の中で、人間がいかにして自他の中に理解と愛を育てていけるか、いかに慈しみのこころをもって幸せに生きていけるかが、本書で語られます。ブッダやキリストの教えがその本来の力を発揮する時代はまだ遠いかもしれませんが、人類はこれらの霊的遺産を大切に守り育てていかなければなりません。

＊

最後になりましたが、プラムヴィレッジより本書の翻訳の依頼をいただいて、不思議な縁を感じています。私はすでに著者に二度お会いしていたことを思い出しました。最初は一九九五年の日本リトリート、二度目は一九九九年のタイの初めての中国リトリートの後半（揚州の古刹・高旻寺）に参加した時のことです。その時シスターはタイとともに法話を担当しておられました。遠い記憶を紐解くと、私はリトリート中にシスターに「マインドフルネス」を保つ練修をするにはどうしたら良いか、と質問したことを思い出しました。あの時の物静かな痩身の尼僧が、本書で再会したシスター・アナベル（真徳法師）だったのです。二五年ぶりの再会でした。今、この本を再読しながら、「生涯かけて仏弟子になっていく」彼女の静謐と強靭さが波のように押し寄せてきます。

この自叙伝は、シスター・アナベルとティク・ナット・ハンの出会いと学びの来歴を中心に描かれていますが、シスターの生涯の核となる家族との関わりの物語が随所に散りばめられています。特に故郷の父母のこと、親と子の関わり方、そして両親との最期の時間が克明に描かれています。およそ「個人」という仕切られた存在はない。ひとりの人間は、自分をこの世に生み出した両親や先祖とのつながり、そして、これから生まれる子孫たちとの「継続」の中で生かされている、ひと繋がりの命の継続（タイの教え）だと気づかせてくれます。本書を読みながら、父と母を語ることは自己を語ることであり、それは自己の中に深い竪穴を掘って自分探しの旅に出るようなものかもしれません。とまれ同世代の人間として、ことさら仏教の教えといわないまでも、私たちは一つの大きな継続体としてこの世の営為を生きているのです。「誕生」も「死」も継続です。プラムヴィレッジでは「誕生日おめでとう」の代わりに、「継続おめでとう」（ハッピー・コンティニュエーション！）と祝いあいます。継続の中の「今」を生きることを教えるブッダの教えは、なんとも深く有難い教えです。

本書の訳稿は二〇二一年の秋ごろにはほぼ完成していましたが、世界的なコロナパンデミックの蔓延のために思わぬ時間がかかってしまいました。この間にティク・ナット・ハン禅師のご遷化（二〇二二年一月二二日）があり、今年一月二八日にはベトナムのフエ（順化）の慈孝寺（タイの親寺）で世界各地から参列者を迎えて三回忌の法要が行われました。この盛大なセレモニーののち、タイはこの日、ベトナム臨済正宗了観派慈孝寺の第五代目の祖師となられました。師の平和への歩みは未だ途上にあります。この地上では今もウクライナ、パレスティナなどが戦火のもとにあり、飢えと苦しみと貧困に喘ぐ子どもたちが後をたちません。この二〇二四年春のタイの三回忌になんとか本書が上梓でき、タイが教え続けられた「継続」の姿を日本の読者に届けられることは無量の喜びです。

本書の翻訳にあたり、実にさまざまな方々の協力、助言をいただきました。著者のシスター・アナベルは、質問やお願いにいつも迅速な返事をくださいました。特に、漢字表記の難しさに悩むとき、シスターが中国語やベトナム語を理解される言語学者であることがたいへんありがたかったです。また、中堅のダルマティーチャーとして活躍されているシスター・チャイに心よりお礼申し上げます。日本人の尼僧としてたいへん頼りになる存在でした。特に僧団の法名や、ベトナムの地名、固有名詞などの難関をクリアできたのはシスター・チャイのお陰でした。最後になりましたが、一九九五年以来の担当編集者としてつねに緻密かつ的確な助言をいただいている春秋社の小林公二氏に心より感謝いたします。翻訳業も共同作業と継続性の賜物です。長きにわたってティク・ナット・ハンの書物の出版を支えてくださった春秋社の関係諸氏に心よりお礼申し上げます。

最後に葬儀にも朗読されたタイの晩年の長詩の冒頭部を記して、故ティク・ナット・ハン禅師への感謝を捧げます。タイはもう一つの「継続」(遷化)を果たされたのちも、呼吸と歩みと微笑みで人々を導き、「ダルマの子どもたち」にわが家《ホーム》の温もりを与え、放蕩息子や娘たちの彷徨《さまよい》からの帰還を静かに待ちつづけておられます。「私はあなたのひと呼吸、ひと呼吸、一歩、一歩のなかにいます」。

わが子よ、あなたを待っています
山も川も定まらぬはるか昔からずっと
あなたを待っています
なんど法螺貝が十方に鳴り響いても
あなたは深いまどろみのなか。

私はこのいにしえの山から
はるかな国々に目を凝らし
遠い道をゆくあなたの足音を聞いていています
どこへいくのですが、わが子よ。
（「わが子よ、あなたを待っています——弟子を待つ師の賦」より。二〇二〇年一一月、池田久代訳）

二〇二四年　蝋梅が咲く厳冬のころ
ベトナム慈孝寺でのタイの三回忌を思いつつ

池田久代

著者

シスター・アナベル・レイティ（シスター・チャンドック、真徳法師）

ティク・ナット・ハン禅師の高弟。尼僧《ビクシュニー》として受戒した最初の西洋人の弟子。1949年9月13日、イングランドのコーンウォール地方生まれ。仏教徒平和協議会（BPF）のイギリス支部でティク・ナット・ハンに初めて出会い、師の平和運動に共鳴して弟子入り。仏教の尼僧として30年間、法師（ダルマ・ティーチャー）を務める。法話や執筆活動を行うだけでなく、みずからの日々のマインドフルネスの修行をブッダの教えの生きた模範になるようにしている。彼女の教えはティク・ナット・ハンのプラムヴィレッジの伝統を厳密に踏襲しており、広くヨーロッパ・アジアの僧侶、尼僧、在家信者に仏法を説く。アジアにおいては、タイ国・プラムヴィレッジ国際財団（2011年にティク・ナット・ハン設立）、ヨーロッパにおいては、ヨーロッパ応用仏教院（2008年ティク・ナット・ハン設立）を拠点に活動を続ける。ブッダの教えの適切、かつ、明晰な教授者として定評がある。パーリ語、サンスクリット語に精通し、ティク・ナット・ハン師の著書を多くベトナム語から彼女の母国語である英語に翻訳している。

訳者

池田久代（いけだ・ひさよ）

1949年、山口県に生まれる。1975年、同志社女子大学大学院文学研究科修士課程修了。2013年、奈良女子大学大学院人間文化研究科比較文化学博士課程満期退学。皇學館大学教授を長く務め、2015年3月に退職。2007-2009年、ハーヴァード大学客員研究員。著書に、『天心・岡倉覚三とアメリカ』（単著、皇學館大学出版部）『もっと知りたいニュージーランド』（共著、弘文堂）『ニュージーランドを知るための63章』（共著、明石書店）など。訳書に、ティク・ナット・ハン『微笑みを生きる』『生けるブッダ、生けるキリスト』『禅への道』『小説ブッダ』『死もなく、怖れもなく』『〈気づき〉の奇跡』『イエスとブッダ』『沈黙』（いずれも春秋社）など。

英国人尼僧、ティク・ナット・ハンと歩む
真 実 の 徳 を 求 め て

2024年4月29日　第1刷発行

著者――――――シスター・アナベル・レイティ
訳者――――――池田久代
発行者―――――小林公二
発行所―――――株式会社 春秋社
〒101-0021 東京都千代田区外神田2-18-6
電話03-3255-9611
振替00180-6-24861
https://www.shunjusha.co.jp/
印刷・製本―――萩原印刷 株式会社
装丁―――――――芦澤泰偉

Printed in Japan, Shunjusha
ISBN978-4-393-33385-3
定価はカバー等に表示してあります